高等职业教育人文素质教育系列教材

阳光心灵伴我成长
——大学生心理健康导航

第2版

主　编	王官成	刘　艺	
副主编	李慧萍	谢玉兰	邓　燕
	许　辉	万春琳	史红娇
参　编	王一竹	钟　华	王东华
	汪素娟	杨　喻	孙建友
主　审	熊　琦		

机械工业出版社

本书是高职院校大学生心理健康教育课程教材，介绍了心理学基础知识，并紧贴大学生的心理需求，对大学生的自我认识、情绪调适、人际交往、恋爱与性、学习生活、网络利用、职业规划等方面作了详细的阐述，为大学生解决学习、生活各方面的困惑提供了科学有效的指导。书中每节均由"青春那些事""心理知识吧""快乐向前冲""心理一点通""越读越开心"等板块组成，每章结束还提供"延伸阅读"参考，具有较强的针对性、趣味性、科学性和自助性。

本书既可作为心理健康教育课程教材，也可作为大学生和其他读者心理调适的自助读物。

凡选用本书作为教材的教师，均可登录机械工业出版社教育服务网 www.cmpedu.com 下载本书配套电子课件。咨询电话：010-88379375。

图书在版编目（CIP）数据

阳光心灵伴我成长：大学生心理健康导航／王官成，刘艺主编. —2版. —北京：机械工业出版社，2020.6（2023.8重印）
高等职业教育人文素质教育系列教材
ISBN 978-7-111-65560-2

Ⅰ. ①阳… Ⅱ. ①王… ②刘… Ⅲ. ①大学生-心理健康-健康教育-高等职业教育-教材 Ⅳ. ①G444

中国版本图书馆 CIP 数据核字（2020）第 076612 号

机械工业出版社（北京市百万庄大街22号　邮政编码100037）
策划编辑：杨晓昱　　　　　　　　责任编辑：杨晓昱
责任校对：梁　倩　　　　　　　　封面设计：马精明
责任印制：郜　敏
三河市国英印务有限公司印刷
2023年8月第2版·第7次印刷
184mm×260mm·15印张·346千字
标准书号：ISBN 978-7-111-65560-2
定价：45.00元

电话服务　　　　　　　　　　　网络服务
客服电话：010-88361066　　　　机　工　官　网：www.cmpbook.com
　　　　　010-88379833　　　　机　工　官　博：weibo.com/cmp1952
　　　　　010-68326294　　　　金　书　网：www.golden-book.com
封底无防伪标均为盗版　　　　　机工教育服务网：www.cmpedu.com

前　言

目前，高职院校普遍开设了大学生心理健康教育课程，目的是让大学生学会调适自己，打造健康心理，塑造完美人格，从而在学校期间快乐地学习、成长，在未来社会中积极地实现自我，拥有健康幸福的美好人生。为了让这门课程真正发挥最大效用，本书编者结合工作实际进行总结和探索，编写了本书。

本书每节均由以下几个板块组成："青春那些事""心理知识吧""快乐向前冲""心理一点通""越读越开心"，每章结束都提供"延伸阅读"参考。从板块构成可以看出本书有以下特点：① 针对性强。本书主要针对大学生常见的心理问题，"青春那些事"基本来源于学生中的案例，侧重于大学生的实际运用；"快乐向前冲"等板块则提供了大量的有针对性的可实践内容。② 趣味性强。本书结合心理健康知识点选取了相关案例，配有大量的漫画插图，有助于学生在自助阅读时轻松愉快地领会、接受一些心理健康知识。③ 科学性强。本书同时注重心理健康理论知识的正确与严谨，专辟"心理知识吧"板块，深入浅出地介绍心理健康的知识和理论。④ 自助性强。本书通俗易懂，结合学生实际，注重心理素质训练，在"心理一点通""越读越开心"等板块选用了大量名人名言、哲理故事和心理科普短文，能够给学生传递基本的心理健康常识，并给学生较好的启迪。

本书共十一章。第一章"心理学，因我而生"，介绍了心理学一些基本常识和学生中常见的心理问题；第二章"生病了吗？"，让学生了解一些心理障碍知识及如何应对心理障碍；第三章"探索自我密码"，让学生了解自我、探索自我和成长自我；第四章"情绪的鸡尾酒"，介绍常见的情绪困扰，教会学生调适自己的不良情绪；第五章"做个优质的心理弹簧"，让学生认识挫折并学会应对挫折；第六章"享受生命的春光"，让学生了解生命的意义，认识心理危机并掌握应对心理危机的基本方法；第七章"人际相处之道"，介绍人际交往的常识和一些困扰，并教给学生人际交往艺术；第八章"走进爱情伊甸园"，让学生了解爱情和性，学会正确处理恋爱中的困扰；第九章"学习，一种生命状态"，为学生自主快乐学习提供指导；第十章"网，让我欢喜让我忧"，让学生正确认识网络，并学会远离网络困扰；第十一章"我的未来我做主"，教会学生如何规划未来，从容地走向社会。

全书由重庆工业职业技术学院王官成和安徽机电职业技术学院刘艺统稿并担任主编，重庆工业职业技术学院李慧萍、谢玉兰，安徽机电职业技术学院邓燕，湖南生物机电职业技术学院许辉，江西机电职业技术学院万春琳，湖南电气职业技术学院史红娇担任副主编。本书的具体编写分工为：第一章由重庆工业职业技术学院李慧萍、王一竹编写；第二章由广西机电职业技术学院钟华编写；第三章由安徽机电职业技术学院刘艺编写；第四章由安徽机电职业技术学院邓燕编写；第五章由湖南生物机电职业技术学院许辉编写；第六章由重庆工业职业技术学院王官成、谢玉兰编写；第七章由江西机电职业技术学院万春琳编写；第八章由安徽机电职业技术学院王东华编写；第九章由上海交通职业技术学院史红娇编写；第十章由安徽机电职业技术学院汪素娟编写；第十一章由重庆工业职业技术学院杨喻编写。本书所有漫画插图均由安徽机电职业技术学院孙建友绘制。本书在编写过程中，得到了湖南工业职业技术学院熊琦的大力支持，他在百忙之中拨冗认真审阅了本书，并提出了许多宝贵的修改意见，在此谨致谢意。

本书在编写过程中，参考了大量国内外的相关文献和心理健康的研究成果，并在阅读材料中引用了许多网站发布的材料，在此，谨向这些作者、研究者和网站材料提供者表示深深的谢意。由于编者水平有限，书中难免会有疏漏之处，恳请专家、同行和广大读者批评、指正。

编　者

目 录

前 言

第一章 心理学，因我而生 ... 1
第一节 有人的地方，就有心理学 ... 1
第二节 心理健康，明明白白我的心 ... 5
第三节 心理学懂我，驿动的心灵 ... 13

第二章 生病了吗？ ... 22
第一节 了解障碍，判断真伪 ... 22
第二节 认识障碍，防微杜渐 ... 30
第三节 正视障碍，善于矫治 ... 36

第三章 探索自我密码 ... 44
第一节 回望成长，欣赏自我 ... 44
第二节 认识自我，悦纳自我 ... 49
第三节 完美人格，非凡人生 ... 55

第四章 情绪的鸡尾酒 ... 71
第一节 走进情绪的酒吧 ... 71
第二节 让情绪鸡尾酒不再绚丽 ... 75
第三节 调好情绪的鸡尾酒 ... 79

第五章 做个优质的心理弹簧 ... 85
第一节 人生不如意事十之八九 ... 85
第二节 成长中的压力与挫折 ... 90
第三节 直面压力与挫折 ... 97

第六章 享受生命的春光 ... 104
第一节 追问生命 ... 104
第二节 危机与你共存 ... 109
第三节 走出危机，绽放生命之花 ... 118

第七章　人际相处之道 ……………………………………………… 126
　　第一节　我与他人 ……………………………………………… 126
　　第二节　互动中的困扰 ………………………………………… 133
　　第三节　建立和谐的人际关系 ………………………………… 139

第八章　走进爱情伊甸园 ………………………………………… 148
　　第一节　透视爱情魔力 ………………………………………… 148
　　第二节　正视恋爱，健康成长 ………………………………… 153
　　第三节　穿越爱情的神秘禁区 ………………………………… 161

第九章　学习，一种生命状态 …………………………………… 168
　　第一节　什么是学习 …………………………………………… 168
　　第二节　谁扰乱了我的学习 …………………………………… 172
　　第三节　我的学习我做主 ……………………………………… 177

第十章　网，让我欢喜让我忧 …………………………………… 184
　　第一节　网事知多少 …………………………………………… 184
　　第二节　认识网络心理，正视网络诱惑 ……………………… 190
　　第三节　远离网络忧愁，警惕网瘾泥沼 ……………………… 198

第十一章　我的未来我做主 ……………………………………… 205
　　第一节　成功人生始于正确的人生目标 ……………………… 205
　　第二节　携手共绘人生蓝图 …………………………………… 210
　　第三节　踏上舞台，走向未来 ………………………………… 221

参考文献 ……………………………………………………………… 230

第一章 心理学，因我而生

在日常生活和学习中，我们几乎无时无刻不与心理学打交道。我们也许读过几本心理学的科普读物，也许正在为人们的观念意识、情感态度的复杂多变而苦恼；在为理性与现实的冲突、人际关系的处理和未来的择业而焦虑；同时也在思考怎么进行更好的情绪调节，怎样提高记忆力等，而这些都是与我们生活息息相关的心理学问题。当然我们也可能随时遇到各种各样的心理现象和心理困惑。那么，我们就从这里开始，认识心理学，认识自己。

第一节 有人的地方，就有心理学

心理学是什么？有人曾说："心理学是一门与人类生活密切相关的科学。"事实确实如此，心理学与人类生活关系密切，也对人类生活起着越来越重要的作用。心理学者应尽可能地以科学的方式，间接地观察、研究或思考人的心理过程，如人的人格或个性、动机、能力、气质、性格和自我意识等，从而运用这些规律，更好地为人们的生活和工作服务。

青春那些事

案例一 婴儿的感知能力：深度知觉

有研究表明婴儿一旦在他们的环境中移动，就会很快获得感知能力。研究者发明了一种称为视崖的装置，在此装置中，一块板盖在玻璃的表面，使用棋盘图案的棉布来制造出深渊和浅滩（如下图所示）。这些婴儿的母亲也参加了实验。每个婴儿都被放在视崖的中间板上，先让母亲在深的一侧呼唤自己孩子，然后再在浅的一侧呼唤自己的孩子。研究者发现，婴儿会很轻易地离开中央的版块，爬向浅的一段，但不愿意爬向深的一端。

心理学家通过这个实验探讨了婴儿的深度知觉能力，研究发现：所有种类的动物，如果它们要生存，就必须在能够独立行动时发展感知深度的能力。对人类来说，这种能力到 6 个月左右才会出现。

案例二 罗森塔尔效应

美国心理学家罗森塔尔来到一所偏远的乡村小学，对学生们进行了一次小小的测试，并随机选出了其中 20% 的学生。测试结束后，

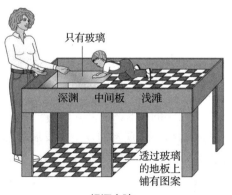

视涯实验

罗森塔尔告诉他们的老师，这20%的学生比其他学生更有潜力，将来能取得更高的成就。8个月后，当罗森塔尔再次出现在这所学校时，他发现那20%的学生成绩有了明显的提高。

心理学家得出结论：在其他条件（家庭环境、智力等）相同的情况下，被老师或其他人保以更高期望的学生，能够从这种期待中得到鼓励，进而增强自信心，提高学习成绩。这就是著名的罗森塔尔效应。

案例三　证人的记忆效应

在各种各样的案件中，人们往往会通过证人证言来判断是非，那证人的记忆真的可靠吗？著名犯罪心理学家沃·里斯特教授做了一个实验。当他在课堂讲授时，一位高年级的学生突然提出了反对意见，班上的一位同学试图阻止这一行为而与其发生争吵。突然那位高年级学生掏出一把手枪，沃·里斯特教授冲向前去夺武器。就在这一刻，听到一声爆炸，还好任何人都没有受伤，两位争夺者也因此停止打斗。几分钟后，这位教授告诉受惊的学生们，他们有义务提供他们目击整个事件的所有细节信息。

结果发现：一位回忆最好的学生在回忆过程中有26%的重点细节发生错误，而其他学生在回忆中则有80%的错误，这仅仅是这些年轻的大学生对眼前发生的一切注意力不集中，记忆平庸吗？肯定不是。所以这个案例告诉我们：无辜的人可能有错误辨认犯罪的危险性。所以，证人的证据并不完全可信，他们往往会带有倾向性。

解读

以上三个案例揭示的社会心理现象经常发生在我们的生活中。在我们身边经常会有不同的事件发生，而这些事件背后会隐藏着很多心理原因。6个月的婴儿就已经发展出了深度知觉的能力，开始学会自我保护。在孩子的成长过程中，除了他们日益增强的自我保护能力，还需要环境，尤其是养育者和教育者给予更多的肯定。即便是高学历的大学生，他们的记忆也会不可靠，那么在对待孩子的"谎言"时，养育者和教育者应该更多一份耐心。

心理知识吧

一、心理学的概念

1. 心理学概述

心理学的英文为"Psychology"，源于古希腊语，意思是"灵魂之科学"。心理学是研究人和动物心理现象的发生、发展和活动规律的一门科学。1879年德国学者冯特受自然科学的影响，在莱比锡大学建立第一个心理实验室，标志着科学心理学的诞生。心理学是研究心理现象的一门科学，主要研究个体心理，包括认知、情绪和动机、能力和人格等，也研究团体和社会心理。

2. 心理学的研究领域

"有人的地方,就有心理学",心理学的研究领域日渐扩大,主要的研究领域包括:

(1) 普通心理学 它研究心理现象的发生和发展的最一般的规律,如感知、记忆、思维的一般规律,人的需要、动机及各种心理特征最一般的规律等。

(2) 生理心理学 它研究心理现象的生理机制,主要指各种感官的机制、神经系统特别是脑的机制、内分泌腺对行为的调节机制、遗传在行为中的作用等。

(3) 发展心理学 它研究心理的种系发展和人的心理的个体发展。

(4) 教育心理学 它研究教育过程中所包含的各种心理现象,揭示教育同心理发展的相互关系。

(5) 社会心理学 它是研究我们周围情境力量的科学,尤其关注我们是如何看待他人,如何影响他人的。

二、生活中的心理学

有人的地方就有心理学,心理学的现象随处可见,无时无刻不影响着我们的生活。

1. 从众现象

一则笑话这样说到:一人闲逛街头,忽见一长队绵延,赶紧站到队后排队,唯恐错过什么购买紧缺必需品的机会。等到队伍拐过墙角,发现大家原来是排队上厕所,不禁哑然失笑。从众其实是指个人的观念与行为由于群体的引导或压力,而向与多数人一致的方向变化的现象。用通俗的话说,从众就是"随大流"。某个观点一旦被大众所接受,就会顺理成章地变成事实,变成真理。

别人都去了,我们也要去!

2. 安慰剂效应

安慰剂效应是指在不让病人知情的情况下,让其服用完全没有药效的假药,但病人却得到了和真药一样甚至更好的效果。这种似是而非的现象在医学和心理学研究中都并不少见。几个很少接触乡村环境的城里人郊游,到达山腰时,他们为眼前清澈的泉水、碧绿的草地和迷人的风景所深深吸引。休息时,其中一人很高兴地接过同伴递过来的水壶喝了一口水,情不自禁地感叹道:"山里的水真甜,城里的水跟这儿真是没法比。"水壶的主人听罢笑了起来,他说,壶里的水是城市里最普通的水,是出发前从家里的自来水管接的。

3. 罗密欧与朱丽叶效应

罗密欧与朱丽叶相爱,但由于双方家庭有世仇,他们的爱情遭到了极力阻碍。但压迫并没有使他们分手,反而使他们爱得更深,直到殉情。这样的现象称为罗密欧与朱丽叶效应。所谓罗密欧与朱丽叶效应,就是当出现干扰恋爱双方爱情关系的外在力量时,恋爱双方的情感反而会加强,恋爱关系也因此更加牢固。

4. 攻击行为的产生

在生活中,我们往往会产生各种形式的攻击行为,轻者如争吵、辱骂等,重者如打架、伤害他人等,更有甚者作出谋杀或者反社会行为。产生这种攻击行为的原因多种多样，而在这些对攻击行为的解释中，最有趣的莫过于认为是媒体的影响。有研究者在经过长达22年对暴力节目的统计后发现，有关暴力和犯罪的电影电视剧会极大地影响人们的行为，甚至是暴力犯罪。因此，对于还在成长中的学生，认识到这些事实，了解暴力节目的潜在危害，其意义更为深远。

快乐向前冲

心理游戏一　　　　　　　　　　破冰游戏

小组成员围成一圈，任意提名一位成员开始自我介绍，包括姓名、籍贯。第二名学员轮流介绍，但是要说："我是×××（第一位成员的姓名）后面的×××（自己的名字），我来自×××。"第三名学员说："我是×××（第一位成员的姓名）后面的×××（第二位成员的姓名）的后面的×××（自己的名字）。"依次下去，最后介绍的一名学员要将前面所有学员的名字复述一遍。

心理游戏二　　　　　　　　　　青蛙跳水

以小组为单位，围坐在一起，第一个人说："一只青蛙。"第二个人说："一张嘴。"第三个人说："两只眼睛。"第四个人说："四条腿。"第五个人说："扑通，跳下水。"下一个人继续说："两只青蛙。"第二个人说："两张嘴。"第三个人说："四只眼睛。"第四个人说："八条腿。"第五个人说："扑通，扑通，跳下水。"如此循环，一直到出现错误为止。出现错误的人被惩罚一次，并从犯错组员开始重新游戏。

讨论： 让参与游戏的同学发表在游戏过程中的感想，从自身反应能力和其他组员的反应能力等方面进行分析，加强组员之间的默契和熟悉度。

心理游戏三　　　　　　　　　　猜猜我是谁

小组成员把自己的名字写在纸上，做成一张名片。老师收集小组名片贴纸，然后在每个组员背后分别贴上一张贴纸（不能在组员背后贴上带有其名字的贴纸），也不能让他们事先就知道背后人的名字。

每个组员要通过向其他组员询问"是"或者"不是"的问题，来猜测他们背后名片上的名字。以3~4个问题为限。

讨论： 让学生评价自己在活动中的表现，反思自己对小组其他成员的了解和熟悉程度。培养自己的人际交往能力。

心理一点通

心若改变，你的态度跟着改变；态度改变，你的习惯跟着改变，习惯改变，你的性格跟着改变；性格改变，你的人生跟着改变。

——马斯洛

第一章
心理学，因我而生

人生就像弈棋，一步失误，全盘皆输，这是令人悲哀之事；而且人生还不如弈棋，不可能再来一局，也不能悔棋。

——弗洛伊德

越读越开心

俄狄浦斯情结

田间麦穗枯萎，牧场上牛羊病死，妇人流产，哀鸿遍野；带火的瘟神降临到城邦特拜。神谕明示消灾的办法在于缉拿杀害前国王的凶手。这样大家的目光都被吸引到"谁是凶手"的问题上去了。

紧接着，剧本以倒叙的形式让俄狄浦斯显身：

无子的特拜国王拉伊俄斯曾经诱拐了皮萨国王佩洛普斯的小儿子克律西波斯，导致他自杀。佩洛普斯向主神宙斯祈祷降祸于拉伊俄斯。当拉伊俄斯祈求神恩赐他一个儿子的时候，神一边答应了他的请求，一边预言他的儿子将弑父娶母。为了逃避神谕的实现，拉伊俄斯夫妇一等儿子俄狄浦斯降生即钉住他的双足（俄狄浦斯乃双脚肿胀之意），派一位仆人把他扔进山谷。但心地善良的仆人却将俄狄浦斯送给了科任斯国的牧羊人，以至于俄狄浦斯被无子的科任斯国王波吕玻斯收养。逐渐长大的俄狄浦斯在一次宴会中偶然闻知自己非科任斯国王的亲生子，便去求问神谕，得知自己命将弑父娶母。为避厄运，俄狄浦斯离开了科任斯国，来到了特拜边境。在一个三岔路口，为争夺道路，与一个老人争执起来，一怒之下，他用手杖打死了这个老人。俄狄浦斯不知，这老人就是要去德尔菲神庙求解解除斯芬克斯灾难的他的父亲。因为此时，特拜城正遭受狮身人面鸟翼怪兽斯芬克斯的袭击。俄狄浦斯来到斯芬克斯面前，斯芬克斯的问题是："什么东西早晨用四只脚走路，中午用两只脚走路，傍晚用三只脚走路？"俄狄浦斯回答："是人。"于是，斯芬克斯一头扎入大海。俄狄浦斯被特拜民众拥戴为新国王，并娶王后为妻。

俄狄浦斯弑父娶母这一悲剧事件，曾经被弗洛伊德解读为普遍存在的人类先天的恋母情结，被广为人知。恋母情结，构成整个弗洛伊德理论的基础。

第二节　心理健康，明明白白我的心

世界卫生组织（World Health Organization，WHO）将健康定义为："健康不仅仅是没有疾病和虚弱，而且是生理、心理和社会上的完好状态。"世界卫生组织提出人的身心健康的八大标准是"五快"和"三良"。所谓"五快"，是指食得快、便得快、睡得快、说得快、走得快。所谓"三良"，是指良好的个性、良好的处世能力、良好的人际关系。

心灵需要沟通

青春那些事

案例一 她抑郁了

小张是一个性格比较内向的女生,从高中开始,到大学,她一直心情不好,像掉进了一个无底洞,看不见阳光。她晚上经常睡不着,她说自己都不知道自己睡了没有,总之浑身酸懒,不想动。上课听不进去,脑袋像浆糊一样,眼前的板书都像是浮云,考试也是答非所问。小张还不想吃饭,不想出门,总之对什么都没有兴趣。每天都过得浑浑噩噩。她感觉每天都很漫长,世界变成了灰色,自己头上永远笼罩着乌云……

案例二 青涩的爱情

小强和小雪是通过学生会认识的,他们同在一个部门,经常在一起工作,渐渐地两人互有好感,在接触了一年以后,两人成为了男女朋友。一开始,这份爱情给了两人很多甜蜜,他们经常相约去自习室看书,去操场锻炼,去吃学校的各种美食。可一段时间以后,他们之间出现了越来越多的问题。小雪是一个性格比较要强的女孩,总是对小强有很多要求。小强觉得压力越来越大,他们经常吵架。在一次吵架以后,小雪提出了分手,于是两个人陷入了冷战。小强冷静了好长一段时间以后,准备找小雪再好好谈谈。这个时候他发现小雪和另一位学生会的男同学走得很近。小强难受极了,心烦意乱,他也说不清楚究竟是一种怎样的感受,更不知道该不该挽回与小雪的感情。

> **解读**
>
> 看看我们身边,那些年轻的面孔下总隐藏着许许多多的压力、痛苦和对爱情的迷茫。这样的故事时常发生在我们身边,他们有的战胜了心理上的困难,有的却选择了极端的方式进行逃避。其实"这世界除了心理上的失败,实际上并不存在什么失败"。

心理知识吧

一、看透自己的"心",保持心理健康

心理健康是指生活在一定社会环境中的个体,在高级神经功能和智力正常的情况下,情绪稳定、行为适度,具有协调关系和适应环境的能力以及在本身及环境条件许可的范围内所能达到的心理最佳功能状态。

心理健康按其健康程度可分为三种状态。一是正常状态,简称常态。个体在一般没有较大困扰的情况下,心理处在正常状态。个体的常态行为基本

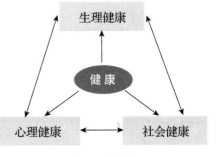

健康的三维结构

上与其价值观、道德水平和人格特征相一致。这种状态一般称为心理健康。二是不平衡状态，简称偏态，是指个体心理处于焦虑、恐惧、压抑、担忧、矛盾、应激等状态。一旦个体处于不平衡状态，他会首先通过"心理防御机制"来进行自我调节。如果无效，就得借助他人疏导，使之消除不平衡，恢复正常状态。这种状态一般称为心理问题。三是不健康状态，简称变态。它包括神经症、人格障碍、性心理障碍、精神分裂症等。这时必须到医疗部门求助于心理治疗和药物治疗。这种状态一般称为心理疾病或精神疾病。

二、评一评，看你健康吗

1. 心理行为与年龄特征相符

在人的不同年龄阶段，都有相对应的心理行为表现，从而形成不同年龄阶段独特的心理行为模式，心理健康的人应具有与多数同龄人相符合的心理行为特征。青年应该是精力充沛、反应敏捷、行为果断的，过于老成、过于幼稚、过于依赖都是心理不健康的表现。

2. 和谐的人际关系

人总是生活在社会中，需要与社会中的其他人交往。心理健康的人乐于与人交往，能够接受他人，悦纳他人，能认可别人存在的重要性和作用，在与他人交往中，能以尊重、信任、友爱、宽容、理解的态度与人相处，能分享、接受，给予爱和友谊，与集体保持协调的关系，能与他人同心协力、合作共事，乐于助人。一个心理不健康的人，总是与集体和周围的人格格不入。

3. 积极且稳定的情绪

人们的情绪包括正面情绪与负面情绪。心理健康的人在生活中愉快、乐观、开朗、满意等正面情绪状态总是占优势的，虽然也会有悲、忧、愁、怒等负面情绪体验，但能进行自我调节，迅速恢复到轻松愉快的情绪状态。而当负面情绪占了主导地位时，也能进行调节，有适度表达和控制情绪的能力。

4. 健全的意志品质

健全的意志品质表现为意志的目的性、果断性、坚韧性、自制性。在学习、训练等任务中不畏困难和挫折，知难而上，持之以恒；需要作出决定时，能毫不犹豫、当机立断；还能够为了达到目的而控制一时的感情冲动，约束自己的言行。

5. 正确的自我意识

心理健康的人能体验到自己存在的价值，既能了解自己，又能接受自己，有自知之明，对自己的能力、性格和优缺点都能作出恰当的、客观的评价；对自己不会提出苛刻的、非分的期望与要求；对自己的生活目标和理想能定得切合实际，因而对自己总是满意的，即使对自己无法补救的缺陷，也能安然处之。

6. 完整的人格结构

心理健康的人的人格结构是有机统一的、稳定的。如果知道一个人具有某些人格特点，一般就可以预见他在某种情况下，将会怎样行动。如果一个人的行为表现不是一贯的、统一的，则说明他可能存在心理健康问题。

7. 良好的环境适应能力

对环境的适应能力是人赖以生存的最基本条件,"适者生存"是生物进化的普遍规律。在人的一生中,内外环境是不断变化的,有的变化还很大,因此要求人们对各种变化作出相应的适应性反应。而对变动着的环境能否适应,是心理健康的重要标志。有的人适应能力较差,环境一旦改变,就容易紧张、焦虑、失眠,有的人则适应能力良好,很快就能随遇而安。

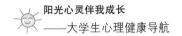

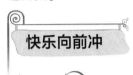

情感病毒

情感是人与人交往中的重要因素之一,强烈的感情尤其是负面的情绪会在人与人之间有如病毒一样传播开来,下面这个小游戏可以方便快捷地说明这一点。

首先,请所有同学围成一圈,并且闭上眼睛,主持人在由同学组成的圈外走几圈,然后拍一下某个同学的后背,确定"情绪源"。注意,尽量不要让第三者知道这个"情绪源"是谁。然后请同学们睁开眼睛,随机散开,并告诉他们现在是一个鸡尾酒会,他们可以在屋里任意交谈,和尽可能多的人交流。"情绪源"的任务就是通过眨眼睛的动作将不安的情绪传递给屋内的其他三个人,而任何一个获得眨眼睛信息的人都要将自己当作已经受到不安情绪感染的人,一旦被感染,他的任务就是向另外三个人眨眼睛,将不安的情绪再次感染给他们。5分钟以后,让同学们都坐下来,让"情绪源"站起来,接着是那三个被他感染的,再然后是被那三个人感染的,直到所有被感染的人都站了起来,你会惊奇于情绪感染的可怕性。

接着告诉同学们,你已经找到了处理不安情绪感染的有效措施,那就是制造"快乐源",即用真挚柔和的微笑来冲淡大家因为不安而带来的阴影。让大家重新围成一圈,并闭上眼睛,告诉大家你将会从他们当中选择一个同学作为"快乐源",并通过微笑将快乐传递给大家,任何一个得到微笑的人也要将微笑传递给其他三个人。你在同学的身后转圈,假装指定了"快乐源",实际上你没有指任何人的后背,然后让他们睁开眼睛,并声称游戏开始。

最后自由活动3分钟。3分钟以后,让他们重新坐下来,并让收到快乐讯息的同学举起手来,然后让大家指出他们认为的"快乐源",你会发现大家的手指会指向很多不同的人,微笑着告诉大家实际上根本就没有指定的"快乐源",是他们的快乐感染了自己。

讨论:

1)不安和快乐哪一个更容易被感染?在第一轮中,当你被感染了不安的情绪时,你是否会真的感觉到不安?你的举止动作会不会反应出这一点?第二轮呢?

2)在游戏过程中,对于别人要感染给你不安的预期,导致你真的开始不安,同样你想让别人对你微笑,这促使你接受和给予微笑。在日常的生活和工作当中,你是否会遇到这种事情?

3)在一个团队里面,某个人的情绪是否会影响到其他人,是否会影响到团队的工作效率？为了防止被别人的负面情绪所影响，你需要做什么？

总结：

1）科学实验证明，当妈妈的表情呈现出痛苦的样子时，大多数的婴儿都会变得不安，进而哇哇大哭。就如同在上述实验中所指出的人的情绪是会相互感染的。

2）对一个管理者来说，常年保持一张扑克脸，很容易在办公室里面形成一种郁闷、压抑的气氛，不利于员工的正常发挥，影响企业的业绩。对于一个员工来说，长期的阴沉情绪会让别人对你敬而远之，包括你的上级和你的升迁机会，所以保持一个健康的心态，时常以一个轻松快乐的面孔对人是至关重要的。

3）经常去一些快乐的地方，舒缓一下自己紧张的情绪，你会发现微笑其实很简单。

心理游戏二　自测健康评定量表（SRHMS）

自测健康是指您本人对自己健康状况的主观评价和期望，自测健康评定是目前国际上比较流行的健康测量方法之一。本量表由48个问题组成，问的都是您过去四周内的相关情况。每个问题下面有一个划分为十个刻度的标尺，请逐条在您认为适当的位置以"×"号在标尺上作出标记。（请注意每个标尺上只能画上一个"×"号）

例如：您的睡眠怎么样？

非常差 0——1——2——3——4——5×——6——7——8——9——10 非常好

0：表示睡眠非常差；10：表示睡眠非常好；0~10：越靠近0表明睡眠越差，越靠近10表明睡眠越好；图例标出的本答案（"×"的位置）：5.2表示睡眠一般。

下面请根据自己的具体情况作答。

1. 您的视力怎么样？
非常差 0——1——2——3——4——5——6——7——8——9——10 非常好
2. 您的听力怎么样？
非常差 0——1——2——3——4——5——6——7——8——9——10 非常好
3. 您的食欲怎么样？
非常差 0——1——2——3——4——5——6——7——8——9——10 非常好
4. 您的胃肠部经常不适（如腹胀、拉肚子、便秘等）吗？
从来没有 0——1——2——3——4——5——6——7——8——9——10 一直有
5. 您容易感到累吗？
非常不容易 0——1——2——3——4——5——6——7——8——9——10 非常容易
6. 您的睡眠怎么样？
非常差 0——1——2——3——4——5——6——7——8——9——10 非常好
7. 您的身体有不同程度的疼痛吗？
根本不疼痛 0——1——2——3——4——5——6——7——8——9——10 非常疼痛
8. 您自己穿衣服有困难吗？
根本不能 0——1——2——3——4——5——6——7——8——9——10 无任何困难
9. 您自己梳理有困难吗？
根本不能 0——1——2——3——4——5——6——7——8——9——10 无任何困难

10．您承担日常的家务劳动有困难吗？
根本不能 0——1——2——3——4——5——6——7——8——9——10 无任何困难

11．您能独自上街购买一般物品吗？
根本不能 0——1——2——3——4——5——6——7——8——9——10 无任何困难

12．您自己吃饭有困难吗？
根本不能 0——1——2——3——4——5——6——7——8——9——10 无任何困难

13．您弯腰、屈膝有困难吗？
根本不能 0——1——2——3——4——5——6——7——8——9——10 无任何困难

14．您上下楼梯（至少一层楼梯）有困难吗？
根本不能 0——1——2——3——4——5——6——7——8——9——10 无任何困难

15．您步行半里路有困难吗？
根本不能 0——1——2——3——4——5——6——7——8——9——10 无任何困难

16．您步行三里路有困难吗？
根本不能 0——1——2——3——4——5——6——7——8——9——10 无任何困难

17．您参加能量消耗较大的活动（如剧烈的体育锻炼、田间体力劳动、搬移重物等）有困难吗？
根本不能 0——1——2——3——4——5——6——7——8——9——10 无任何困难

18．与您的同龄人相比，从总体上说，您认为自己的身体健康状况如何？
非常差 0——1——2——3——4——5——6——7——8——9——10 非常好

19．您对未来乐观吗？
非常不乐观 0——1——2——3——4——5——6——7——8——9——10 非常乐观

20．您对目前的生活状况满意吗？
非常不满意 0——1——2——3——4——5——6——7——8——9——10 非常满意

21．您对自己有信心吗？
根本没信心 0——1——2——3——4——5——6——7——8——9——10 非常有信心

22．您对自己的日常生活环境感到安全吗？
根本不安全 0——1——2——3——4——5——6——7——8——9——10 非常安全

23．您有幸福的感觉吗？
从来没有 0——1——2——3——4——5——6——7——8——9——10 一直有

24．您感到精神紧张吗？
根本不紧张 0——1——2——3——4——5——6——7——8——9——10 非常紧张

25．您感到心情不好、情绪低落吗？
从来没有 0——1——2——3——4——5——6——7——8——9——10 一直有

26．您会毫无理由地感到害怕吗？
从来没有 0——1——2——3——4——5——6——7——8——9——10 一直有

27．您对做过的事情经反复确认才放心吗？
从来没有 0——1——2——3——4——5——6——7——8——9——10 一直有

28. 与别人在一起时，您也感到孤独吗？
从来没有 0——1——2——3——4——5——6——7——8——9——10 一直有

29. 您感到坐立不安、心神不定吗？
从来没有 0——1——2——3——4——5——6——7——8——9——10 一直有

30. 您感到空虚无聊或活着没有什么意义吗？
从来没有 0——1——2——3——4——5——6——7——8——9——10 一直有

31. 您的记忆力怎么样？
非常差 0——1——2——3——4——5——6——7——8——9——10 非常好

32. 您容易集中精力去做一件事吗？
非常不容易 0——1——2——3——4——5——6——7——8——9——10 非常容易

33. 您思考问题或处理问题的能力怎么样？
非常差 0——1——2——3——4——5——6——7——8——9——10 非常好

34. 从总体上说，您认为自己的心理健康状况如何？
非常差 0——1——2——3——4——5——6——7——8——9——10 非常好

35. 对于在生活、学习和工作中发生在自己身上的不愉快事情，您能够妥善地处理吗？
完全不能 0——1——2——3——4——5——6——7——8——9——10 完全可以

36. 您能够较快地适应新的生活、学习和工作环境吗？
完全不能 0——1——2——3——4——5——6——7——8——9——10 完全可以

37. 您能够较快地适应新的生活、学习和生活中担当的角色吗？
非常不符合 0——1——2——3——4——5——6——7——8——9——10 非常符合

38. 您的家庭生活和睦吗？
非常不和睦 0——1——2——3——4——5——6——7——8——9——10 非常和睦

39. 与您关系密切的同事、同学、邻居、亲戚或伙伴多吗？
根本没有 0——1——2——3——4——5——6——7——8——9——10 非常多（10个以上）

40. 您有可以与您分享快乐和忧伤的朋友吗？
根本没有 0——1——2——3——4——5——6——7——8——9——10 非常多

41. 您与您的朋友或亲戚在一起谈论问题吗？
从来不谈 0——1——2——3——4——5——6——7——8——9——10 经常交谈

42. 您与亲朋好友经常保持联系（如互相探望、电话问候、通信等）吗？
从不联系 0——1——2——3——4——5——6——7——8——9——10 一直联系

43. 您经常参加一些社会、集体活动（如党团、工会、学生会、朋友聚会、体育比赛、文娱等）吗？
从不参加 0——1——2——3——4——5——6——7——8——9——10 一直参加

44. 在您需要帮助的时候，您在很大程度上能够依靠家庭吗？
根本不能 0——1——2——3——4——5——6——7——8——9——10 完全可以

45. 在您需要帮助的时候，您在很大程度上能够依靠朋友吗？

根本不能 0——1——2——3——4——5——6——7——8——9——10 完全可以

46. 在您遇到困难时，您主动地去寻求他人的帮助吗？

从不主动 0——1——2——3——4——5——6——7——8——9——10 非常主动

47. 与您的同龄人相比，从总体上说，您认为您的社会功能（如人际关系、社会交往等）如何？

非常差 0——1——2——3——4——5——6——7——8——9——10 非常好

48. 与同龄人相比，从总体上说，您认为自己的健康状况如何？

非常差 0——1——2——3——4——5——6——7——8——9——10 非常好

自测健康评定量表（SRHMS）的条目包括维度分、子量表、总量表的计分方式（反向计题得分＝10－原始分）。

身体症状与器官功能：7个条目，总分相加。正向计分题：1、2、3、6；反向计分题：4、5、7。

日常生活功能：5个条目，总分相加。正向计分题：8、9、10、11、12。

身体活动功能：5个条目，总分相加。正向计分题：13、14、15、16、17。

正面情绪：5个条目，总分相加。正向计分题：19、20、21、22、23。

心理症状与负面情绪：7个条目，总分相加。反向计分题：24、25、26、27、28、29、30。

认知功能：3个条目，总分相加。正向计分题：31、32、33。

角色活动与社会适应：4个条目，总分相加。正向计分题：35、36、37、38。

社会资源与社会接触：5个条目，总分相加。正向计分题：39、40、41、42、43。

社会支持：3个条目，总分相加。正向计分题：44、45、46。

健康总体自测：4个条目，总分相加。正向计分题：18、34、47、48。

每个子量表和总量表的总分越高，代表测试者越健康。自测后提醒：此问卷仅作为了解自己的参考，如有疑问，请咨询专业人员。

心理一点通

给我一打健全的婴儿，把他们带到我独特的世界中，我可以保证，在其中随机选出一个，训练成为我所选定的任何类型的人物——医生、律师、艺术家、商人，或者乞丐、窃贼，不用考虑他的天赋、倾向、能力及其祖先的职业与种族。

——华生

独身生活方式可能有其方便之处，但假若一个人不能超越这种生活方式，就会导致情绪和个人满足感发展的严重滞后。

——埃里克森

我们生命的过程，就是做自己、成为自己的过程。

——罗杰斯

越读越开心

龙生龙，凤生凤，老鼠生来会打洞！

"龙生龙，凤生凤，老鼠生来会打洞"，这是我们民间的一句俗语，而它在中国流传的历史，已经无从查考了。按照生物学的理论，这叫遗传基因的作用，龙只能生龙，凤也只能生出在天上翱翔的凤。而老鼠只能生出在地里打洞的老鼠。这当然是专制社会里，封建君主对老百姓实行的愚民政策，让老百姓各安天命，生来是龙凤命的人，天生就有高贵的血统，骨子里流着和老百姓不同的血液，本该世世代代统治天下人。

这俗语虽有极大的片面性，却也不可否认遗传对于个人基因的重要性。

心理学家在这方面做了大量的研究。例如，汤普森（Thompson，1954）的一个经典实验中，让走迷津快的老鼠和走迷津慢的老鼠分栏交配繁殖了六代，结果如图1-1所示，两组间的学习能力随着选择性繁殖的代数增加，差异越来越大；到第六代时，走迷津慢的愚笨鼠要比走迷津快的聪明鼠多犯一倍的错误。为控制环境变量，有时将愚笨的雌鼠的后代交给聪明的雌鼠喂养，以使被测试的是遗传禀赋，而不是母性抚养。这就是心理学家为了验证遗传对动物智商的重要性而进行的选择性繁殖。这是对动物特性遗传的一种研究方法，即让具有某种高水平特性的动物和低水平特性的动物分栏交配以考察行为特性遗传的情况。

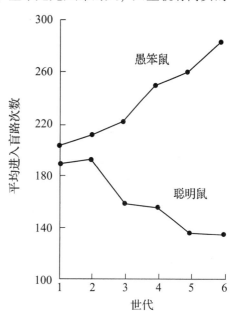

图1-1 愚笨鼠与聪明鼠走迷津的对比

科学家已采用选择性繁殖技术来证明了大量行为特征的遗传性。例如，选育了好动与好静的狗、性主动与性被动的鸡、趋光与避光的果蝇、嗜酒与不嗜酒的老鼠。如果某些特质是受遗传影响的，就应该能够以选择性繁殖得到明显的改变；反之，则可以断定它们主要是受环境因素的影响。

第三节　心理学懂我，驿动的心灵

为了应对现代社会的机遇和挑战，我们不仅需要具有竞争能力、创新能力、应变能力等，还需要具有较强的心理承受能力。而在如此复杂的社会环境中，我们的心理状态受到很大影响，也遭到巨大的挑战，难免会产生一些心理冲突和心理困惑。帮助大家认识和分析自己的心理状态，指导我们保持身心健康，对于个人和社会发展意义深远。

青春那些事

案例一　寝室的人际关系

小王与小刘是某院校大二的学生，同在一个宿舍生活。入学不久，两个人成了形影不离的好朋友。小王活泼开朗，小刘性格内向，对人际关系过于敏感。两人的性格很互补，一开始相处得十分融洽。但渐渐的他们的关系发生了变化。小刘觉得自己像一只丑小鸭，而小王却像一位美丽的公主，心里很不是滋味。小刘还认为小王处处都占尽风头，还常常以冷眼对自己。大学二年级，小王参加了学校组织的主持人大赛，并得了一等奖，小刘得知这一消息后很不开心，更不愿意和小王一起相处。慢慢地两个人由最好的朋友，变为了同在一个寝室都不怎么讲话的人，后来更演变为互相看不惯，寝室矛盾和冲突一触即发。

案例二　网络的泥潭

小黄今年刚刚考入大学，他感觉人生从此自由了，父母不在身边唠叨，老师也不会天天催着做作业，虽然有很多课程，但是旷课以后好像也没有什么大问题。于是在这种宽松的环境中，小黄开始放飞自我，早上起不来就躺在寝室睡懒觉，平时有不想去上的课就躲在寝室玩游戏，从网络游戏到单机游戏，无一不是小黄的心中所爱。就在这样的混混沌沌中，一学期的时间很快就过去了。到了考试的时候，小黄根本不知道该如何应对，再加上很多缺课的课程直接就没有了成绩，小黄恐慌不已。期末考试的成绩一团糟。到了第二学期，小黄准备下定决心好好学习，可一想到枯燥的课程，再想起那些好玩的游戏，小黄又丧失了学习的动力，陷入了网络的泥潭而无法自拔。

解读

当下大学生独生子女偏多，不少学生对离开父母的大学生活不适应，缺乏独立的生活能力。同时表现出以自我为中心的心理特点，很难与班级其他同学形成良好的人际关系。于是不少学生寄情于网络，造成网络成瘾的现状。这给学生的正常学习和生活带来了很大的困扰。

心理知识吧

面对社会生活和学习中的各种问题，大学生群体中表现出了很多心理健康问题。帮助大家正确认知常见的心理健康问题，有助于学生提高心理素质，摆脱心理困惑。大学生常见的心理困扰包括自我意识与认知问题、情绪调节问题、角色转换问题、生活与就业压力等八大问题。

一、自我意识与认知问题

在大学生的自我发展中,既存在着自我认识、评价与实际情况之间的差距,同时又存在着理想自我与现实自我的差距。这不仅反映了大学生对理想自我的追求和对自尊、自强的渴望,同时也预示了他们将经历很多的困难和挫折。心理学研究结果表明,理想自我与现实自我之间的过分失调往往是大学生产生心理问题的重要原因。如何协调理想自我与现实自我的差距,以及如何正确看待自己,将是大学生面临的一个非常重要的课题。大学生自我意识问题主要表现为以下相互矛盾的倾向:过度的自我接受与过度的自我拒绝;过强的自尊心与过度的自卑感;自我中心与从众心理;过分的独立意识与过分的逆反心理。其中,最有代表性的是自卑心理。

二、情绪调节问题

由于大学生处在心理未成熟向成熟发展的过渡期,情绪体验丰富而又强烈,两极性非常明显,有的学生会因为一些小事而振奋、热情、心情激动;或者动怒、怄气、与人争吵,有时还会自卑、抑郁,所以对这种强烈的情绪体验,必须进行适当的控制和调节,使其向好的、有利的方向发展,避免消极、不良现象的发生。

三、角色转化与环境适应问题

人们在日常生活中经常要面对新的情况,扮演新的角色,执行新的任务,适应新的环境。适应新的角色、任务和环境的过程,会带来许多心理问题,包括新生入校后的适应、在校期间角色变化的适应、日常行为习惯的适应、任务转化中的适应、对社会环境的适应、毕业时的适应等问题。其中以新生入学后一周到两个月之间心理的不适应表现得最为集中、最为明显。

四、生活与就业压力

伴随着现如今大学各项奖学金的提高、深造机会的增多、就业压力的增大,大学生普遍感受到了很大的学习、生活和就业压力。有调查显示,学习成绩已成为影响大学生情绪波动的第一因素,大学生在学业上更具进取心。当前大学生普遍感到学习压力大,一些学生表示有厌学心态,但大多数人仍能积极应对。考级考证、选修第二专业、在校外接受课外辅导和培训等情况在大学生中相当普遍。在就业心理方面,由于就业市场竞争加剧,大学生感觉就业压力较大,有超过半数的学生选择先就业后择业。

生活的压力主要在于学生不善于独立生活和为人处世,还有生活贫困所造成的心理压力。调查表明,大多数贫困生认为自己承受着巨大的学习、生活压力,这些压力给他们造成了较大的心理困扰,而他们并不懂得该如何去化解。

五、人际交往问题

人际交往以及在交往基础上建立起来的人际关系不仅直接影响着大学生的学习和生活,而且直接影响了大学生的心理健康。因为人类的心理障碍主要是由人际关系失调而引发的。良好的人际关系使人获得安全感和归属感,得到支持与理解,给人精神上的愉悦和满足，促进心理健康；不良的人际关系使人感到压抑和紧张，承受孤独与寂寞，身心健康就会受到损害。人际交往问题主要表现为：缺少知心朋友；与个别人难以交往；与他人交往平淡；感到交往有困难；社交恐惧；不想交往等。其中，孤独和猜疑是影响人际关系的重要因素。

如图1-2所示为人际关系状态图解。

图示	状态	相互作用水平
○○	零接触	低
○→○	单向注意	↑
○⇄○	双向注意	
○○	表面接触	
⊙⊙	轻度卷入	
◎◎	中度卷入	↓
●	重度卷入	高

图1-2 人际关系状态图解

六、性的困扰

大学生常见的性问题包括性意识困扰、性行为心理困扰、异性恐惧等。常见的性意识困扰有被异性吸引、常想到性问题、性幻想及性梦等表现。其中，"常想到性问题"是指在遇到有吸引力的异性时想到与对方有关的性意念、裸体表象、性感部位及体验到自身性冲动等，或是在阅读与性有关的书刊时，产生对性的臆想等；"性幻想"通常表现为在某特定因素诱导下，"自编""自导""自演"与异性交往内容有关的联想。性幻想可导致生理上的性兴奋、性器官充血，也可偶尔出现性高潮；"性梦"是进入青春期以后的梦中出现与性内容有关的梦境，一般认为与性激素达到一定水平和睡眠中性器官受内外刺激及潜意识的性本能活动有关。性梦中可以伴有男性遗精、女性性兴奋等。以上三种情况是性冲动的间接发泄形式，属于正常的心理、生理现象。但由于认识的偏差，常常造成大学生的性意识困扰，出现不同程度的心理冲突，表现有焦虑、厌恶及内心不安、恐惧、自责等。严重的可出现失眠、注意力不集中、情绪抑郁、不愿与人（尤其是异性）交往，并常陷入焦虑、矛盾、困惑和苦闷之中，从而会影响其日常工作和生活，甚至会干扰自我的正常发展。

七、学习心理问题

学习是大学生的主要任务，也是大学生活中的主要内容。完满地完成大学期间的学习任务，掌握扎实系统的专业知识，是每一个大学生都希望实现的愿望。但在现实生活中，几乎所有的学生都或多或少地受到学习问题的困扰。有的学生缺乏学习动机，总觉得对学习提不起劲，对学习没有兴趣，拖拉、散漫；有的学生在学习中缺乏自信，总觉得自己不如别人，认定自己不是读书的料；有的学生意志薄弱，制订了学习计划却总不能执行，或者一次没考好就灰心丧气、一蹶不振。此外，缺乏正确的学习方法也是一个重要问题，有的学生花了大量的时间在学习上成绩却不理想；还有一些学生出现记忆力减退、注意力不能集中、考试时容易过分焦虑等，这些都是大学生经常遇到的学习困扰。

八、对网络有强烈依赖性

网络成瘾是指由于过度使用互联网而导致明显的社会、心理损害的一种现象。事实证明长期通宵上网、玩游戏等不正常的生活规律对大学生的学业会造成严重影响。中国互联网络信息中心调查显示，近几年高校在对学生进行退学警告、退学试读、退学等学籍处理时，有近86%的学生因过于迷恋网络而导致学习下降，有1/3的学生因无节制地上网导致课程考试不及格，有3.6%的学生因网络成瘾导致学业荒废而退学。

随着智能手机的兴起，当前大学生对网络的依赖不仅仅表现为在寝室玩游戏、上网吧玩通宵，而是将坏习惯带到了课堂中，即不听老师讲课，埋头玩手机。甚至对于老师布置的很多需要独立完成的作业，也是通过手机迅速搜索答案，而不经过自己的思考。这导致越来越多的同学如果离开了网络和手机，甚至无法正常生活。

快乐向前冲

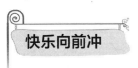 看看你有这些症状吗？

以下项目是大学生常见心理问题的征兆与表现，看看符合自己的有几条。

1. 早上起来的时候，多半觉得睡眠不足，头脑不清醒。
2. 很容易被吵醒。
3. 睡得不安，容易被惊醒。
4. 现在工作（学习）的能力不如从前。
5. 一个人应该去了解自己的梦，并从中得到指导和警告。
6. 深信生活对自己是残酷的。
7. 有时非常想离家出走。
8. 有时会哭一阵笑一阵，不能控制。
9. 感觉没有一个人了解自己。
10. 很难把注意力集中到一件工作上。
11. 曾经有过很特别、很奇怪的体验。
12. 认为如果不是有人和自己作对，一定会有更大的成就。
13. 经常担心自己的健康。
14. 很多时候宁愿坐着空想，也不愿做任何事情。
15. 一连几天、几个星期、几个月什么也不想干，因为总是提不起精神。
16. 判断力不如以往好。
17. 每星期至少有一两次，会突然觉得无缘无故地全身发热。
18. 经常因为胸部痛或心痛而感到苦恼。
19. 总认为自己的身体不如别人健康。
20. 遇到同学或不常见的朋友，除非他们先打招呼，不然就装作没看见。
21. 总是每天都看报纸上的每一篇社论。
22. 感觉身体某些部分常有火烧、刺痛、虫爬、麻木的感觉。
23. 能在周围看到其他人所看不到的东西、动物和人。
24. 希望自己能像别人那样快乐。
25. 为每隔几天或经常感到心口（胃）不舒服而烦恼。
26. 认为自己是个重要人物。
27. 近来，很容易放弃对某些事物的希望。

28. 有时为别人的东西，如鞋、手套等所强烈吸引，虽然这些东西对自己毫无用处，但总想摸摸它或把它偷来。
29. 缺少自信心。
30. 经常将今天应该做的事拖到明天去做。
31. 觉得大多数人是为了向上爬而不惜说谎的。
32. 许多事情，做过以后就后悔了。
33. 似乎对什么事情都不在乎。
34. 身体不舒服的时候，常常发脾气。
35. 总觉得自己好像做错了什么事或犯了什么罪。
36. 时常觉得头胀鼻塞似的。
37. 有些人太霸道，即使明知他们是对的，也要和他们对着干。
38. 认为有人想害自己。
39. 相信有人暗算自己。
40. 常觉得头上好像有一根绷得紧紧的带子。
41. 相信有人在跟踪自己。
42. 认为大多数人不惜用不正当的手段谋取利益，而不愿失掉机会。
43. 有时自己的思想跑得太快，都来不及表达出来。
44. 如果别人待自己好，常常怀疑他们别有用心。
45. 觉得自己真是毫无用处。
46. 有时借故和别人打架。
47. 喜欢到处乱逛，如果不行，就不高兴。
48. 容易哭。
49. 不能像从前那样理解自己所读的东西。
50. 容易疲倦。
51. 不喜欢研究和阅读与目前学习有关的东西。
52. 喜欢结识一些重要人物，这样会使自己感到很重要。
53. 不在乎别人对自己的看法。
54. 遇到陌生人的时候就不知道说什么好。
55. 无聊的时候，就会惹事寻求开心。
56. 怕自己会发疯。
57. 时常听到说话的声音，而又不知道它是从哪里来的。
58. 要做一件事的时候，常发觉手在发抖。
59. 许多时候，觉得浑身无力。

看看你有以上症状吗？如果一项也没有，那么恭喜你，你的身心很健康。如果有两三项，也不用担心，好好调节一下自己的心态吧。如果凑巧摊上了好几项，那么建议你去学校的心理援助中心与辅导老师聊聊心事吧。这有利于大家化解心理困惑，更好地投入到学习和生活中。

心理游戏二　　　生活中那些习得性无助

曾有人做过实验,将一只最凶猛的鲨鱼和一群热带鱼放在同一个池子里,然后用强化玻璃隔开。最初,鲨鱼每天不断冲撞那块看不到的玻璃,奈何这只是徒劳,它始终不能到对面去,而实验人员每天都放一些鲫鱼在池子里,所以鲨鱼也没缺少猎物,只是它仍想到对面去,想尝试那美丽的滋味,每天仍是不断地冲撞那块玻璃。它试了每个角落,每次都是用尽全力,但每次都弄得伤痕累累,有好几次都浑身破裂出血,持续了好一些日子。每当玻璃一出现裂痕,实验人员马上加上一块更厚的玻璃。后来,鲨鱼不再冲撞那块玻璃了,对那些斑斓的热带鱼也不再在意,好像它们只是墙上会动的壁画,它开始等着每天会固定出现的鲫鱼,然后用它的本能进行狩猎,好像回到海中不可一世的凶狠霸气,但这一切只不过是假象罢了。实验到了最后阶段,实验人员将玻璃取走,但鲨鱼却没有反应,每天仍是在固定的区域游着,它不但对那些热带鱼视若无睹,甚至于当那些鲫鱼逃到玻璃另一边去,它就立刻放弃追逐,说什么也不愿再过去,实验结束了,实验人员讥笑它是海里最懦弱的鱼。

"习得性无助"最初是由美国心理学家塞利格曼1967年在研究动物时提出的,他用狗做了一项经典实验,起初把狗关在笼子里,只要蜂音器一响,就给予其难受的电击,狗关在笼子里逃避不了电击,多次实验后,蜂音器一响,在给电击前,先把笼门打开,此时狗不但不逃,而且不等电击出现,就先倒在地上开始呻吟和颤抖。本来可以主动地逃避,却绝望地等待痛苦的来临,这就是习得性无助。

请大家回忆一下,在自己的生活和学习中,有没有在一项工作中总是失败,有没有一两件事让你陷入了"我真的不行"的心理状态中。那些让你习得性无助的事情,有没有改变你继续尝试的勇气和信心。请将它们写出来,看看能不能用更客观理性的归因方式找到失败的原因。

心理一点通

一旦基本生存需要得到保证后,心理健康在决定人们生活质量中起着重要作用。

——艾森伯格

自信心对事业简直是一种奇迹。有了它,你的才干便可以取之不尽、用之不竭;一个没有自信的人,无论他有多大的才能,也不会抓住一个机会。

——卢梭

凡事往好的方面想

圣诞节前夕,甘布士欲前往纽约。妻子在为他订票时,发现车票已经卖光了。但售票员说,有万分之一的机会可能会有人临时退票。甘布士听到这一情况,马上开始收拾出差要用的行李。妻子不解地问："既然没有车票了，你还收拾行李干什么？"他说："我去碰一碰运气，如果没有人退票，就等于我拎着行李去车站散步而已。"等到开车前三分钟，终于有一位女士因孩子生病退票，他登上了去纽约的火车。在纽约他给太太打了个电话，他说："我甘布士会成功，就因为我是个抓住了万分之一机会的笨蛋，因为我凡事从好处着想。别人以为我是傻瓜，其实这正是我与别人不同的地方。"

拎着行李去散步，抓住万分之一的机会。多么积极的心态！多么平和的心态！从不抱怨命运，总是找快乐、找希望、找机会，这就是美国百货业巨头甘布士作为成功者的品格。

有一个叫米契尔的青年，一次偶然的车祸使他全身三分之二的面积被烧伤，面目恐怖，手脚变成了肉球（不分瓣），面对镜子中难以辨认的自己，他痛苦迷茫。他想到某位哲人曾经说的："相信你能，你就能！问题不是发生了什么，而是你如何面对它！"

他很快从痛苦中解脱出来，几经努力、奋斗，变成了一个成功的百万富翁。此时此刻，他不顾别人规劝，非要用肉球似的双手去学习驾驶飞机。结果，他在助手的陪同下升上天空后，飞机突然发生故障，摔了下来。当人们找到米契尔时，发现他脊椎骨粉碎性骨折，他将面临终身瘫痪的现实。家人、朋友悲伤至极，他却说："我无法逃避现实，就必须乐观接受现实，这其中肯定隐藏着好的事情。我身体不能行动，但我的大脑是健全的，我还是可以帮助别人的。"他用自己的智慧，用自己的幽默去讲述能鼓励病友战胜疾病的故事。他走到哪里，笑声就飘荡在哪里。一天，一位护士学院毕业的金发女郎来护理他，他一眼就断定这是他的梦中情人，他把他的想法告诉了家人和朋友，大家都劝他："这是不可能的，万一人家拒绝你，多难堪。"他说："不，你们错了，万一成功了怎么办？万一答应了怎么办？"

多么好的思维，多么好的心态！他勇敢地向她约会、求爱。两年之后，这位金发女郎嫁给了他。米契尔经过不懈的努力，成为美国人心中的英雄，成为美国坐在轮椅上的国会议员。

有一句话说得好，快乐的最好方法就是多看看比你还不幸的人。悲观的失败者视困难为陷阱，乐观的成功者视困难为机遇，结果就有两种截然相反的人生。生活不是缺少美，而是缺少发现。凡事从好处想，就会看到希望，有了希望才能增添生活的勇气和力量。

延伸阅读

1.《改变心理学的40项研究》，罗杰·霍克编著

导读：您了解心理学吗？您了解过多少所谓的心理学知识。真正了解心理学可以从这本书开始。研究心理学是枯燥的，同时又充满了无数的乐趣与惊喜，书中所有的心理学知识都是以研究的形式、从具体的实验开始，像一个个故事，引领我们进入了心理学这个神奇的世界。它填补了心理学书籍和心理学研究之间的沟壑，从历史的角度展示了心理学史上最有名的40项研究，并介绍了这些研究的后续进展和相关研究。该书包含十个心理学专题，有"生物学与人类行为""知觉与意识""学习和条件反射""智力、认知和记忆""人的发展""情绪和动机""人格""精神病理学""心理治疗"和"社会心理学"。每个

专题选取了4项有典型意义且有趣的研究，以供读者们阅读，激发对心理学真正的热情。

2.《人生可以美得如此意外》，周士渊编著

导读：作者周士渊曾经是清华园败得最惨的人，他是一个农村孩子，在20世纪70年代令人羡慕地考上了清华大学，并于毕业后留校工作。然而因为抑郁症在工作一年后他不幸服下一瓶浓度为98%的浓硫酸自杀。幸而在无数善良人的关爱下，他脱离危险，重获新生。此后他自己不仅从生命的废墟上重新崛起，还创造了一个又一个生命的奇迹。周士渊先生的故事就是奇迹的再现。该书讲了三个奇迹：生命的奇迹、习惯的奇迹、积极心理学的奇迹。它以作者最擅长的演讲形式，讲述了他在因重度抑郁症而经历一败涂地、几乎九死而无一生的惨淡青春之后，如何绝地反击，战胜破败不堪的自己的历程。在书中周士渊先生教会我们如何能够快捷有效地培养一个好习惯，这就是——"一分钟傻瓜日记"，天天用它来提醒自己，天天用它来检查自己，天天用它来监督自己，久而久之使习惯逐渐养成，也可以使人生变得越来越健康、越来越靓丽、越来越快乐、越来越成功。

3. 电影《雨人》，巴里·莱文森执导

导视：这是一部由巴里·莱文森于1988年执导，由达斯汀·霍夫曼和汤姆·克鲁斯主演的电影。故事围绕着两兄弟展开，弟弟查理·巴比特发现父亲将遗产留给了患自闭症的哥哥雷蒙·巴比特，便计划骗取这笔财富，并计划利用哥哥超强的记忆力去赌博赢钱，但在此过程中，血缘的亲情打破了兄弟间原有的疏离，使他们最终找回了兄弟间浓浓的爱和依恋。

第二章　生病了吗？

关注健康是人的本能，每个人都应该关注健康，关注生命，但要以科学为准，不能疑神疑鬼。随着人们文化程度的提高、信息渠道的畅达和生活水平的提高，大家的自我保健意识日益增强，但切忌盲目对号入座。人一遇身体不适，就可能产生得某种疾病的联想，有时还会翻医书找答案，对上号后开始焦虑、恐惧，又会因情绪诱发或强化身体不良症状，进而造成恶性循环。有人曾经说过："你想得什么病，就能得什么病。"现代医学模式已证明了此论断，心理因素、社会因素会成为身体疾病的诱因。心理能致病，甚至能致命，当然也能治病！我们应该以健康的心理乐观地生活，而不是以病态的心理把自己想象成某种疾病的患者，给自己的生活蒙上阴影。

第一节　了解障碍，判断真伪

如果你情绪躁动、兴致低落、注意力不易集中、无缘无故地紧张，到医院检查，身体却没什么毛病，这时候就该想一想，自己是不是陷入"心理亚健康状态"了！中国青少年研究中心团队协同中国科学院心理研究所，开展了2019年青年心理健康专题调查，结果显示，相比2008年的调查，青年的抑郁问题有所加重。心理健康问题已经成为困扰大学生的一大疾病。其实，在生活中每个人或多或少地都会有一些心理问题。心理疾病也应像身体上的病痛一样，有病早治，无病早防。只有不断关注自己的身心健康，人生的道路才会越走越宽广。

青春那些事

案例一　我将来还是会患"直肠癌"的

即将进入大三的张霞（化名），近日郁郁寡欢，整夜失眠。原来他从小便由奶奶带大，高一开始便怀疑自己患有严重的肠胃疾病。进入大学前，虽然他的父亲带他到全国一家著名的医院做过小肠息肉切除手术，但他术后却感觉病情加重，不断地埋怨庸医无能。他始终觉得自己患直肠癌是早晚的事，自己无法摆脱病恹恹的身体，认为身体是对自己最大的拖累。

案例二　我会不会变成"性犯罪分子"

江宇（化名），性格比较内向，平时不善于与人交往，从来没有和异性说话超过三句。大二期间的某个晚上，他做了一个自己意想不到的梦，梦中居然和自己的辅导员（异性）

发生了性关系。梦醒后，惊讶之外他还感到特别愧疚，感到自己思想龌龊，无颜面对辅导员。后来接二连三地做此类性梦，对象都是他熟悉的异性。他感到自己的道德如此败坏，潜意识竟会如此下流，结果他不敢面对班上任何异性，强烈的罪恶感使他不能安心学习。他担心自己会变成性犯罪分子，甚至还怀疑自己是不是得了精神病，为什么会如此不正常。沉重的心理负荷使他不敢入睡，生怕"旧梦重温"，讲又讲不出口，想又想不开，忘又忘不掉，万般苦闷中他走进学校的心理咨询室。

案例三 我还是如此"贫穷"

林浩（化名），2016年凭自己的努力考上了某高职院校，通过国家助学贷款解决了学费问题。大学期间，为了减轻家庭负担，他利用空余时间到处参加兼职活动，尽管如此，他学习一点都不落下，多次获得学业奖学金。即将毕业之际，他满怀信心地去求职，却屡屡碰壁。当他看到平时学习成绩比不上他的同学都能找到"好"工作时，心理特别焦虑，特别嫉妒，感到无法面对父母和关心他的老师们，想想毕业后还需贷款，还需结婚买房等困难时，他感到力不从心，感到自己依旧摆脱不了"贫困"，于是他选择了离校出走。

解读

其实，我们每个人内心都会出现这样那样的困惑和矛盾，只有自己经历过才有意义。但是碰到了问题就要坦然面对，而不是疑神疑鬼，需要用科学的知识去解决问题，疑病只会给自己、家人及社会带来各种各样的危害，只有正确树立心理健康观，才能有效预防心理疾病。

心理知识吧

身心健康人人都追求，人人都喜爱。"变态"则不然，人人都回避，人人都厌恶，它就像"木马病毒"，深深地藏在人的内心，时时刻刻都在伴随着你、我、他。目前社会在快速地发展，经济结构在调整，竞争也越来越激烈，工作对人的要求越来越高，"拜金主义""享乐主义""黄赌毒迷信"等不良风气的侵蚀，都容易诱发人们的"木马病毒"，使心理的困惑日趋增多，以致出现各式各样的心理异常的现象。

一、心理异常的概念

心理异常也称为心理障碍、心理疾病或心理变态。它是对个体不同类型的心理活动、情绪控制和行为失常的统称，都是相对心理健康而言，偏离正常的描述。

心理异常的主要表现有以下几种情况：

1. 一般心理异常

一般心理异常常见于神经官能症，包括神经衰弱、强迫症、恐怖症、抑郁症、癔症、焦虑症、疑病症。主要表现是：① 轻度精神症状，如头晕、头疼、失眠；容易发怒、情绪不稳定、注意力不集中。② 出现不良的社会适应，如人际关系紧张，学习压力增大，工作能力下降。③ 有一定的自知力，一般心理异常者能判断自己出现的心理异常情况，能主动寻求帮助。

2. 严重心理异常

严重心理异常常见于精神病，包括精神分裂症、偏执性精神病、反应性精神病、躁狂抑郁性精神病、病态人格和性变态。主要表现是：① 主观世界与客观世界分离，如幻觉、幻听、错觉、妄想、思维障碍、情感情绪障碍。② 丧失社会适应能力，人际交往、学习、工作受到严重的影响。③ 出现明显的人格改变。④ 丧失自知力。

3. 心身疾病

心身疾病常见于因身体疾病而伴发的精神障碍，如心、肝、脾、肾等内脏疾病及内分泌失调导致的心理异常。

4. 其他心理异常

其他心理异常常见于因药物、酒精中毒、毒品引起的心理异常；特殊环境下如潜水、航海、登山引起的心理异常。

心理异常虽然表现不同，但是都在不同程度上影响着人们的日常生活、学习和工作。但是要判别是否出现心理异常还是比较困难的，主要是由于心理正常和心理异常没有明显的分界线，企图用一种划分标准去判别是不可能的，不同流派的心理学家用不同的理论去区别都感到有一定的难度。因此，掌握心理异常的知识，主要是为了建立心理健康的意识。

二、常见的判断心理障碍的标准

在日常生活中，也许会常常听到有人这样描述："我感觉得了抑郁症""我感觉患了焦虑症""这人是不是变态啊"……然而，很多时候这恐怕只是大众对其自身及他人不良状态的一种描述，而不是依据临床诊断标准所作出的判定。什么样的程度可以被称为"心理障碍"呢？下面谈一谈几种常见的判断心理障碍的标准。

1. 个人经验判断法

所谓的个人经验，就是指自己的主观体验。从心理障碍的角度看，病患者能感觉到自己的焦虑、害怕、恐惧、抑郁，或者有说不清的不舒服感，或者自己不能控制自己的思维和行为，需要寻求他人的帮助。当然要具体问题具体分析。比如，一个同学有一次忘了关门而丢了重要的物品，从那以后，他每次出门都会有再次检查门是否关好的动作，这正常吗？当然正常，因为这没有影响到他的日常生活。如果是这个人为了确定门是否关好，走到一半的时候又返回确认，反反复复几次，当别人都下课了，他还在路上走来走去，他的行为就有点过火了，就属于心理异常了，但是不是精神病？一般而言，精神病人的行为跟正常人的行为不同。正常的人可以用眼睛看到光，用耳朵听到声音，而精神病人不管外界有没有光和声音，他都能感受到，这就是幻觉和幻听，这就是精神病人与正常人的本质区别。因为精神病人没有自知力，不肯承认自己不正常。

2. 统计学标准

这种方法主要依据的是对某一抽样人群与社会全体正常人群心理特征进行心理测量

的统计结果。人的心理活动受到社会环境的影响，人的心理活动内容也反映了社会的特征，不同时代、不同地区、不同社会文化环境中有着不同的行为规则。一般情况下，人的行为都符合社会准则，依照社会要求和道德规范活动，因此在心理测量的时候，一般心理特征的人数频率就会出现正态分布，中间的是正常的，两端是异常的。统计学标准提供了心理特征的数量化资料，且比较客观，操作也比较简便，"统计学标准"是一个量化的标准，大多数人的行为都在这个范围之内，比如，智商测量中，高于正常水平的人也不过5%，而低能的也是5%左右，天才和智力低下者都很少，大多数人都在正常的范围内。

3. 医学标准

医学标准是将心理障碍纳入了医学范畴，这种标准也比较客观，有可以测量的生物学标志。比如，老年人如出现全面智力衰退、生活不能自理，将可能被诊断为"痴呆症"，但小孩即使智力不好，也只能称"低能"或精神发育迟滞，这有什么区别呢？"痴呆症"是说智商曾经达到过正常的水平，只是又下降了；"低能"是说智商从未达到正常水平。这些名词都是有一定的生物学基础，有功能学方面的证据。每一种心理障碍在临床诊断上都有其被要求应该达到的时间，如两周、三个月、六个月、两年等。每种心理障碍达标的时间长短不同，如抑郁症为两周，广泛性焦虑症则为六个月，而慢性抑郁低落心情则要持续两年，才会达到诊断上的时期标准。

心理障碍判断需要注意两点：① 心理诊断必须是以专业人员的判断为准。现代社会资讯比较发达，关于心理障碍的信息在网络上随处可见，这些信息有很多不一定准确。因此，当你出现心理困惑时，要查阅正规的心理学书籍或者学术期刊，科学地了解心理障碍，不要随意给自己乱扣"心理障碍"的帽子，要到学校心理咨询中心或正规医院，找专业人员为你分析解惑。② 不能把心理测量的结果当成心理障碍。虽然在心理诊断的过程中，专业人员会用到心理测量，但是心理测量仅仅是作为诊断的一种工具、一种辅助的手段。因此，在进行心理障碍的判断时，不能随意把心理测量结果直接当成诊断结果，要知道只有当症状达到一定程度时，才可以被称为心理障碍。

活动名称：我的心理健康吗？

活动目的：了解自己近期心理健康程度，并学会运用一些心理健康测试量表。

活动内容：仔细阅读表2-1中的每一条，根据自己最近一周内的感觉，在相应的方格内画"√"。必须逐条填写，不可遗漏，每一项只能画一个"√"，不能画两个或更多。自我评定的五个等级为：无：自觉无该问题（症状）；轻度：自觉有该问题，但发生得并不频繁、严重；中度：自觉有该项症状，其严重程度为轻到中度；偏重：自觉常有该项症状，其严重程度为中度到严重；严重：自觉该症状的频度和强度都十分严重。

表 2-1　症状自评量表 SCL—90

条目	无	轻度	中度	偏重	严重
1. 头痛					
2. 神经过敏，心中不踏实					
3. 头脑中有不必要的想法或字句盘旋					
4. 头晕或晕倒					
5. 对异性的兴趣减退					
6. 对旁人求全责备					
7. 感到别人能控制自己的思想					
8. 责怪别人制造麻烦					
9. 忘性大					
10. 担心自己的衣饰整齐及仪态的端正					
11. 容易烦恼和激动					
12. 胸痛					
13. 害怕空旷的场所或街道					
14. 感到自己的精力下降，活动减慢					
15. 想结束自己的生命					
16. 听到旁人听不到的声音					
17. 发抖					
18. 感到大多数人都不可信任					
19. 胃口不好					
20. 容易哭泣					
21. 同异性相处时感到害羞、不自在					
22. 感到受骗，中了圈套或有人想抓住自己					
23. 突然无缘无故地感到害怕					
24. 不能自控地大发脾气					
25. 怕单独出门					
26. 经常责怪自己					
27. 腰痛					
28. 感到难以完成任务					
29. 感到孤独					
30. 感到苦闷					
31. 过分担忧					
32. 对事物不感兴趣					
33. 感到害怕					

(续)

条目	无	轻度	中度	偏重	严重
34. 感情容易受到伤害					
35. 旁人能知道自己的想法					
36. 感到别人不理解、不同情自己					
37. 感到人们对自己不友好，不喜欢自己					
38. 做事必须做得很慢以保证做得正确					
39. 心跳得很厉害					
40. 恶心或胃部不舒服					
41. 感到比不上他人					
42. 肌肉酸痛					
43. 感到有人在监视、谈论自己					
44. 难以入睡					
45. 做事必须反复检查					
46. 难以作出决定					
47. 怕乘电车、公共汽车、地铁或火车					
48. 呼吸有困难					
49. 一阵阵发冷或发热					
50. 因为感到害怕而避开某些东西、场合或活动					
51. 脑子变空了					
52. 身体发麻或刺痛					
53. 喉咙有梗塞感					
54. 感到前途没有希望					
55. 不能集中注意力					
56. 感到身体的某一部分软弱无力					
57. 感到紧张或容易紧张					
58. 感到手或脚发重					
59. 想到死亡的事					
60. 吃得太多					
61. 当别人看着自己或谈论自己时感到不自在					
62. 有一些不属于自己的想法					
63. 有想打人或伤害他人的冲动					
64. 醒得太早					
65. 必须反复洗手、数数					
66. 睡得不稳、不深					

(续)

条目	无	轻度	中度	偏重	严重
67. 有想摔坏或破坏东西的想法					
68. 有一些别人没有的想法					
69. 感到对别人神经过敏					
70. 在商店或电影院等人多的地方感到不自在					
71. 感到任何事情都很困难					
72. 一阵阵恐惧或惊恐					
73. 感到在公共场合吃东西很不舒服					
74. 经常与人争论					
75. 单独一人时神经很紧张					
76. 别人对自己的成绩没有作出恰当的评价					
77. 即使和别人在一起也感到孤单					
78. 感到坐立不安、心神不定					
79. 感到自己没有什么价值					
80. 感到熟悉的东西变得陌生或不像是真的					
81. 大叫或摔东西					
82. 害怕会在公共场合晕倒					
83. 感到别人想占自己的便宜					
84. 为一些有关性的想法而很苦恼					
85. 认为应该因为自己的过错而受到惩罚					
86. 感到要很快把事情做完					
87. 感到自己的身体有严重问题					
88. 从未感到和其他人很亲近					
89. 感觉自己有罪					
90. 感觉自己的脑子有毛病					

本测验的目的是从感觉、情感、思维、意识、行为到生活习惯、人际关系、饮食睡眠等多种角度,评定一个人是否有某种心理症状及其严重程度如何。它对有心理症状(即有可能处于心理障碍或心理障碍边缘)的人有良好的区分能力。

表2-2是SCL—90测验计分方法。各因子的因子分的计算方法是:各因子所有项目的分数之和除以因子项目数。例如,强迫症状因子各项目的分数之和假设为30,共有10个项目,所以因子分为3。在1～5评分制中,粗略简单的判断方法是看因子分是否超过3分,若超过3分,即表明该因子的症状已达到中等以上严重程度。

表 2-2 SCL—90 测验计分方法

因子	因子含义	项目	T 分＝项目总分/项目数	T 分
F1	躯体化	1、4、12、27、40、42、48、49、52、53、56、58	/12	
F2	强迫	3、9、10、28、38、45、46、51、55、65	/10	
F3	人际关系	6、21、34、36、37、41、61、69、73	/9	
F4	抑郁	5、14、15、20、22、26、29、30、31、32、54、71、79	/13	
F5	焦虑	2、17、23、33、39、57、72、78、80、86	/10	
F6	敌对性	11、24、63、67、74、81	/6	
F7	恐怖	13、25、47、50、70、75、82	/7	
F8	偏执	8、18、43、68、76、83	/6	
F9	精神病性	7、16、35、62、77、84、85、87、88、90	/10	
F10	睡眠及饮食	13、25、47、50、70、75、82	/7	

自测后提醒：此问卷仅作为了解自己的参考，如有疑问，请咨询专业人员。

心理一点通

先相信自己，然后别人才会相信你。

——罗曼·罗兰

越读越开心

驯兽师的故事

在很多年前，曾经有一个风靡一时的电视转播节目，其中有一段孟加拉虎的表演，特别受到观众的喜爱。一天晚上，驯兽师像往常一样演出，在众人瞩目之下，他领着几只老虎进入了铁笼子，然后将门锁上。观众们紧张地注视着聚光灯下的铁笼子，看这个驯兽师如何潇洒地挥舞着鞭子发号施令，看威武的老虎如何服服帖帖地做出各种杂耍的动作。演出越来越精彩，可就在这个时候，糟糕的事情发生了，整个会场突然停电，驯兽师被迫待在驯兽的笼里与凶猛的老虎为伴。黑暗中，双眼发光的孟加拉虎近在咫尺，而驯兽师却看不见它们在哪里，只有一根鞭子和一把小椅子可作防身之用。在长达近一分钟的没有电的时间里，所有的观众的心都揪着，都为笼子里的驯兽师担忧。然而就在灯重新亮了之后，大家惊喜地发现驯兽师安然无恙。之后他平静地将整个演出演完。

后来记者采访他："你当时是否觉得害怕？老虎会突然朝你扑过来吗？"驯兽师说："一开始，自己突然感到毛骨悚然啊！"但他就马上就镇静下来，因为他意识到一个非常重要的事实，那就是虽然他看不见老虎，但老虎并不知道这一点。"所以我只需要像往常一样，不时地挥动着鞭子吆喝它，就当什么事情也没有发生一样，不让老虎觉得我看不见它。"

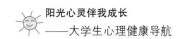

"就当什么事情都没有发生过一样"，简简单单的一句话，在我们生活当中并不容易。如果驯兽师被意外停电吓呆了，没有做到"就当什么事情都没有发生"，可能等待他的就是被老虎吃掉。

其实，我们生活在这个复杂的社会当中，道路上有很多困难和挫折。当困难和挫折来临的时候，我们很多人会不知所措，放弃了自己为之奋斗的理想；而有些人却能冷静下来，就当什么事情都没有发生过一样，保持着一贯的努力。

第二节 认识障碍，防微杜渐

一个人心灵的伤痕虽然很隐蔽，但还是会通过自己的言行显现出来。如果自认为有缺陷、不可爱、没有价值，也往往会以同样的怀疑、缺乏爱心、令人气馁的态度去对待别人，这样不但朋友不喜欢，自己也会更加不开心、不自信。其实，每个人内心都会出现这样或那样的困惑和矛盾，只有自己经历过才有意义。需要注意的是，碰到了这些问题应该坦然面对。心灵如同一面镜子，你感知到的是什么样的世界，取决于你如何看待自己的缺陷。只有充分了解和认识自己的心理障碍，才能不断地完善自己的人生！

案例一 他为什么喜欢偷内衣

殷某，某高职院校大二学生，性格古怪，没有女朋友，当他看到宿舍的同学都有女朋友后，心里很不是滋味。后来他在某部电影中看到，一男子穿着红色衣服，戴着假发进入女职工宿舍盗窃女性内衣裤欣赏。他也产生了进女生宿舍偷内衣的想法，就网购了假长发、红上衣和高跟鞋，之后多次作案。某一个周末凌晨2点多，他再次穿上红衣服，戴上假发乔装成女生，进入学校女生宿舍。他在走廊里来回走动，看周围没有人，将一件深灰色的女性内衣拿下来塞进了裤子里，然后准备偷晾在旁边的另一件时，被学校潜伏在女生宿舍的保卫教师发现，将其抓获。经过保卫教师的教育后，殷某认识到了自己的错误，对自己的行为深表内疚。该校心理健康教育的老师分析说，殷某的这种恶习是一种较严重的"恋物癖"，属于心理疾病，再深一点说，就是性心理疾病和性冲动障碍。

案例二 她为什么想轻生

刚过完国庆，派出所便接到报警电话，称辖区内某大学一名女大学生邓琦（化名）欲跳楼轻生。接警后，值班民警朱峰（化名）立即安排警力前往现场救援。赶到现场后民警看到，邓琦正站在教学楼四楼的窗台上，情绪非常激动，同时手中拿着一把折叠匕首，不时在手臂上划动进行自残。经了解，邓琦患有抑郁症，才做出了这种偏激的举动。面对民警，邓琦的抵触情绪更加强烈，做出跳楼的动作。为了避免邓琦做出偏激举动，民警只能站在教室门口进行劝导。经过民警2个多小时的劝说，最终将邓琦成功解救下来。

案例三 他为什么总和同学"作对"

孙天一（化名）是某高职院校一年级学生，因经常要求调换宿舍而被辅导员介绍来学校心理咨询中心。该生来自农村，排行最小，上有三个哥哥，爸爸和三哥的脾气都很暴躁，从小经常打骂他。高考落榜后他到某地区一所学校复读，一位老师经常在课堂上对他冷嘲热讽，他认为老师经常借课堂的内容来影射他，而同学们都跟着嘲笑他，这使他心理受到创伤。上大学后刚好与来自该地区的同学分在同一宿舍，让他感到难受，辅导员已几次为他调整宿舍，但他仍与同学相处不好，认为同学们都排斥自己，因此常与舍友发生矛盾，也经常晚上不回宿舍而选择睡到宿舍大楼的电梯口。其实，上大学后他很希望能学到真正的知识，但上课时却总认为老师所讲的内容是在讽刺他，和其他同学也相处不好，总觉得同学把他当成怪物，不喜欢自己。通过谈话和心理测试，诊断孙天一的问题属于偏执型人格障碍所致。

> **解读**
>
> 大学生历来被认为被称为"天之骄子"。但随着社会的大变革，新时期出现的各种问题和矛盾，都对大学生的心理产生了巨大的冲击，同时大学生正处于生理、心理和思想发展的变化时期，心理健康状况并不十分理想，存在着不同程度的心理困惑和障碍，因此，了解一些心理学知识，掌握一些防治方法是很有必要的。

心理知识吧

一、神经症

神经症也称神经官能症，主要是指个体神经系统出现了功能障碍，而且这种功能障碍正是个体患病的表现。在大学生中较常见的神经症类型有神经衰弱、焦虑症、强迫症、恐怖症和抑郁症等，神经症的表现形式多种多样、千姿百态。

1. 神经衰弱

神经衰弱是大脑长时间高度紧张造成功能性失调的一种症状。它是神经症中最多见的一类，也是精神疾病中名声最好、最易被患者所接受的一种疾病。一些负面情绪如悲伤、焦虑、恐惧、抑郁等是产生神经衰弱的主要原因。许多大学生在考大学之前，由于长时间的封闭式或半封闭式的学习，负担过重，或者亲人过世、生活遭到变故、受到挫折、人际关系长时间不和谐，或者上大学之后，学习、生活不适应，学习压力过大、失恋、挫折等导致了长时间的精神紧张、心理冲突、压抑，没有得到及时的缓解、疏导，从而使神经系统功能失调，引起神经衰弱。

神经衰弱导致记忆活动效率下降

神经衰弱主要以心理治疗为主、药物治疗为辅。首先，要努力克服焦虑的情绪，正确认识此病形成的原因，树立与疾病作斗争的信心，把消极因素变为积极因素；其次，对于睡眠不好的患者，要与父母、老师配合进行纠正。总之，要学会自我调节，以预防为主，改变不良的生活习惯，同时要加强锻炼，生活要有规律。若及时治疗、注意休息、保持心情舒畅往往可以缓解或治愈此病，愈后一般良好。

2. 焦虑症

焦虑症也称焦虑性神经症，它以紧张和焦虑情绪障碍为主，伴随着植物神经系统症状和运动性不安为主要特征。焦虑症患者的焦虑与正常人的焦虑不同，它指向未来或某些并不存在的威胁或危险，焦虑紧张的程度常常与现实中的事件很不相称。大学生面临环境适应、学业压力、人际交往、就业压力以及青春期的情感需要，容易爆发焦虑症。

应对焦虑，首先要正确认识焦虑。焦虑并不是不好的，从心理学的角度来看，焦虑是由需要产生动机而形成的，动机越高，焦虑越大；但动机水平在适中情况下，人的效能是最大的。从某种意义来说，一定程度的焦虑是可取的，适度的焦虑对人有益，能使人奋发。过分焦虑或焦虑反应持续的时间很长或过度就成了焦虑性神经症。其次，通过心理治疗找到焦虑的真正原因，转变对引起焦虑事物的认知，及时给予关心、安慰、爱护、支持、鼓励等，可以在很大程度上减轻患者的焦虑水平。焦虑症的发生与个体的性格特征和心理社会因素有关。个体怯懦胆小，患得患失，遇事易紧张，对困难估计过高，对自己缺乏自信，遇到挫折易于自责，都容易导致焦虑。找出焦虑症的原因后，提高自知力水平，矫正自己的不良个性，以理性的认知态度对环境作出正确的反应。

3. 强迫症

强迫症也称强迫性神经症，是一种以强迫观念和强迫动作为特征的神经症，患者能意识到它不必要，但不能控制，并为此苦恼而不安。该病症在大学生中也较为常见。

现代精神医学的观点认为，治疗强迫症的有效方法是心理治疗及药物治疗。在心理治疗方法中，认知疗法较常用。认知疗法的目的在于消除不适应性的认知心理和行为，中断强迫症状的习惯化过程。根据患者的具体特点，有针对性地选择思维阻断法、暴露疗法等治疗方法。此外，森田疗法也是治疗强迫症的有效方法。森田疗法主张顺其自然、为所当为，指导强迫症病人正视消极体验，接受各种症状的出现，并在顺应自然的态度指导下行动，把心思放在应该去做的事情上。经过系统的森田疗法，患者心理上的冲突能够很快得到消除，矛盾与痛苦迅速减轻，强迫症状也会随之缓解。除了心理治疗，药物治疗也是目前强迫症治疗的主要手段。需要注意的是，所有的药物治疗要在专业医生的指导下，根据患者的实际情况选择适合的药物，制订个体化治疗方案，方能取得理想疗效。

4. 恐怖症

恐怖症也称恐怖性神经症，它是个体对某种特定事物、环境或与人交往时产生的强烈恐惧感，本能地出现紧张、害怕、胆颤的反应，个体明知恐惧不对，但又无法摆脱，为此焦虑不安，影响正常生活。

大学生出现较多的类型是社交恐怖症。每个大学生都希望自己能受到别人的关注，广交朋友，拥有良好的人际关系，但是有些同学在与人交往时会出现恐惧的反应，表现为不敢面对人，特别是面对陌生人或人多时会感到脸红，害怕丢脸，神经处于非常紧张的状态。

现代精神医学的观点认为，治疗恐怖症的有效方法是心理治疗及药物治疗。心理治疗常用的方法有：① 行为疗法，通过运用系统脱敏疗法、暴露疗法消除恐惧对象与焦虑恐惧反应之间的条件性联系，建立对抗回避反应；② 认知行为治疗，强调对患者不合理认知的调整，同时调整患者行为，尤其对社交恐怖症患者，其歪曲的信念和信息处理过程使得症状持续存在，纠正这些歪曲的认知模式是治疗中非常关键的内容；③ 社交技能训练，通过消除自卑心理，树立自信心，强调不要过分在意别人对自己的观察与看法，建立自己的正确评价，鼓励自己多与别人（特别是陌生人）交往，多参加集体活动，不断改善自己的性格。

5. 抑郁症

抑郁症也称抑郁性神经症，它主要以显著而持久的心境低落为主要临床特征，是心境障碍的主要类型。患者由社会心理因素引起的一种持久的消沉情绪，情绪的消沉可以从闷闷不乐到悲痛欲绝、自卑抑郁，甚至悲观厌世、有自杀企图或行为；甚至发生木僵；部分病例有明显的焦虑和运动性激越；严重者可出现幻觉、妄想等精神病性症状。

一旦怀疑患抑郁症，尤其是伴有自杀意念者，应及早到心理诊所或精神专科治疗。和心理医生一起分析其抑郁的原因、压力的来源，进行认知的指导、心理的疏导、心理减压，配合药物治疗，通常愈后都会很好。

二、精神病性障碍

常见的精神病性障碍包括精神分裂症、妄想障碍、情感障碍、暂时性精神失常以及重症抑郁症和躁郁症等几种疾病。精神病性障碍通常称为精神病，是精神疾病中最严重的一种。

精神病中最常见的是精神分裂症，它是一组病因未明的重性精神病，多在青壮年缓慢或亚急性起病，临床上往往表现为症状各异的综合征，涉及感知觉、思维、情感和行为等多方面的障碍以及精神活动的不协调。患者一般意识清楚，智能基本正常，但部分患者在疾病过程中会出现认知功能的损害。病程一般迁延，呈反复发作、加重或恶化，部分患者最终出现衰退和精神残疾，但有的患者经过治疗后可保持痊愈或基本痊愈状态。

精神分裂症在临床上的症状复杂多样，涉及感知觉、思维、情感、意志行为及认知功能等方面，个体之间症状差异很大。精神分裂症症状主要包括下面几类：

1. 感知觉障碍

精神分裂症可出现多种感知觉障碍，最典型的感知觉障碍就是幻觉，包括幻听、幻嗅、幻视、幻触等，其中最为常见的是幻听。患者的行为常受幻听支配，如在耳边总有声音指挥自己、自言自语、自笑或窃窃私语等。

2. 思维障碍

思维障碍是精神分裂症的核心症状，主要包括形式障碍和内容障碍。思维形式障碍是以思维联想过程障碍为主要表现的，包括联想障碍、逻辑障碍等方面。联想障碍包括象征性思维和语词新作等。象征性思维就是把抽象概念形象化，常指代的意义只有他自己能理解。如一名男患者看见女护士拿一碟玫瑰酥与核桃酥请他吃，他认为玫瑰是爱情的表示，核桃是合起来志同道合的意思，因而他断定女护士对他有意思。逻辑障碍是指患者不按正常的思维逻辑规律来分析问题，表现出概念混乱和奇怪的逻辑推理。如问患者："今天天气怎样？"患者回答："你很漂亮，可以跟你一起去看电影吗……"思维内容障碍主要是指妄想，最常出现的妄想有被害妄想、关系妄想、影响妄想、嫉妒妄想、夸大妄想等。

3. 意志和行为障碍

多数患者的意志减退甚至缺乏，表现为活动减少、离群独处，行为被动，缺乏应有的积极性和主动性，对工作和学习的兴趣减退，不关心前途，对将来没有明确打算，某些患者可能有某些计划和打算，但很少执行。

4. 情感障碍

精神分裂症最常见的情感障碍是情感淡漠，情感反应与思维内容以及外界刺激不协调，表现出冷漠无情、无动于衷，丧失了与周围环境的情感联系。如亲人过世，患者却没有伤心感。此外，还可能出现情感倒错，如患者伤心时却唱愉快的歌曲。

5. 认知能力丧失

精神分裂症病情恶化、好转或痊愈的重要指标之一是认知能力的完整程度及其变化。在精神分裂症患者中认知缺陷的发生率较高，约85%的患者出现认知功能障碍，如信息处理和选择性注意、工作记忆、短时记忆和学习、执行功能等认知缺陷。患者对其本身精神状态的认识能力受限，尽管他们在常人眼中已经是明显异常了，但他们自己体会不到。

精神分裂症首选的治疗是实施抗精神病药物治疗。我们常常有个错误的观念，认为精神分裂症仅仅是一个心理问题，受了点刺激，找人谈谈心就行了，为什么要吃药呢？其实这是一个严重的错误观念，会延误病情。精神分裂症是一种病，就如严重的拉肚子，你跟严重拉肚子的人说，你要控制自己，再拉你就会脱水的，那没有实际效果。只有药物治疗，才能使症状减轻或消失。精神分裂症在一定时间内可以达到临床治愈，不影响正常的工作、学习和生活。

活动名称：秘密大会串。

活动目的：克服自卑，树立自信。

活动内容：

1）请同学们将目前最感到困惑的事情写在一张纸上，写好后折叠起来交给教师；教师从手中的纸条中抽出一张，将纸上所写的问题念出来，让所有同学共同思考解决问题的方法，同学之间可以讨论、示范和提供书面资料等方式来帮忙解决问题；教师依次念出所有同学的问题，并让同学们依次帮忙解决。

2）给所有同学发一张心卡，让同学在心卡上填写"在自信心方面，我无法做到……"团队中的所有成员为心卡上无法做到的事献策，不评价，重数量。

3）通过这次活动，让同学们借助团体的力量克服自卑，树立自信。

心理一点通

青年有着大好机遇，关键是要迈稳步子、夯实根基、久久为功。心浮气躁，朝三暮四，学一门丢一门，干一行弃一行，无论为学还是创业，都是最忌讳的。

——习近平

越读越开心

始终乐观的苏格拉底

苏格拉底是单身汉的时候，原来和几个朋友一起住在一间只有七八平方米的房间里，但他一天到晚总是乐呵呵的。

有人问他："那么多人挤在一起，连转个身都困难，有什么可乐的？"

苏格拉底说："朋友们在一块儿，随时都可以交换思想，交流感情，这难道不是很值得高兴的事儿吗？"

过了一段日子，朋友们一个个成了家，先后搬了出去。屋子里只剩下了苏格拉底一个人，但他每天仍然很快乐。

那人又问："你一个人孤孤单单，有什么好高兴的？"

苏格拉底说："我有很么多书哇，一本书就是一个老师。和这么多老师在一起，时时刻刻都可以向他们请教，这怎不令人高兴呢！"

几年后，苏格拉底成了家，搬进了一座大楼里。这座大楼有七层，他的家在一楼。一楼在这座楼里是最差的，不安静，不安全，也不卫生，上面老是有人往下面泼污水，丢死老鼠、破鞋子、臭袜子和杂七乱八的脏东西。那人见他还是一副喜气洋洋的样子，好奇地问："你住这样的房间，也感到高兴吗？"

"是呀！"苏格拉底说，"你不知道住一楼有多少妙处！比如，进门就是家，不用爬很高的楼梯；搬东西方便，不必花很大的劲儿；朋友来访容易，用不着一层楼一层楼地去扣问……特别让我满意的是，可以在空地上养一丛一丛花，种一畦一畦菜，这些乐趣呀，没法儿说！"

过了一年，苏格拉底把一楼的房间让给了一位朋友，因为这位朋友家有一个偏瘫的老人，上下楼很不方便。苏格拉底搬到了楼房的最高层——七楼，而他每天仍是快快活活的。

那人揶揄地问："先生，住七楼也有许多好处吧！"

苏格拉底说："是啊，好处多着呢！举几例吧：每天上下几次，这是很好的锻炼机会，有利于身体健康；光线好，看书写文章不伤眼睛；没有人在头顶干扰，白天黑夜都非常安静。"

后来，那人遇到苏格拉底的学生柏拉图，他问："你的老师总是那么快快乐乐的，可我却感到，他每次所处的环境并不那么好呀。"

柏拉图说："决定一个人心情的，不在于环境，而在于心境。"

第三节　正视障碍，善于矫治

在人生的道路上，有很多的岔路，选择极为重要，人生的关键之处也就在选择之中。生活不是为了别人，要做对自己来说正确的选择。没有谁总是上天的宠儿，眷顾我们一时，并不意味着能让我们幸运一生。也许在某个时候我们不被别人理解而成为受气包，也许在某个瞬间我们也被孤独袭击得遍体鳞伤，躲在墙角无声啜泣，在每个年龄段都会有属于自己的烦恼和忧愁，那个不太大的世界里有我们的喜怒哀乐和酸甜苦辣，过了这个春秋，又是下一个轮回。人生就是这样，用正确的态度面对，我们的人生低谷便可绽放出光明。

案例一　徐熙媛：三管齐下治抑郁

徐熙媛，艺名大S，1976年10月6日出生于我国台湾省台北市，演员、歌手、主持人、作家，代表作品有《流星花园》《泡沫之夏》《转角遇到爱》等。很多朋友都被徐熙媛的美貌深深折服，而且很羡慕她成功把自己的生活过成了公主一般的日子，却不知道年纪轻轻就闯荡娱乐圈的她极度重视隐私，在镁光灯下难免会失去自由，再加上她个性要强，给自己很多压力去维持外貌和勤奋工作，因此患上了抑郁症。但她并没有自暴自弃，通过服药、姐妹的陪伴开解、运动等方法，三管齐下，最终摆脱了抑郁症。她告诫大家：有抑郁症不可耻，一定要向外界求助，千万不要在死胡同里打转。

案例二　他再也不用担心"眼睛"了

张一（化名），男，19岁，某高职大一学生，父亲是企业工人，母亲是下岗工人，身体状况不佳，需长期卧床护理。张一到晚上就爱胡思乱想，不易入睡，几乎每晚都做梦。这样大约持续了一个月，他实在没办法了，主动来到学校心理咨询中心找到老师，自述自己因先天性斜视时常感到自卑，而且自己家庭条件不好，认为所有人看他的眼神都是怪怪的，大家也不愿主动与自己交往。为了和同学成为朋友，他付出了很多，比如为舍友打水、打饭、收拾宿舍、做作业等，希望通过自己的付出能够换来友谊，却发现大家越来越习惯他的付出，反而把他当"佣人"来使唤，所以他不愿再付出，认为同学都是"白眼狼"，经常瞧不起他、欺负他、排挤他。小张自述自尊心强，既然他人不愿和他做朋友，自己也就不愿再搭理他们。每天的生活都是宿舍、教室、食堂三点一线，大部分时间都是独来独往，但又感到很孤独。学习成绩较好在班级中属于中上，平时愿意帮老师干活，不愿意待在宿舍里。现在唯一的希望就是攒钱做手术，他觉得"只要眼睛好了，大家就愿意和我做朋友了"。

根据他的描述和心理咨询老师的观察，心理咨询老师发现他性格比较内向，话不多，自尊心强，心思细腻敏感，自尊感较低，人际关系不理想。对此，心理咨询老师运用改变不合理信念，帮助他学会控制情绪、改变行为，以提升他的睡眠状况和人际关系，提高自尊感，增强自信心。一个月后，张一再次来到学校心理咨询中心，感谢心理咨询老师的帮忙，现在他与同学关系和睦，再也不用担心"眼睛"了。

案例三 她再也不怕"考试"了

晓晓（化名），19岁，某高职院校大一学生，临近期末考试还有一个多月，她就开始情绪低落，学习效率低下，不愿意与家人沟通，失眠已持续了一周。她也知道父母对她期望很高，自己也想努力，但总是考不好。第一次高考失利和上学年的学籍处理，让她非常的痛苦，降级后仍然住在原来寝室，其他同学都大二了，自己却还是大一，晓晓觉得自己不如别人。降级后晓晓便强迫自己不看玄幻小说，有一段时间坚持得比较好，目前距离期末考试还有一个多月，她晚上睡不着还会看小说，且一想到考试就感觉很紧张，不知道如果再挂科该怎么办。实在没办法了，她小心翼翼地找到了学校心理咨询中心的老师。老师发现她的问题主要由"压力—自卑—逃避—挂科"发展到焦虑、人际关系敏感，解决问题的关键点在于重构压力应对模式，从而增强自信、缓解焦虑。通过心理咨询，晓晓考试焦虑得到了缓解，之后顺利通过期末考试，自信心明显增强了，再也不怕"考试"了。

> **解读**
>
> 在一定的时间和地点等条件下，任何人都有可能会有某种程度的失常的表现，可能得心理疾病，在某些行为上存在偏差。只有敢于面对自己的问题，主动寻求专业人员的帮助，才能使自己的问题顺利解决。一味地回避，只能让自己陷入更大的痛苦中。

心理知识吧

一、正确看待心理障碍

作为21世纪的大学生，要正确看待心理障碍，避免胡乱对号入座。

1. 正视心理障碍

目前，大学生心理健康的问题越来越得到国家和社会的重视，全国各个高校都设立了大学生心理健康咨询中心，并配备专职的心理健康咨询老师。然而，愿意主动寻求心理帮助的大学生比例还是很低的。主要原因就是大家对心理障碍的认识存在误解，容易给自己乱贴标签。

当人们出现生理病痛的时候，都能做到主动求医，当病好了之后，不会有太多的心理负担，也不会标注自己曾经是病患者。就如感冒发烧一样，没有人会认为自己是感冒病患者而产生心理负担。但是一说到心理困惑、心理问题或心理障碍，大部分人第一反应就是抗拒，下意识地认为这是不好的东西，一旦自己被确诊就会一辈子戴上这顶"高帽"。事实上，心理障碍就好比是感冒发烧，每个人都有可能患心理障碍，任何人在一定的时间和地点等条件下，都可能会有某种程度的失常的表现。

心理障碍就像身体的伤口一样，我们是选择用东西捂住，不被任何人发现，让它慢慢地腐烂，最后导致自己的生命受到伤害；还是选择主动暴露，将它展现给医生，让医生帮我们诊断、治疗，以便痊愈呢？精神疾病与身体疾病的发生都是客观现象，每个人都应该正确对待，千万不能讳疾忌医。作为当代的大学生更应该主动了解心理健康知识，正视心理障碍。

2. 敢于面对心理障碍

心理障碍听起来可怕，实际上只要及早发现和预防，在觉察到有心理问题的时候及时进行必要的自我调节和心理咨询，就会有助于减少心理障碍的发生。敢于面对心理障碍，要做到"恰当自助、善于求助、不拒绝求医"。每个人在遇到心理问题时最先采取的都是自助，自己先问自己问题出在哪里，下一步应该怎么办，自助是对抗心理问题最直接、有效的方式；当自助不能奏效时，就应该向亲朋好友求助，通过与自己信赖的人交谈来缓解精神压力；如果自助和求助还不能有效地解决问题，就要主动寻求专业救助了，寻找专业的医生，接受医生治疗。

我们要相信科学，相信心理疾病和生理疾病一样，是可以治疗成功的。尽管心理疾病形成的原因各式各样，比较复杂，甚至治疗需要的时间比较长，效果也不会立竿见影，但是随着人类对客观世界认识水平的提高，治疗心理疾病也有一整套科学的方法，而且大部分的治疗不需要吃药、不需要打针。因此，要敢于面对心理障碍，相信自己，相信科学，增强治疗的信心，了解一些心理健康的知识，掌握和运用适合自己的心理治疗方法和技术，那么心理障碍迟早会消除。

3. 不歧视、不恐惧心理障碍患者

《中华人民共和国精神卫生法》（2018年修正）明确规定："全社会应当尊重、理解、关爱精神障碍患者。任何组织或者个人不得歧视、侮辱、虐待精神障碍患者，不得非法限制精神障碍患者的人身自由。新闻报道和文学艺术作品等不得含有歧视、侮辱精神障碍患者的内容。"《中华人民共和国精神卫生法》（2018年修正）的实施，营造了良好的社会舆论氛围，提升了心理障碍者的权益保障水平，消除了心理障碍者的治疗负担。心理正常的人不应该对心理异常的人进行讽刺、嘲笑、歧视，否则，心理异常的人容易形成自卑、恐医的心理负担，加重病情。

要对心理障碍患者宽容大量，不计较也不追究，对其言行要当"耳边风"。心理障碍患者一般情绪容易波动，言行容易过激，但事后又容易后悔。因此，我们要理解他们的病情，对他们的言行可以保持沉默甚至回避。此外，多给他们一点信心、爱心和耐心，发扬能帮就帮的精神，为心理障碍患者营造爱的港湾，只要人人都献出一点爱，他们就会更快、更好地回到我们身边。

二、了解心理咨询，敢于诉说心声

1. 心理咨询的概念

《现代汉语规范词典》中对咨询一词的解释为"询问，征求意见"。心理咨询就是心理专业人士运用心理学的知识和方法，对心理适应方面出现问题并寻求解决问题的求询者提供心理援助的过程。根据内容的不同，心理咨询可以分为发展性咨询和健康性咨询；根据规模的不同，心理咨询可以分为个体性咨询和团体性咨询；根据采用形式的不同，心理咨询可以分为门诊咨询、电话咨询和互联网咨询。

2. 对心理咨询认识的误区

心理咨询是正常缓解心理压力与提高心理承受能力的好办法，几乎每个人一生中都需要心理咨询，但现实中还有不少人对心理咨询存有一些认识误区。

误区一：心理咨询就是聊天

心理咨询不同于一般意义上的聊天，尽管心理咨询的方式主要是谈话，但心理咨询利用心理学的专业理论知识，还有社会学、医学等方面的知识，有严格的、科学的理论体系和操作规程，从而达到解决心理问题的目的，帮人解除心理危机，促进人格的发展。这完全不同于朋友聊天、亲友的劝解安慰、老师的教育、领导的思想政治工作。

误区二：我的心理素质好，不需要心理咨询

心理咨询的作用和任务不仅仅是解决我们的心理危机和一大宗的心理问题。无论我们多么坚强、聪明、正直、热情和博学多才，都不可能十分了解自己，需要从其他人那里了解自己。我们不可能每时每刻反省自己，也不可能始终站在局外人的立场审视自己。从别人那里了解自己可能得到错误的暗示。心理咨询是一面比较标准的镜子，可以不变形地从各个角度正确了解自己。正确了解自己可以扬长避短，促进人生发展与成功。

误区三：心理咨询师能看透我的想法，知道我的过去和未来

个别人把心理学等同于神秘学说，如同算命先生、占卜、特异功能等，现在市场上有利用计算机打着心理测验的幌子进行骗人的人，有的人故意让心理咨询师猜测自己的心理活动，并以此来衡量心理医生的水平高低等。心理医生除了心理学方面的专业知识与一般人不同外，并无其他特别之处。心理医生有经过训练的良好观察力，知道心理活动的科学规律并有非常客观的逻辑分析能力，可以判断某些潜意识的心理活动，但这一切都必须来自真实、客观、全面的资料。心理医生自己不能、也不能借助高科技的仪器了解到咨询者具体的想法。因此，咨询者对待心理咨询必须有科学的认识。

误区四：去看心理咨询医生是丢人的

对心理咨询的惧怕与怀疑源于对"精神病"的无知，人们容易把心理咨询当成"精神不正常"看待，把心理问题当成"心理病态""思想问题"。有时轻微的心理问题不加以科学解决，最后可能发展成重型精神病。"捂"着、"瞒"着，让心理问题任其发展，实在悲哀。心理咨询的最基本原则包括"保密原则"，即除了触犯法律法规或司法调查举证的需要等保密例外的情况，咨询师与来访者的谈话在没有经过本人同意的前提下不允许告诉任何人，更不能作为案例或者教案来用。所以，你完全可以把内心世界坦诚给心理咨询师，心理咨询师会给予其精心的维护保养。心理咨询将使你远离愚昧及封建迷信，接受现实、挑战自我。认为"看心理医生丢人"的人可能是软弱的人、不敢接受自我与现实的人。

误区五：心理咨询应该一次性解决问题

许多初次进行心理咨询的人都幻想心理医生能够一次把自己长期的压抑与痛苦一扫而光，拨开心灵迷雾，远离烦恼与困惑，重见真我的蓝天，还我轻松心情与振奋的斗志，然而心理医生不是神仙，更无超出常人的功夫，"解铃还须系铃人"。心理咨询是一个连续的、艰难的渐变过程，咨询效果常与求助者的个性及生活经历有关，就像一座冰山，积封已久，没有强烈的求助、改变的动机，没有恒久的决心与之抗衡，是难以冰消雪融的。有些求助者把心理咨询师当作"救世主"，将自己的所有心理包袱丢给咨询师，而自己无需思考、无需努力、无需承担责任。心理咨询的效果30%取决于咨询师，70%取决于求助者。

心理咨询是促进人的成长与发展的最佳途径之一，是预防心理障碍的有效方法，是提高生活质量、实现人生成功的必由之路。希望大学生正确认识心理咨询，走出上述误区，了解心理咨询的性质和工作方式，打消顾虑，敞开心扉，敢于诉说自己的心声，积极主动地与心理咨询师配合，帮助自己解除痛苦，营造积极健康的生活。

快乐向前冲

放松训练——心灵瑜伽

训练目的： 体验身心放松的感觉

训练方法： 找一张舒适的椅子，身子自然坐着，从头部开始，接着到手臂、躯干，最后到腿部。当然也可以根据自己的情况选择合适的放松顺序。

1. 头部放松

第一，紧皱眉头，保持20秒（从1数到20），然后慢慢放开，恢复原状，放开的时候注意对比与刚才紧皱时的感觉有何不同，可以体会到稍微发热、麻木松软的感觉。第二，闭上眼睛，做眼球转动。两只眼球先同时向右边转，尽量向右靠，保持20秒后慢慢恢复原状；再同时向左边转，尽量向左靠，保持20秒后慢慢恢复原状；接下来，两只眼睛顺时针转一圈，然后恢复原状；最后，两只眼睛逆时针转一圈，然后恢复原状。第三，紧闭双唇，使唇部肌肉紧张，保持该姿势20秒，然后恢复原状。第四，用舌头顶住上腭，使舌头前部紧张，20秒后恢复原状。

2. 颈部放松

把头尽量下弯，使下巴紧紧贴住胸部，保持20秒，然后慢慢恢复原状，体验恢复时的感觉。

3. 臂部放松

向外伸直双手，掌心向上，握紧拳头，使双手和双前臂肌肉紧张，保持20秒，然后慢慢恢复原状，注意体验恢复后的发热感。

4. 肩部放松

向上伸直双臂，用力向耳朵方向提，保持20秒后慢慢恢复原状，注意体验恢复后的发热感。

5. 腹部放松

高抬双腿，紧缩腹部周围的肌肉，同时，压低胸部，保持20秒，然后慢慢恢复原状，注意体验恢复后的发热感。

6. 大腿放松

双腿绷紧，双腿后脚跟离开地面，持续20秒，然后慢慢恢复原状，注意体验恢复后的发热感。

7. 小腿放松

双腿向膝盖方向用力弯曲，使小腿肌肉紧张，保持20秒后，慢慢恢复原状；20秒后做反向动作，双腿向下方用力下压，保持20秒后，慢慢恢复原状，注意体验恢复后的发热感。

当全部动作完成后，心里默念：我现在感到很舒适，很放松，很安静……非常舒适，非常放松，非常安静……全身都轻松了！

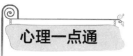

正视的事物好像没有变化，但不正视的话任何事物都无从改变。

——摘自《电影疗伤心理学》，金俊基（韩）

肯定的经验，肯定的思考

《阿甘正传》在1995年的电影界可谓风光无限，在奥斯卡颁奖典礼上更是大获全胜，一举包揽最佳影片奖、最佳男主角奖、最佳导演奖、最佳视觉效果奖、最佳剪辑奖、最佳改编剧本奖六项大奖。这部电影可以看作励志片、爱情片，其中也蕴涵着很多故事，能解释人生中的心理创伤。

阿甘智力低下（测试智商只有75），腿脚也不利索，因此从小受到同学的孤立和侮辱。阿甘上了校车，没有人愿意和他坐在一起，第一个允许他坐在旁边的人是珍妮。淘气的男孩们喜欢追打阿甘，阿甘为了躲避只有拼了命地奔跑。阿甘幼年生活中面临很多问题，但幸运的是母亲（莎莉·菲尔德饰）总在身边给他爱和信任，而珍妮也总是和他形影不离，这两个人成为阿甘幼年生活里最重要的支柱。上天让阿甘出生就有缺陷，但也赋予了他如风般快速奔跑的能力。虽然智力低下，但他凭借着快速奔跑的能力被橄榄球队选中进入大学。"比起努力完善不足的方面，应该将精力放在开发潜在的优势"，这是积极心理学的核心原理，在阿甘身上得到了全面的展现。

电影中，阿甘后来入伍参加越南战争，当他登上部队的大巴，还是没有人愿意和他一起坐。幸运的是黑人穷小子布巴要阿甘坐在旁边，两个人很快成为了如影随形的好友。战争是残酷的，布巴在战斗中牺牲，阿甘也受了轻伤。退伍之后阿甘为了完成好友的心愿，买下了渔船出海捕虾，阿甘是捕虾的新手，撒下去的网只打上来垃圾。如果换成别人也许会极度失望、中途放弃，但阿甘执著地坚持下去。暴风雨袭来，其他的渔船都回港躲避，而阿甘在怒海波涛之中幸运地捕到了满满一船虾，获得丰收。阿甘的执著弥补了天生的缺陷，让他克服了孤独，克服了失去好友的痛苦。他从不停留在过去的痛苦中，而是投入现在的每一件事中，他捕虾、奔跑，甚至来到中国打乒乓球……执著的生活态度是克服心理创伤的重要心态。

这个世界是堆满惨痛的垃圾桶，还是装满甜蜜巧克力的盒子？就像在影片的最后阿甘感悟到的那样，人生当然饱含着喜怒哀乐。但是饱受创伤折磨的人，往往会绝望地认为自己的生活就像是收集各种不幸的垃圾桶。然而更悲哀的是生命中有多少幸福的经历，却被消极的眼睛视而不见。生命中有多少好事、开心的事，多少笑容、幸福、成就感，和爱人分享的纪念，归属感……即使是再不幸的人生，其实也有着许多幸福的瞬间，只是被绝望和消极的心忽略了。

看完像《阿甘正传》这样一部温暖人心的电影之后，我们得到新的希望，这不就是一段值得肯定的经验吗？

延伸阅读

1.《超越死亡：恩宠与勇气》，肯·威尔伯著

导读：美丽、活泼、聪慧的女子崔雅，36岁时邂逅了肯·威尔伯，彼此一见钟情，于是喜结良缘。然而，就在婚礼前夕，崔雅却发现自己患了乳腺癌，于是一份浪漫而美好的姻缘，引发出了两人共同挑战病魔的故事。他们煎熬过五年时间，因肿瘤恶化，终而不治。在这五年的艰难岁月里，夫妻各有各的痛苦和恐惧，也各有各的付出；而相互的伤害、痛恨、怨愤，借由静修与修行在相互的超越中消融，并且升华为慈悲与智慧……在这个过程中，病者的身体虽受尽折磨，而心却能自在、愉悦、充满生命力，甚至有余力慈悲地回馈，读来令人动容。在这部死亡日记中，女主人公的叙述与男主人公的解说浑然交织为一体，其内心体验成为真实的生命经验。恐惧死亡会降低生命的活力，接受死亡，乃是为了更好地生活。恩宠与勇气，有深意在焉。生命之所以值得，而人之所以高贵，都在恩宠与勇气中。

2.《心理攻略》，罗尔夫·梅尔克勒著

导读：自卑、自责、负罪感……您是否感到这些心理障碍给生活带来了负担？不过，您情绪低落的时间有多长、程度有多严重都无所谓，罗尔夫·梅尔克勒大夫这本书所依据的认知行为疗法是克服忧郁性情绪的最有效方法之一。罗尔夫·梅尔克勒在这本书中告诉您：您的心理障碍是一些忧郁的想法导致的结果；您该如何改变自己的消极想法，使情绪变好；您该如何消除自己的恐惧感、自卑感和内疚感；您该如何对待自己的活力问题、决策问题和专心致志问题；您该如何逐渐重新高兴起来，享受生活。

3.《心理自助ABC》，罗尔夫·梅尔克勒著

导读：《心理自助ABC》将告诉您：心理障碍源于人的消极思想，如何缓解忧郁的情

节,如何消除恐惧感、自卑感和内疚感,如何让自己充满活力、更有决断力,如何重新振作、享受生活。您首先应该明白的是:年轻人和老年人,穷人和富人,走街串巷的菜贩和大公司的老板,都可能会有心理障碍。您的心理障碍越严重,就越需要坚强的意志和《心理自助ABC》。《心理自助ABC》是一本可以改变您一生的心理自助书。《心理自助ABC》主要讨论了心理障碍的性质、表现形式,区分了各种心理障碍及其产生的原因,并以大量的实例阐述了应对心理障碍的方式方法。作者在书中提出了"感觉ABC"理论,即人的思想决定了人的感觉,心理障碍源于人的消极思想。作者认为,通过这种提问题、分析问题与解决问题的方法,心理障碍患者可以依靠自己的力量,有效解决生活中大部分的心理障碍。

4. 电影《美丽心灵》,朗·霍华德执导

导视:作为一部人物传记类的电影,该影片讲述了一位患有精神分裂症,但却在博弈论和微分几何学领域潜心研究,最终获得诺贝尔经济学奖的数学家约翰·福布斯·纳什的故事。《美丽心灵》很好地挖掘了人内心深处的一些隐秘的情感,并将心理学和人性学融入其中,揭示了人的本性,并且深刻地分析了人对于欲望、爱、恐惧和环境的影响,并将这些东西形象化。本片最大的亮点就在于对患有精神病的纳什的内心挖掘及对人性的探讨,将心理活动表现得非常细腻,虽然没有什么动作场面,情节有时却令人紧张,这是一部感性大于理性的电影,同样也是一部优秀的电影,是可以影响人一生的电影。

第三章　探索自我密码

"我是谁?"并非什么科学的命题,却总是让很多人迷失;"我是谁?"并非什么繁琐的算术,却总是让很多人不解其理;我是谁呢?有的人,终其一生,也没有想通这个问题;有的人,在很年轻的时候就能清晰地认识自己、把握自己。如何探索自我密码,清晰地认识自我,并积极地接纳自我呢?如何在认识自我、悦纳自我的基础上打造完美人格,从而拥有美好人生呢?本章将给大家一些启示和答案。

第一节　回望成长,欣赏自我

当我们站在大学的校门口,即将开启自己人生的下一个篇章时,回望我们的成长过程显得是那么的必要。我们是遗传和后天的混合体。或许在某个活动领域,我们没有什么经验,如同一张白纸,可是近20年的生命经验,在人格和思想上,我们都已经打上了鲜明的个人烙印,正是从出生到现今的种种经历,包括我们原生家庭的影响、求学成长的过程、形成的习惯等,再加上遗传的因素,才有了今天的我们。

青春那些事

案例一　我就是想要逃离

在热播剧《小欢喜》中,宋倩原本是名校的金牌教师,为了能全方位照顾读高三的女儿,她辞职了。女儿英子卧室里的围墙,被她改造成透明玻璃,百叶窗装在客厅。这样的设置方便宋倩随时监看房内女儿动态,女儿没有一点自己的隐私空间。她每天早早就起来为孩子熬燕窝,做药膳。英子的高考誓师大会,宋倩强硬地要求英子在气球上写下清华北大,还要写一定考700分。英子成绩很好,考试后拼拼乐高,放松心情,宋倩也不许,说"你都考第二了,有什么可高兴的?"英子感到越来越压抑,经常和宋倩发生矛盾。每次,面对这样的场景,宋倩都大打感情牌,说英子是她的唯一,是她的全部,她做的一切都是为了女儿好。英子不得不在母亲这种感情的狂轰滥炸下,缴械投降,忍住欲望,咽下委屈,强颜欢笑。英子想要报考南京大学天文系,宋倩希望她留在北京上大学,但是英子不顾宋倩反对,将原本要上交的清华大学冬令营申请表,学校替换成南京大学后并通过录取,宋倩发现后对英子进行呵斥。受不了妈妈控制欲的英子终于爆发了,她在父母的追赶下,选择要去跳海。英子说,报考南大,就是因为自己要逃离。

案例二　为什么这个世界不公平

某班级有一个同学,常常因为一点小事和同学、老师闹得不可开交。例如,班级发新书，发到他时刚好是缺了页的，老师说联系教材科给他换一本，这本先用着，他就开始说老师不公平，为什么让他先用坏的。班级评选班干部，没有选到他，他又说老师对他存在偏见，同学们都是真眼瞎，不识金玉，班级里就是不公平。老师为此伤透了脑筋。在大多数人看来再正常不过的事情，到他手里就成了冷落受欺，极为不公。原因是他小时候，在家里排行老二，上有哥哥，下有妹妹，父母对他可能关注的不是很多，特别是有一次他发现妈妈把难得的巧克力给了哥哥和妹妹吃，自己却没有。这在他幼小的心灵里，埋下了一颗反抗的种子，他总是觉得外界是不公平的，别人总是忽略他，欺负他。

案例三　看清自己的心理按钮

有一位善解人意型的爸爸，无论孩子闯了多大的祸，从不会动怒，都是耐心开导孩子。孩子功课退步了，沉溺于游戏之中，还是在外面玩到天黑也不回家，甚至是撒了谎，这位爸爸都能尽量控制自己的情绪，不对孩子发火，始终温和耐心地开导孩子。但是一旦孩子大声吵嚷，平日温和的爸爸就会瞬间变成猛狮一般，气急败坏到声音都会跑调。"没大没小，在大人面前大吵大闹，太没有规矩！"

原来这位爸爸小时候家教严厉，其父亲军人出身，养育孩子也和军队一样，要求孩子绝对服从，父亲喝了酒回家会让他站军姿，训斥他，他害怕到甚至连大声喘气也不敢，他从小就想离家出走，但是不忍心抛下可怜的妈妈。因此这位爸爸讨厌大嗓门，原来是对自己爸爸的大声训斥有恐惧心理。大声叫喊会引发他畏惧、讨厌、愤怒、无奈和不安等情绪，让他控制不住自己的情绪。当这位爸爸意识到这一点时，才慢慢开始学习不怪罪别人触发他的心理按钮，而专注于自我的成长、自省与改变。

解读

如果分析一下每个成人身上的优点和不足，大都可以从他的童年找到原因。童年的经历，为他长大以后的心理发展埋下了一颗种子，决定了他的走向。用心理学家荣格的话说："一个人毕其一生的努力就是在整合他自童年时代起就已形成的性格。"

心理知识吧

一、遗传和成长经历造就了今天的自己

因为遗传基因的存在，我们很容易观察到家族里几代人之间有很多体质上的相似性。来自同一家族的人，其行为方式、情绪偏好、气质性格等也有很多相似性。而这种相似性，除了遗传以外，更多的则取决于后天的成长发展经验，包括所处的生活环境、家庭氛围、教养方式，甚至包括居住条件和饮食习惯。我们成长道路中各种错综复杂的外在因素都会影响我们性格、行为模式等的形成。要了解我们的个性与行为反应，必须了解过去成长的经验背景。我们在人际关系上所产生的感受与反应，会反射我们的童年经验。与人互动好，就呈现出好的童年形象，若与人互动差，反射的就是不好的童年形象。若我们不查

验童年的经验，我们会把现在的自己视为理所当然。负面情绪或意念没有处理好，就会经常在以后的生命中出现，当遇到类似的状况时，会因童年经验，对自己或他人产生负面的想法。

学校氛围也会影响今天的我们。我们在进入职场前，大部分时间是在学校中度过的。学校不仅是一个传授书本知识的地方，更是一个小小的社会，为学生提供了社会交往和个性成长的场所。因此，学校和班级的风气、氛围等能在很大程度上影响一个人的成就和心理发展。

如果个体能够让自己在生活中不断体验到归属感、安全感，并从中学习到与他人和谐相处的方法和技巧，体验到被接纳、受欢迎的感觉，那么，这种和谐的氛围会对一个人的自信心和自我价值感的建立大有帮助。可能有些同学没有那么幸运，没有什么真正的朋友，常常感到孤独和寂寞，有时候还会与他人发生争执和矛盾，这都会给我们的人生留下深刻的印记。

二、了解过去，作出改变

当回顾了我们儿童时期、青少年时期的经历后，会发现过往的经历深深地影响着今天的我们。

1. 原生家庭留给我们的"心理按钮"

每个人在成长中多少都会留下某些印记，就是所谓的"心理按钮"。在自我探索过程中，对于我们的原生家庭至少要有如下一些思考。

（1）家中排行　一个人在家的排行对他的个性等会产生不可磨灭的影响。例如，独生子女常常会显得更加自我一些；家中老大常常会照顾他人一些。

（2）成长过程　生活中有很多情况是因为我们把过去和现在混淆，以为过去的事情又再度发生了。其实，你身边的人只是碰巧触发了你的心理按钮。

（3）内在誓言　"内在誓言"也可说是成长经验中的座右铭，或是一直留在心中的某些理念，成为我们人生的最高指导原则。成长背景会在无形中灌输给我们很多信念，这些信念不但牢不可破，而且不断影响着我们。内在誓言有很多种，例如，从小历经逃难或贫困生活，看见父母总是很努力工作，于是学会"人生就是要打拼"，甚至认为"工作就是人生，人生就是工作"。这样的人成年后即使生活富裕，也无法让自己与家人稍微轻松一些，生活多些享受。

2. 认知自己的自我防御形态

人际互动时，有三种常见的自我防御形态。

（1）讨好型　以"讨好人"来保护自己。这种人总是笑嘻嘻的，保护自己的方式就是甜言蜜语，主动上前和人握手、打招呼，用"只要我乖，人就爱我"的内在誓言，希望天下所有人都爱他。

（2）攻击型　在人还没有指责他之前，先凶狠地指责别人，与每个人保持距离。用这种方法可以隐藏自己的软弱，不轻易被人刺伤，但付出的代价太大了，因为攻击型的人内心其实很需要爱，却用攻击的态度拒人于千里之外。

（3）隔离型　既不攻击也不讨好别人，只是把自己隐藏起来，保持遥远距离，冷眼旁观。这样虽达到保护自己的目的，但享受不到与人心灵相契的欢喜。

3. 情绪日记

除了觉察自己的原生家庭留下的"心理按钮"，了解上述基本的心理防御方式外，我们还可以尝试写"情绪日记"，仔细思索生活中到底有哪些事会让你有情绪过激的反应，把这类事情记录下来，这对于自己的成长、心理复建很有帮助。回望过往的经历，会发现有很多美好的回忆，我们会因此而自豪和骄傲，充满自信，觉得自己是有价值的，是值得得到爱的。但是，人生不仅仅是快乐和美好的，过往或多或少有痛苦的经历，甚至让我们不愿回望。但是，正视这些经历，恰恰是自我改变和获得成长的关键。

心理游戏一　　　　　　　　　　　**角色扮演**

演员要求：一个同学扮演3岁的孩子，一个同学扮演父亲。

剧情：3岁的小女孩，好不容易期盼父亲下班回到家，为了表达对父亲的爱，她学母亲，接下父亲的公文包，递上拖鞋，期待跟父亲撒娇亲亲抱抱。

可是做父亲的，这一天中，可能遭受了上司严厉的脸色、投资的股票狂跌、回家路上大塞车等不顺心的事，回到家时，已经精疲力竭，没有心思去拥抱迎面而来的孩子，甚至一把推开她，叫女儿不要来烦他。

讨论：请两位演员同学各自表达内心的感受，再由观看的同学表述感受。

若你是这位小女孩，你会怎么想呢？你可能会想：父亲不在意我做的，或我做错了什么，惹得父亲不高兴，或认为自己在父亲的心目中是多余的……

一个年仅3岁的孩童，没有能力去思考、分辨父亲的情绪反应，不是因为她不好或做错了什么，而是父亲可能遇到了挫折、困境，以致他对孩子没有积极的响应。孩子只会照单全收这次的负面经验，当她继续成长，她再逐一搜集、累积点滴经验，以建立自己的形象。

心理游戏二　　　　　　　　　　　**我的伤**

如果你的父亲曾对你很绝情，试着用新的角度来看，你可能会了解原来父亲也是不得已的，或是他只不过是不小心讲了一句话，对你的伤害却是那么真实、那么深。除非你能重新探索，否则很难从中解脱出来。纵使父亲对你的伤害是有意的，心灵探索与医治也能减轻伤害，帮助你接受别人的缺点，学会设身处地、站在别人的角度想问题，看到父亲那样做的理由，进而原谅他。

回忆曾经让你受伤的事件或人物，并努力用新的视角来看待过往。可以写下来，或放在心里思考。

心理游戏三   **认知自己的自我防御形态**

自由分组，3~5人一组，建议互相比较了解的同学组成一组，坦诚交流，反省自身，以人为镜，思考一下哪一种防御形态或是几种类型的集合，在自己身上出现得更多，加深对自己的清晰认知。

生命的列车呼啸而过，我们经常要检查心灵。以前有用、现在和将来都再也用不上的处理问题方式，都要以新换旧。（如同鞋子，儿童和少年时的鞋子，需要换成现在适用的尺码。就是用成熟的、更适应的应对方式代替儿童时的不成熟的应对方式。）

——萨提亚

最早的成长环境和经历塑造了现在的我

和叔叔不同，我的爸爸让我体验了大自然的美好。回到故乡桑名的时候，我和父亲经常会有一些小旅行。

父亲不工作时，会扛着他的照相机，拉着我的手外出，我们走遍了故乡的山山水水。父亲出生的家庭，就做着寻常百姓的农业和牧业生计，作为长子，他并不喜欢继承家业，于是自己努力学习经商，成了一名商人。他喜欢收集照相机，经常带着心爱的照相机，拉着走路还不利索的我，行走于三重县的海山之间。

有一次，我和父亲一起遭遇了一场山火。父亲马上下山去通知山下的村民，山下的村民全体出动，拿着灭火的工具，大声喊着上山灭火。

那光景，就如同电影画面一般至今都清晰地留在我的记忆里。

父亲是把幼小的我一个人留在山上跑下山喊人的。留在山上的我，一直在山林中看着和风一起舞动的火焰，那个声音和味道至今还留在我的记忆中不能抹去。有的时候，我们会站在悬崖峭壁上，父亲指着遥远的地方对我说，大海的那边有个叫美国的国家，我就会大声地唱起那首叫《海》的歌曲。"大海啊大海，宽阔又广大，月亮从这里升起，太阳从这里落下，我想驾着船驶向大海，看看没到过的国度。"（作词：林柳波）这首歌的能量，和那时候的风景一起不打折扣地刻入了我的DNA，这是我成长中一个重要的经历。

跟在母亲身后我也学到了很多。战争结束后，家被烧了，我们一家人也经受了没有食物的艰难。母亲为了一家8口人的吃喝，变卖了自己的和服以及父亲的照相机。

有一次，我在家门外等候母亲回家，母亲背着很多食品回来了。可是，母亲并没有在家门口停下脚步，等到她回到家里，那些背来的食品只剩下了一半，饿坏了的我使劲埋怨母亲。过了几年后我才知道，母亲把那些饼和豆子分给了在战争中失去了丈夫的家庭和父母已经饿死了的幼小的孩子们了。最让人哭笑不得的是，曾经像个动物似的反抗母亲的我，最终依然继承了她的 DNA。

父母、叔父，还有我生长的环境，就像一个个小小的开关，一点一点为我注入了生命力，形成了现在的我。这所有的经历，都是只属于我的财富，任何人都不可能和我共有。

即使生在同一个地方，看着同样的风景，有过同样的经历，但每个人却有着不同的感受能力，当时感觉的不同，就会导致以后所有的选择都会因人而异，也正是因为这样，我们就有了不同的人生。

你还记得自己的成长经历，你的根吗？在紧张忙碌的日常生活中，再追寻一下不知什么时候已经消失了的记忆，说不定能够找寻到真正的自己。

第二节　认识自我，悦纳自我

"认识你自己"这句智慧之语至今镌刻在希腊德尔菲神庙的石柱上。这句名言曾赋予苏格拉底一种深沉智慧的目光。而今，这句话又向我们开启了一扇智慧之门。大多数时候，令我们困惑最多的不是别人，而是自己。认识世界，或者认识真理，都是从认识自己开始的。

青春那些事

案例一　整容成风

大学生假期整容成风。整容大军之一的小程说："我高中开始就想整容，因为底子差嘛。跟妈妈说了好几年，这个医院是表姐推荐的，我们很信任，就和妈妈直接去见医生了。做手术那天我爸不知道。我爸是不允许我干这些的。他觉得女孩子自然就是美，也不支持我化妆，我妈就觉得只要能变好看就可以。做完手术，爸爸知道了就很生气，说我妈带我去搞这些莫名其妙的东西。他没有来医院看我。我 7 天出门，10 天化妆，大家都说我变好看了。我妈会拿我的照片发朋友圈。"

案例二　自己的未来

某高职院校机电专业的大三学生 G，对自己的未来感到很迷茫，甚至对未来的职业生涯有点恐惧。G 表示对自己还没有清晰的定位，对未来的职业方向很模糊，困惑的主题是职业生涯规划，希望通过咨询正确认识自己。经过与 G 的沟通，咨询老师与其共同确定了咨询的内容：完成《霍兰德职业倾向测验量表》的测评，反馈量表测评结果；在第二次咨询时使用职业轮，帮助其清晰地把握自己。使用非正式评估工具（六岛测试）帮助 G 进一步进行自我探索，帮助他了解自己的职业兴趣，结合兴趣，在未来职业选择中树立起自信心，更好地完成从学生到社会职业人的转变。

案例三 自强之星的故事

在某高职学院的校园里，有位同学因为幼时的一次突发事故，脸部大面积烧伤。但是他热心、活泼，积极参与校园活动，要求上进。同学们并不在意他那因烧伤而难看的面容，反而因为他的乐观热心，特别愿意与他相处。毕业后，他通过自己的努力，成为了专业的心理教师。

解读

因为不够清晰的自我认知，所以不那么自信，而不自信往往使人更多地去关注外在的东西，远离真我，远离幸福。

心理知识吧

一、认识自我

年轻的我们，在喧哗烦躁后静下心来，遥望远处，是否曾问过自己："我是一个什么样的人？""我想成为一个什么样的人？"

1. 何谓"自我"

自我是自己对自己存在及其状态、特点等的觉察和认识，是一种意识或心理过程。它包括三部分的内容：生理自我、心理自我、社会自我。

1）生理自我是个体对自己的身体、生理状态的认识和体验，如身高、体重、外貌、衣着、舒适、疼痛的感觉等。

2）心理自我是指个体对自己的心理活动、个性特点、心理品质的认识和体验，包括个体对自己的能力、性格、气质、兴趣、爱好、意志等的认识和体验。

3）社会自我是指个体对自身与周围关系的认识和体验，如个体对自己在社会中的地位、责任、力量等的认识和体验。

2. 常见的自我认知偏差与调整

自我意识是指个体对自己以及自己与周围世界的关系的认识。自我认知是自我意识的主要内容，指正确客观地认识和评价自我。

自我认知是否深刻、全面，是促进大学生心理健康的有效途径。常见的自我认知偏差有以下3种：

（1）自傲 自傲是过高估计自己的一种自我认知。自傲的自我调适方法有：找到自己的坐标；恰当地评估自我；积极地换位思考；接受挫折教育。

（2）自卑 自卑是由于过多的自我否定而产生的对自我不满、自我否定的负面情绪体验。自卑的自我调适方法有：认识自卑的危害；爱上不完美的自己；增加正面生活经验；确定合理的目标。

（3）虚荣　虚荣是指追求虚假荣誉的一种心理状态，这是一种以不适当的虚假方式来保护自己自尊心的一种心理状态。虚荣的自我调适方法有：分清自尊和虚荣的界限；崇尚高尚的人格，做到自尊自重；理性地对待舆论；克服盲目的攀比。

3．认识自我的方法

（1）自我认知的内容　自我认知的内容一般包括认识自己的长处、认识自己的短处、认识自己的追求、认识自己的兴趣、认识自己的角色、认识自己的责任等。

美国教育专家的"乔韩窗口"理论认为每个人的心中都有四个区域：公开区是别人和自己都看得到的；盲点区是别人看得到，而自己毫不知晓的；隐藏区是因为本性害羞或隐私之故而不公诸于世的；未知区则是神秘莫测的，为潜意识或无意识。这一理论帮助人们更了解自己，明白自己愿意对自己和对他人透露多少自己的特质。

表 3-1 为"乔韩窗口"理论表格。

表 3-1　"乔韩窗口"理论表格

	自己知道	自己不知道
他人知道	公开 （向自己和他人公开）	盲目 （自己看不到，他人看得到）
他人不知道	隐藏 （向他人隐藏）	未知 （没有人看得到）

以"公开"窗口为主的人能主动向他人开放自己；能与他人发展良好的互信关系；能有效地与人沟通，能更好地与他人实现相互了解。

以"未知"窗口为主的人无法与他人实现有效的沟通，缺乏弹性，对他人缺乏信任，只能与人进行单向的、纯粹事务性的沟通。

以"隐藏"窗口为主的人不容易信任他人，缺乏安全感，自我形象欠佳，有失去与他人沟通渠道的危险，因而可能失去与他人之间的信任，并且造成内心的焦虑与不安。

以"盲目"窗口为主的人非常自负，不愿意聆听他人说话，时常要求他人作出自己喜欢的反应，因而令彼此内心不安，心怀怨恨，结果使自己变得极为自我保护。

无论是对自己或他人隐藏什么，都是很费劲的。因此一个人的"乔韩窗口"的"盲目""隐藏"和"未知"的部分越大，他所虚耗的精力也越多，也就越难享受身心健康的高品质生活。所以，同学们在画出了自己的"乔韩窗口"后，最好能在以后的日子里尽量扩大自己的"公开"窗口在自己心中所占的比例。

（2）自我认知的具体方法　客观全面地认识自我，认清自己的优势和不足，是我们立足社会的第一步。自我认识的具体方法主要包括自省比较法、他人评价法和心理测量法等。

自省比较法——我们要学会善于进行"吾日三省吾身"的自我剖析。如将自己与自己的过去比较，自己某一方面的素质与其他方面的素质比较等；也可以将自己与他人比较，如与同学朋友相比较，与优秀毕业生或某些典型人物比较等；还可以将自己的行为结果相比较，即自我的预期希望与行为的结果之间的比较等。

他人评价法——俗话说，"旁观者清，当局者迷"，我们如能虚心借鉴他人对自己的评价（一般指老师、父母、朋友、同学等对自己了解的人的看法、评价），"以人为镜"，就能做到尽可能准确清楚地认识自己。

心理测量法——作为一种科学的检测手段，我们可以用不同的量表，测量出自己心理素质、性格、能力等方面的情况。

无论采取哪种方法，都要注意相互之间的参照与综合，只有这样，才能准确、全面地认识自己。

二、悦纳自我——积极认可自己的价值

悦纳自己是指一个人相信自己存在的价值，认同自己的能力，并在行为上表现出一种与环境和他人积极互动的心理定势。

能否悦纳自己是衡量一个人的心理状态是否积极和健康的一项重要的指标。

1. 外在美与内在美

外在美一般是指给他人的第一印象，人外在表现出来的美，即人的相貌、衣着、装扮等，容易被人发现，也容易被人遗忘。内在美是指人的内心世界的美，即人的思想、品德、情操、性格等内在素质的具体体现，是一个人本身所具有的内在气质。它是剥离了表面形式后美的存在，通俗点说就是无需任何的外在修饰，浑身散发着魅力，具有自然而然的吸引力。内在心灵的美能给人以长时间的、稳定的、强烈的、深刻的感受。

有的同学为自己的长相而苦恼，为家境不理想而郁郁寡欢，甚至自卑、孤独、心理失去平衡，这是自我意识偏离后产生的一种消极情绪体验。一个人无论有怎样的缺陷，怎样的不如意，别人可以不爱你，但自己绝不可不爱自己。

2. 挑战并改善自我

在挑战自己、改善自我的过程中，要学会用发展的眼光看待自己。学会问自己，在我们的生命中，以前对自己有哪些不满意的地方，通过自己的哪些努力，现在得到了哪些改善，以后将怎样继续努力，以让自己达到满意的状态。

3. 学会积极肯定自己

我们时常会对自己有负面评价，并设想别人也对自己如此，从而模糊了自己存在的意义，导致生活欠缺光彩。其实每个人都有自己的优点。比如，长相一般的人，或许有一颗温柔的心和一副好脾气；事业无成的人，或许孝敬长辈，热心公益；学历不高、身份低微的人，或许个性谦虚，工作努力。因而，你绝对不会比别人差。而这份肯定，必须是你能自己先承认自己，别人才会肯定你。肯定自己，才会自爱、自信，才能在生活中化解矛盾、克服挫折、突破障碍，从而激发出更多的优点。

快乐向前冲

 我是一个怎样的人？

首先，拿出一张白纸，把纸纵向均匀地折叠成四部分。在纸最左侧那一列，写下"身高"两个字。然后，依次写下"体重""相貌"等，左侧写满之后，在纸的上方从左至右

写上"真实的我""理想的我""别人眼中的我",具体见表3-2。

请按照刚才列出的条目填上答案。具体填法有两种:① 竖填:先一鼓作气地填出真实的自己的情况,填完了第一竖栏,你的大致情况就勾勒出来了。然后再填右边的那一栏"理想中的我",也一气呵成。期冀自己怎样,就大大方方地写出来,不必担忧它是否可行。你怎样想就怎么写。(不要嘲笑也不要批判自己,只要是真实的,就承认它有存在的合理性)。当把这第二栏填完之后,就可以进入"别人眼中的我"这一部分了。② 横填:就每个项目条,分别从"真实的我""理想的我""别人眼中的我"来思考并填写。

表3-2 "我是一个怎样的人"调查表

类别 项目	真实的我	理想的我	别人眼中的我
1. 身高			
2. 体重			
3. 相貌			
4. 出身阶层			
5. 文化程度			
6. 性别			
7. 性格			
8. 人际关系			
9. 职业			
10. 配偶			
11. 家庭			
12. 收入			
13. 爱好			
14. 住宅面积			
15. 理想抱负			
……			

心理游戏二　　　　我是谁?

问问自己是谁?自己在社会中扮演着哪些社会角色?"我是……",你可以从各个你所能想到的方面将句子填完整。填完后,看着这些句子,思考片刻。

例:

1. 我是一名普通的高等职业学校的大学生。
2. 我是某某学校的一名学生会干部。
3. 我是我们班的心理委员。
4. 我是同龄人中的佼佼者。
5. 我是他人的儿子或女儿。
6. 我是中华人民共和国的一个普通公民。
7. 我是祖国未来的建设者。
8. 我是地球村的普通一员。

……

心理游戏三 根据表3-3中的项目给自己打分。

表3-3 自主评分表

等级 打分 项目	非常差 1	差 2	一般 3	好 4	非常好 5
做事不马虎					
学习勤奋					
成绩优异					
讲卫生					
独立性强					
能吃苦					
有毅力					
尊敬父母					
团结同学					

温馨提示：
1. 正视自己的不足，学会用发展的眼光看待自己。
2. 自我的不足是可以通过后天的不断努力来完善的。

心理一点通

尊重你自己比什么都重要。

——毕达哥拉斯

玫瑰就是玫瑰，莲花就是莲花，只要去看，不要去比较。

——奥修

我学会给自己打分，从自己身上找到一些优点肯定自己。如果是按照别人打分，我就会很容易变得自卑。

——施永青

越读越开心

你也是一道风景

也许你想成为太阳，可你却只是一颗星星；
也许你想成为大树，可你却只是一棵小草；
于是，你有些自卑。
其实，你和别人一样，也是一片风景，
做不了太阳，就做星星，在自己的星座发光发热。

做不了大树，就做小草，以自己的绿色装点希望。

第三节 完美人格，非凡人生

在一个人的整体素质结构中，人格起到了决定性的作用。那什么样的人格结构是比较完美的呢？你的人格结构有哪些地方需要改善呢？让我们主动打造属于自己的完美人格，以赢得未来的非凡人生吧。

案例一 嫉妒是一条毒蛇

小朱和小王是同寝室同学，开学不久，两人成了形影不离的好朋友。小朱性格开朗，小王性格内向。小王渐渐觉得自己就像只丑小鸭，而小朱是美丽妖艳的公主，心里很不是滋味。在新一轮班干部竞选中，小朱高票当选，小王却没人关注。小王越想越气，妒火中烧。于是小王装病请假回寝室，把小朱的一条漂亮裙子扔到地上踩踏，仍觉得不解气，随后又用剪刀把裙子剪成一条条的……这件事令许多同学和老师都感到震惊和不解。嫉妒的毒蛇不仅伤害了别人，咬噬的更是自己的心灵。

案例二 成绩不是唯一标准

易某，男，20岁，是某高职院校一年级学生。以下是他在心理咨询时的陈述：我的问题要从中学说起，中考分数能进重点班，但最后却被分到最差的一个班。因为这件事高一时低沉了一年，高二时想再学习已赶不上了，经过这一次打击之后，跟异性交往也受到影响。因为我一向很看重自己的成绩，并把成绩的好坏作为评价自己的标准。由于自己的情绪低落，成绩下滑，觉得自己没有资本，从而不敢跟女生说话。自信心也从原来的比较高的点滑落到零甚至是负数，现在不管做什么都感到没有信心，非常消沉，心情特别压抑、痛苦，有时候甚至会自虐，比如心情烦闷时会用自己的双手击打桌、墙等硬物。

解读

上述两位同学由于人际交往或者曾在升学的问题上遭受一定的挫折，导致情绪变化较大。因为认知上的偏差以及调整的不及时，进而导致了人格的不健全。这严重影响了他们的学习和生活。因此，在日常生活中，需要培养健康的人格。

一、打造完美人格

人的心理面貌集中反映在人格上。因此，人格是综合素质的重要组成部分。人格素质的发展和提高对综合素质的发展和提高有着重要的促进作用。打造自我完美的人格是大学生自我塑造的重要目标之一。

1. 健康人格的标准

（1）人际关系和谐　拥有健康人格的学生乐于与他人交往，与他人相处时，尊敬、信任等正面态度多于嫉妒、怀疑等消极态度，能常常保持诚恳、公平、谦虚、宽容的态度，尊重他人，同时也受到他人的尊重与接纳。

（2）社会适应能力良好　拥有健康人格的学生能和社会保持密切的接触，对事物的判断更注重现实的依据，而不是凭自己的主观想象。他们能主动关心社会、了解社会，积极融入社会，能很快适应新的环境。

（3）自我意识正确　拥有健康人格的学生对自己的评价客观中立，对自己充满自信，能够扬长避短，在日常生活中能较好地调节自己的行为，使之符合社会的正常要求。

（4）生活态度乐观向上　拥有健康人格的学生对生活充满激情，能做到开放自我，积极悦纳自我，对生活持乐观向上的态度。

（5）情绪控制能力良好　拥有健康人格的学生拥有良好的情绪调控能力，能经常保持愉快的心情，富有幽默感。当消极情绪出现时，能做到合理的排解、转移和升华，使自己的情绪保持在较平衡的状态。

2. 大学生常见的人格缺陷及矫正

大学阶段是人格打造的非常时期，在大学阶段，常见的人格缺陷有下面几种：

（1）嫉妒心理　嫉妒心人人皆有，但是一旦过分，则会害人害己。如果将嫉妒心升华为竞争心，将其引导到正常竞争之中，那将会成为我们前进的动力。

嫉妒心理有效消除方法如下：

1）努力提高自己，将现在的自己和过去进行比较，将参照物设为自己，有提高就好。

2）努力形成不图虚名、心胸开阔、坚毅自信的性格特征。

3）尝试采用"酸葡萄""甜柠檬"的自我心理暗示法。

"酸葡萄心理"是指当追求的目标无法实现时，以贬低原有目标来冲淡内心欲望，减轻焦虑情绪的行为。"甜柠檬心理"是指追求的目标无法实现时，为了保护自己的价值不受外界威胁，维护心理的平衡，学会强调对自己既得利益的满足，淡化原来目标的结果，以减轻失望和痛苦。

从心理健康的角度看这两种方法有一定的积极意义，在某种程度上可以起到缓解消极情绪的作用，但真正应付挫折不能只停留在自圆其说。当情绪稳定后，应该冷静地、客观地分析达不到目标的原因，重新选择目标，或改进努力方式。

（2）自恋心理　有自恋型人格障碍的人过分地自高自大，对自己的才华夸大其辞，希望受到他人的关注，坚信他所关注的问题是世上独有的，自己仅能被某些特殊人物了解，对无限的成功、权利、美丽和爱情有非分的幻想，渴望得到持久的关注与赞美。

自恋心理有效消除方法如下：

1）暗示自己，只有付出几倍于别人的努力才会取得丰硕成果并得到别人的关注与赞美。

2）学会自我反省。

3）学会爱与被爱。要知道，最简单、最诚挚的爱便是关心别人，尤其是当别人需要得到你帮助的时候。

（3）偏执心理　具有偏执心理的人，容易按照个人的好恶和既往的处事"经验"来认知和评价当前的事物，缺乏理性的态度和客观标准，甚至因此形成偏执的情绪或过激行为。

偏执心理有效消除方法如下：

1）为自己设一面镜子，请他人客观地评价自己，冷静时自己再对照分析。

2）学会多角度思考问题，分别站在自己方、父母方、学校方、社会方等思考后再作决策。

3）学会把握感性决策前的三分钟。感性决策前，请深呼吸五次，心平气和之后再作决策。

（4）强迫型人格　强迫型人格的最主要特征就是要求严格和完美，平时有不安全感，对自我过分克制，过分注意自己的行为举止是否适当，表现出责任感特别强，用十全十美的高标准要求自己，同时又墨守成规。常常由于过分认真而重视细节、忽视全局。

轻度的强迫型人格消除方法如下：

1）丰富自己的生活内容和社交活动，充实自己的时间，分散注意力。

2）通过各类活动去锻炼和展示自己，给予自己更多的赞美和肯定，增强其自信心。

3）建议从事有规律的、细心谨慎的工作，这不失为缓释的有效渠道。

4）周围的人要给予有这种人格特质的人以理解和关心。

（5）依赖型人格　依赖型人格表现为深感自己软弱无助，当要自己拿主意时，便感到一筹莫展，理所当然地认为别人比自己优秀，比自己有吸引力，比自己能干。

依赖型人格消除方法如下：

1）习惯纠正：检查行为中哪些是习惯性地依赖别人，哪些是自己决定的，逐步强化自己的自主习惯，提高自主意识。

2）自信重建：学会肯定自己的每一次决策和行动的成功，高度评价自己每一次所取得的进步。

3）勇气重建：选一些需要一点点勇气才能做的事，一周内设定一天为绝不依赖他人的"自主日"，改变事事依赖他人的弱点。

二、人格健康者才能赢得非凡人生

1. 塑造健康人格

健康人格的塑造，一是要符合人格结构的统一性，如情绪、气质、性格以及价值观等方面的一致性，二是要服从现代化社会进步的需要。这是人格塑造的基本原则和指导思想，也是鉴别健康人格塑造效果的标准。具体而言，怎样塑造健康人格呢？除了创造良好的生活环境外，就每个人而言，应该从以下几方面着手：

1）保持开朗的心境，学会控制和调节自己的情绪，建立积极、健康的情绪状态。

2）加强意志磨炼，自觉主动地控制自己的行为，培养经受挫折的耐受力，不盲目冲动，不消极低沉，始终保持乐观的生活态度。

3）注意性格完善，自觉检查并修正自己的性格特点，培养健康的性格模式。

4）充分利用气质特点，扬长避短，因势利导，挖掘自身潜力。

5）养成良好的思维品质，具有独立分析问题和解决问题的能力。

6）培养良好的情操，加强思想品德修养，树立科学的世界观、人生观、价值观，注重社会实践，提高自身综合素质。

健康人格所需的心理营养

总而言之，当代大学生追求卓越的人生，就必须具备健康的人格。因此，了解人格形成与发展的规律，掌握塑造健康人格的途径和方法，才能使人格素质趋于完美，创造更加辉煌的人生。

2. 健康人格修炼的内容

（1）学会博爱　博爱是一种崇高的爱，是人格魅力的表率。博爱是一种特殊的仁者之爱，主张爱全人类，主张人与人之间是平等的关系，要互相帮助。博爱以爱为基础，包括爱集体、爱祖国、爱人民、爱生命、爱人类的生存环境、爱大自然、爱人类的劳动创造、爱文明进步、爱一切真善美的事物。

（2）培养诚信　从传统走向现代，诚信一直是人的一种基本品质，是取信于人的良策，是处世立身、成就事业的基石。总之，诚信是一种个人生活的准则。承诺是一种信誉、是一种责任，更是一种信念。重承诺的人更具有人格魅力。

（3）学会自律　自律是人格魅力的包装师，善用思想控制行为，用理智控制情感的一种自我约束的方式。简单地说，自律就是自己约束自己。古希腊的柏拉图有一句名言："自律是一种秩序，一种对于快乐与欲望的控制。"自律的基本方法有自省法、自警法、榜样法、慎独法等。

（4）承担责任　人们常常对于承认错误和担负责任怀有恐惧感。有些不负责任的人在出现问题时，首先把问题归罪于外界或者他人，寻找各式各样的理由和借口来为自己开脱。而这些理由和借口，并不能掩盖已经出现的问题，也不会减轻甚至推掉责任。因此，我们在面对人生问题时，要学会并勇于承担责任。

（5）学会宽容　学会宽容其实也是善待自己，大海因为能够容纳百川，所以可以成为浩瀚的海洋。因此，给自己一个微笑吧，我们要学会宽容，宽容可以为自己的人格魅力加分。

（6）懂得谦虚　做人要懂得谦虚，这会让人觉得值得依赖，值得托付大事。在现实生活中，一个人学会谦虚其实是一件不难做到的事情，关键是有没有拿出内心深处的一股勇气，学会谦虚。

（7）保持乐观　有一个积极向上、乐观的心态，我们就能笑对人生，笑对生活的不如意。怀有不同的心态，看到的事物是不同的，乐观的人总是能用积极的心态来看问题，总能看到事物积极的一面。

（8）学会感恩　感恩是一种对恩惠心存感激的表示，是一种健康的心态。它能使人的身心更好地适应社会、适应自然。感恩的举动所能带来的连锁反应，可能会感染、改变我们周围的每一个人，包括我们自己。所以我们要学着去感恩，为自己的人生沉淀一份理性，为自己的人格魅力加分。

总之，我们要想赢得非凡人生，就要从各方面修炼属于自己的人格魅力。

快乐向前冲

　　你的人格健康吗？

下面是一项小测试，同学们不妨试一试：

1. 当你站立时，为了舒服，你总是爱把胳膊放在椅背上吗？
2. 你有咬手指或手指甲的习惯吗？
3. 当你与人交谈或倾听别人谈话时敲桌面吗？
4. 当你站立时，你喜欢双臂抱肩吗？
5. 你总是不停地用手机吗？
6. 谈话时：①你是否抑扬顿挫、眉飞色舞、手舞足蹈？②你是否感到有些紧张？③你是否把手轻轻地放在衣兜里？
7. 聚会时，无论你想不想吸烟，你总爱点上一支吗？
8. 参加宴会时，你总是把眼睛盯在一盘或附近几样菜上吗？
9. 看到别人把大拇指藏在手心，拳头紧握时，你害怕吗？

评分标准：第6题回答①得2分，回答②得1分，回答③得0分。其余8题，回答"是"得1分，"不是"得0分。

结果分析：

0～3分者：人格健康，无论在什么情况下，都能沉着、坚定、稳重。你的举止表现说明你是一个沉着老练、遇事不慌、自信、自强、分寸得当、自制力强的人。这种自我控制能力是健康人格的重要特点。

4～7分者：人格健康状况欠佳。从表面上看，你很平静，但常常失去平衡。高兴时，你信口开河，夸夸其谈；不高兴时，你冷眼相看，袖手旁观，情绪变化大。对你来说，至关重要的是学会自我控制，从而达到人格结构的稳定与健全。

8～10分者：人格健康问题严重。你很不沉着，如果不学会自我控制、坚定信心，你在哪里都无法安定，总是感到不舒服，也许你自己还不以为然，可在别人看却很刺眼。关键是达到内心的平衡、和谐和安定，同时注意与周围的环境相适应。

自测后提醒：此问卷仅作为了解自己的参考，如有疑问，请咨询专业人员。

心理游戏二　　　　　　　　个人气质测量量表

气质测量量表导语：下面60道题，可以帮助你大致确定自己的气质类型，请根据自己的情况在五个答案中选择一个适合自己的。

1. 做事力求稳妥，一般不做无把握的事。
   很符合（　　）　　　比较符合（　　）　　　介于符合与不符合之间（　　）
   比较不符合（　　）　完全不符合（　　）

2. 遇到可气的事就怒不可遏，想把心里话全说出来才痛快。
   很符合（　　）　　　比较符合（　　）　　　介于符合与不符合之间（　　）
   比较不符合（　　）　完全不符合（　　）

3. 宁可一个人干事，也不愿很多人在一起。
   很符合（　　）　　　比较符合（　　）　　　介于符合与不符合之间（　　）
   比较不符合（　　）　完全不符合（　　）

4. 到一个新环境很快就能适应。
   很符合（　　）　　　比较符合（　　）　　　介于符合与不符合之间（　　）
   比较不符合（　　）　完全不符合（　　）

5. 厌恶那些强烈的刺激，如尖叫、噪音、危险镜头。
   很符合（　　）　　　比较符合（　　）　　　介于符合与不符合之间（　　）
   比较不符合（　　）　完全不符合（　　）

6. 和人争吵时总是先发制人，喜欢挑衅。
   很符合（　　）　　　比较符合（　　）　　　介于符合与不符合之间（　　）
   比较不符合（　　）　完全不符合（　　）

7. 喜欢安静的环境。
   很符合（　　）　　　比较符合（　　）　　　介于符合与不符合之间（　　）
   比较不符合（　　）　完全不符合（　　）

8. 善于和人交往。
   很符合（　　）　　　比较符合（　　）　　　介于符合与不符合之间（　　）
   比较不符合（　　）　完全不符合（　　）

9. 羡慕那种善于克制自己感情的人。
   很符合（　　）　　　比较符合（　　）　　　介于符合与不符合之间（　　）
   比较不符合（　　）　完全不符合（　　）

10. 生活有规律，很少违反作息制度。
    很符合（　　）　　　比较符合（　　）　　　介于符合与不符合之间（　　）
    比较不符合（　　）　完全不符合（　　）

11. 在多数情况下情绪是乐观的。
    很符合（　　）　　　比较符合（　　）　　　介于符合与不符合之间（　　）
    比较不符合（　　）　完全不符合（　　）

12. 碰到陌生人觉得很拘束。
    很符合（　　）　　　比较符合（　　）　　　介于符合与不符合之间（　　）
    比较不符合（　　）　完全不符合（　　）

13. 遇到令人气愤的事，能很好地克制自我。
    很符合（   ）   比较符合（   ）   介于符合与不符合之间（   ）
    比较不符合（   ）   完全不符合（   ）
14. 做事总是有旺盛的精力。
    很符合（   ）   比较符合（   ）   介于符合与不符合之间（   ）
    比较不符合（   ）   完全不符合（   ）
15. 遇到问题总是举棋不定，优柔寡断。
    很符合（   ）   比较符合（   ）   介于符合与不符合之间（   ）
    比较不符合（   ）   完全不符合（   ）
16. 在人群中从不觉得过分拘束。
    很符合（   ）   比较符合（   ）   介于符合与不符合之间（   ）
    比较不符合（   ）   完全不符合（   ）
17. 情绪高昂时，觉得干什么都有趣；情绪低落时，又觉得什么都没意思。
    很符合（   ）   比较符合（   ）   介于符合与不符合之间（   ）
    比较不符合（   ）   完全不符合（   ）
18. 当注意力集中于一事物时，别的事很难使我分心。
    很符合（   ）   比较符合（   ）   介于符合与不符合之间（   ）
    比较不符合（   ）   完全不符合（   ）
19. 理解问题总比别人快。
    很符合（   ）   比较符合（   ）   介于符合与不符合之间（   ）
    比较不符合（   ）   完全不符合（   ）
20. 碰到危险情境，常有一种极度恐怖感。
    很符合（   ）   比较符合（   ）   介于符合与不符合之间（   ）
    比较不符合（   ）   完全不符合（   ）
21. 对学习、工作、事业怀有很高的热情。
    很符合（   ）   比较符合（   ）   介于符合与不符合之间（   ）
    比较不符合（   ）   完全不符合（   ）
22. 能够长时间做枯燥、单调的工作。
    很符合（   ）   比较符合（   ）   介于符合与不符合之间（   ）
    比较不符合（   ）   完全不符合（   ）
23. 符合兴趣的事情，干起来劲头十足，否则就不想干。
    很符合（   ）   比较符合（   ）   介于符合与不符合之间（   ）
    比较不符合（   ）   完全不符合（   ）
24. 一点小事就能引起情绪波动。
    很符合（   ）   比较符合（   ）   介于符合与不符合之间（   ）
    比较不符合（   ）   完全不符合（   ）
25. 讨厌做那种需要耐心、细致的工作。
    很符合（   ）   比较符合（   ）   介于符合与不符合之间（   ）

比较不符合（　　）　　完全不符合（　　）

26. 与人交往不卑不亢。
    很符合（　　）　　比较符合（　　）　　介于符合与不符合之间（　　）
    比较不符合（　　）　　完全不符合（　　）

27. 喜欢参加热烈的活动。
    很符合（　　）　　比较符合（　　）　　介于符合与不符合之间（　　）
    比较不符合（　　）　　完全不符合（　　）

28. 爱看感情细腻、描写人物内心活动的文学作品。
    很符合（　　）　　比较符合（　　）　　介于符合与不符合之间（　　）
    比较不符合（　　）　　完全不符合（　　）

29. 工作学习时间长了，常感到厌倦。
    很符合（　　）　　比较符合（　　）　　介于符合与不符合之间（　　）
    比较不符合（　　）　　完全不符合（　　）

30. 不喜欢长时间谈论一个问题，愿意实际动手干。
    很符合（　　）　　比较符合（　　）　　介于符合与不符合之间（　　）
    比较不符合（　　）　　完全不符合（　　）

31. 宁愿侃侃而谈，不愿窃窃私语。
    很符合（　　）　　比较符合（　　）　　介于符合与不符合之间（　　）
    比较不符合（　　）　　完全不符合（　　）

32. 别人总是说我闷闷不乐。
    很符合（　　）　　比较符合（　　）　　介于符合与不符合之间（　　）
    比较不符合（　　）　　完全不符合（　　）

33. 理解问题常比别人慢些。
    很符合（　　）　　比较符合（　　）　　介于符合与不符合之间（　　）
    比较不符合（　　）　　完全不符合（　　）

34. 疲倦时只要短暂的休息就能精神抖擞，重新投入工作。
    很符合（　　）　　比较符合（　　）　　介于符合与不符合之间（　　）
    比较不符合（　　）　　完全不符合（　　）

35. 心里有话宁愿自己想，不愿说出来。
    很符合（　　）　　比较符合（　　）　　介于符合与不符合之间（　　）
    比较不符合（　　）　　完全不符合（　　）

36. 认准一个目标就希望尽快实现，不达目的，誓不罢休。
    很符合（　　）　　比较符合（　　）　　介于符合与不符合之间（　　）
    比较不符合（　　）　　完全不符合（　　）

37. 学习、工作一段时间后，常比别人更疲倦。
    很符合（　　）　　比较符合（　　）　　介于符合与不符合之间（　　）
    比较不符合（　　）　　完全不符合（　　）

38. 做事有些莽撞，常常不考虑后果。
    很符合（　　）　　比较符合（　　）　　介于符合与不符合之间（　　）
    比较不符合（　　）　完全不符合（　　）

39. 老师讲授新知识时，总希望他讲得慢些，多重复几遍。
    很符合（　　）　　比较符合（　　）　　介于符合与不符合之间（　　）
    比较不符合（　　）　完全不符合（　　）

40. 能够很快地忘记那些不愉快的事情。
    很符合（　　）　　比较符合（　　）　　介于符合与不符合之间（　　）
    比较不符合（　　）　完全不符合（　　）

41. 做作业或完成一件工作总比别人花的时间多。
    很符合（　　）　　比较符合（　　）　　介于符合与不符合之间（　　）
    比较不符合（　　）　完全不符合（　　）

42. 喜欢运动量大的剧烈体育运动或参加各种文艺活动。
    很符合（　　）　　比较符合（　　）　　介于符合与不符合之间（　　）
    比较不符合（　　）　完全不符合（　　）

43. 不能很快地把注意力从一件事转移到另一件事上去。
    很符合（　　）　　比较符合（　　）　　介于符合与不符合之间（　　）
    比较不符合（　　）　完全不符合（　　）

44. 接受一个任务后，就希望能把它迅速解决。
    很符合（　　）　　比较符合（　　）　　介于符合与不符合之间（　　）
    比较不符合（　　）　完全不符合（　　）

45. 认为墨守成规比冒风险强些。
    很符合（　　）　　比较符合（　　）　　介于符合与不符合之间（　　）
    比较不符合（　　）　完全不符合（　　）

46. 能够同时注意几件事物。
    很符合（　　）　　比较符合（　　）　　介于符合与不符合之间（　　）
    比较不符合（　　）　完全不符合（　　）

47. 当我烦闷的时候，别人很难使我高兴起来。
    很符合（　　）　　比较符合（　　）　　介于符合与不符合之间（　　）
    比较不符合（　　）　完全不符合（　　）

48. 爱看情节起伏跌宕激动人心的小说。
    很符合（　　）　　比较符合（　　）　　介于符合与不符合之间（　　）
    比较不符合（　　）　完全不符合（　　）

49. 对工作抱认真严谨、始终一贯的态度。
    很符合（　　）　　比较符合（　　）　　介于符合与不符合之间（　　）
    比较不符合（　　）　完全不符合（　　）

50. 和周围人的关系总相处不好。
    很符合（　　）　　比较符合（　　）　　介于符合与不符合之间（　　）

比较不符合（　　）　　完全不符合（　　）

51. 喜欢复习学过的知识，重复做能熟练做的工作。
　　很符合（　　）　　比较符合（　　）　　介于符合与不符合之间（　　）
　　比较不符合（　　）　　完全不符合（　　）

52. 希望做变化大、花样多的工作。
　　很符合（　　）　　比较符合（　　）　　介于符合与不符合之间（　　）
　　比较不符合（　　）　　完全不符合（　　）

53. 小时候会背的诗歌，我似乎比别人记得清楚。
　　很符合（　　）　　比较符合（　　）　　介于符合与不符合之间（　　）
　　比较不符合（　　）　　完全不符合（　　）

54. 别人说我出语伤人，可我并不觉得这样。
　　很符合（　　）　　比较符合（　　）　　介于符合与不符合之间（　　）
　　比较不符合（　　）　　完全不符合（　　）

55. 在体育活动中，常因反应慢而落后。
　　很符合（　　）　　比较符合（　　）　　介于符合与不符合之间（　　）
　　比较不符合（　　）　　完全不符合（　　）

56. 反应敏捷、头脑机智。
　　很符合（　　）　　比较符合（　　）　　介于符合与不符合之间（　　）
　　比较不符合（　　）　　完全不符合（　　）

57. 喜欢有条理而不甚麻烦的工作。
　　很符合（　　）　　比较符合（　　）　　介于符合与不符合之间（　　）
　　比较不符合（　　）　　完全不符合（　　）

58. 兴奋的事情常使我失眠。
　　很符合（　　）　　比较符合（　　）　　介于符合与不符合之间（　　）
　　比较不符合（　　）　　完全不符合（　　）

59. 老师讲新概念，常常听不懂，但是弄懂了以后很难忘记。
　　很符合（　　）　　比较符合（　　）　　介于符合与不符合之间（　　）
　　比较不符合（　　）　　完全不符合（　　）

60. 假如工作枯燥无味，马上就会情绪低落。
　　很符合（　　）　　比较符合（　　）　　介于符合与不符合之间（　　）
　　比较不符合（　　）　　完全不符合（　　）

记分规则：

很符合：2分。

比较符合：1分。

介于符合与不符合之间：0分。

比较不符合：-1分。

完全不符合：-2分。

胆汁质型得分：题号为2、6、9、14、17、21、27、31、36、38、42、48、50、54、

58 的得分之和。

多血质型得分：题号为 4、8、11、16、19、23、25、29、34、40、44、46、52、56、60 的得分之和。

粘液质型得分：题号为 1、7、10、13、18、22、26、30、33、39、43、45、49、55、57 的得分之和。

抑郁质型得分：题号为 3、5、12、15、20、24、28、32、35、37、41、47、51、53、59 的得分之和。

确定气质类型的标准：

（1）如果某类气质得分明显高出其他三种，均高出 4 分以上，则可定为该类气质。如果该类气质得分超过 20 分，则为典型；如果该类得分为 10~20 分，则为一般型。

（2）两种气质类型得分接近，其差异低于 3 分，而且又明显高于其他两种，高出 4 分以上，则可定为这两种气质的混合型。三种气质得分均高于第四种，而且相互比较接近，则为三种气质的混合型，如多血—胆汁—粘液质混合型或粘液—多血—抑郁质混合型。

自测后提醒：此问卷仅作为了解自己的参考，如有疑问，请咨询专业人员。

心理游戏三 性格类型自测

指导语：内向、外向是性格划分中最简单也是日常生活中使用最广泛的概念，它主要是基于人的心理活动是倾向于内部还是外部而划分的，前者被认为是内向的，后者则是外向的。请用"是"（记"√"）、"否"（记"×"）或"不置可否"（记"？"）来回答下列 60 题，最后把答案填入表中。

1. 在大庭广众下不好意思。（ ）
2. 对人一见如故。（ ）
3. 愿意一个人独处。（ ）
4. 好表现自己。（ ）
5. 与陌生人难打交道。（ ）
6. 开会时喜欢坐在被人注意的地方。（ ）
7. 遇到不快的事情，能抑制感情，不露声色。（ ）
8. 在众人面前能爽快地回答问题。（ ）
9. 不喜欢社交活动。（ ）
10. 愿意经常和朋友在一起。（ ）
11. 自己的想法不轻易告诉别人。（ ）
12. 只要认为是好东西就立即买。（ ）
13. 爱刨根问底。（ ）
14. 容易接受别人的意见。（ ）
15. 凡事很有主见。（ ）
16. 喜欢高谈阔论。（ ）
17. 会议休息时宁可一个人独坐也不愿同别人聊天。（ ）
18. 决定问题爽快。（ ）

19. 遇到难题非弄懂不可。（　）
20. 常常未等别人把话讲完，就觉得自己已经懂了。（　）
21. 不善于和人辩论。（　）
22. 遇到挫折不易丧气。（　）
23. 时常因为自己的无能而沮丧。（　）
24. 碰到高兴事，极易喜形于色。（　）
25. 常常对自己面临的选择犹豫不决。（　）
26. 不大注意别人的事。（　）
27. 好把自己同别人比较。（　）
28. 好憧憬未来。（　）
29. 容易羡慕别人的成绩。（　）
30. 相信自己不比别人差。（　）
31. 注意别人对自己的看法。（　）
32. 不大注意外表。（　）
33. 发现异常现象，容易想入非非。（　）
34. 即使有亏心事也很快会遗忘。（　）
35. 总是把家里收拾得干干净净。（　）
36. 自己放的东西常常不知道在哪里。（　）
37. 做事很细心。（　）
38. 对于别人的请求乐于帮助。（　）
39. 十分注意自己的信用。（　）
40. 热情来得快，消退得也快。（　）
41. 信奉"不干则已，干则必成"。（　）
42. 做事情更注意速度而不是质量。（　）
43. 一本书可以反复看几遍。（　）
44. 不习惯长时间读书。（　）
45. 办事大多有计划。（　）
46. 兴趣广泛而多变。（　）
47. 学习时不易受外界干扰。（　）
48. 开会时喜欢同人交头接耳。（　）
49. 作业大都整洁、干净。（　）
50. 答应别人的事情经常会忘记。（　）
51. 一旦对人有看法不易改变。（　）
52. 容易和人交朋友。（　）
53. 不喜欢体育运动。（　）
54. 对电视节目中的球赛很有兴趣。（　）
55. 买东西前总要估量一番。（　）
56. 不惧怕从来没做过的事情。（　）
57. 遇有不愉快的事情，会生气很长时间。（　）

58. 自己做错了事，容易承认和改正。　　　　　　　　　　　　(　　)
59. 常常担心自己会遭遇失败。　　　　　　　　　　　　　　　(　　)
60. 容易原谅别人。　　　　　　　　　　　　　　　　　　　　(　　)

将测验答案填于表 3-4 中。

表 3-4　内外向性格测验答案

题号	1	3	5	7	9	11	13	15	17	19	21	23	25	27	29	小计
答案																
得分																
题号	2	4	6	8	10	12	14	16	18	20	22	24	26	28	30	小计
答案																
得分																
题号	31	33	35	37	39	41	43	45	47	49	51	53	55	57	59	小计
答案																
得分																
题号	32	34	36	38	40	42	44	46	48	50	52	54	56	58	60	小计
答案																
得分																

计分与解释：表 3-4 中，凡题号为单数的，选"√"记 0 分，"?"记 1 分，"×"记 2 分；凡题号为双数的，选"√"记 2 分，"?"记 1 分，"×"记 0 分。把所有得分相加，即为总分。

总分含义如下：90 分以上为典型外向；81~90 分为较外向；71~80 分为稍外向；61~70 分为混合型（略偏外向）；51~60 分为混合型（略偏内向）；41~50 分为稍内向；31~40 分为较内向；30 分以下为典型内向。

自测后提醒：此问卷仅作为了解自己的参考，如有疑问，请咨询专业人员。

心理一点通

为了成功地生活，少年人必须学习自立，铲除埋伏在各处的障碍，在家庭要教养他，使他具有为人所认可的独立人格。

——戴尔·卡耐基

对于所受的伤害，宽容比复仇更高尚。因为宽容所产生的心理震动，比责备所产生的心理震动要强大很多。

——富兰克林

越读越开心

成功人生不在于气质本身

气质是人的个性心理特征之一,它是指在人的认识、情感、言语、行动中,心理活动发生时力量的强弱、变化的快慢和均衡程度等稳定的动力特征。气质分胆汁质、多血质、粘液质和抑郁质四大类型。

胆汁质类型特点:精力充沛、情绪发生快而强、言语动作急速而难于控制;热情、直爽或胆大、易怒、急躁等。

多血质类型特点:活泼好动、敏感、情绪发生快而多变、注意力和兴趣容易转移、思维言语动作敏捷、善于交际、亲切、有生气,但也往往表现出轻率、不真挚等。

粘液质类型特点:安静、沉稳、情绪发生慢而弱、言语动作和思维比较迟缓、注意力稳定、显得庄重、坚忍,但往往表现出执拗、淡漠。

抑郁质类型特点:柔弱易倦、情绪发生慢而强、体验深沉、言行迟缓无力、胆小,善于觉察到别人不易觉察到的细小事物,容易变得孤僻。

人的气质与生俱来,体现个性的生物属性。在现实生活中,并不是每个人的气质都能归入某一气质类型。除少数人具有某种气质类型的典型特征之外,大多数人都偏于中间型或混合型,也就是说,他们较多地具有某一气质类型的特点,同时又具有其他气质类型的一些特点。

无论哪种气质类型都有积极的一面和消极的一面,成功人生不在于气质本身,而在于认识和驾驭气质的本领。了解自己的气质特征,扬长避短,才可以提高工作效率和生活质量。

如图3-1所示为艾森克的人格结构图示。

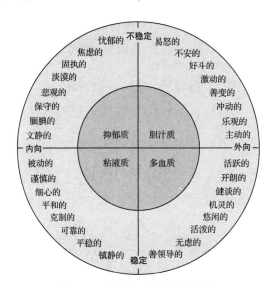

图3-1 艾森克的人格结构图示

你的性格决定了你的成败吗?

美国心理学家威廉·詹姆斯说过:"播下一个行动,收获一种习惯;播下一种习惯,收获一种性格;播下一种性格,收获一种命运。"从这句话中,很多人得出性格决定命运的结论。因此,在现实生活中,他们将成功或者失败更多地归咎于自己的性格。那么,事实真是这样的吗?

在了解事实是否属实之前,先要搞清楚性格是什么。所谓性格,是个体在对现实的态度及其相应的行为方式中表现出来的稳定而有核心意义的心理特征,是一个人经常表现出来的如何对人、对事、对物、对自己的基本特点。可以看出,性格是相对稳定的。它贯穿在人们生活的方方面面。

性格是分类型的。到目前为止,关于性格的分类还没有一个公认的心理学标准。然而,在日常生活中,人们说的比较多的一种分类是性格的外倾型与内倾型。所谓外倾型,又叫外向型,即这种性格的人比较活泼开朗,为人处事不拘小节。内倾型又叫内向型,即这种性格的人比较内敛,处世较谨慎。那么,到底哪一种性格比较好呢?这里需要强调的是,没有哪一种性格一定比另一种性格好。例如,打字员可能内倾型的人更适合,而推销员可能外倾型的人更适合。

性格并不是一成不变的。很多人认可性格决定命运的本质原因在于他们认为性格是不能改变的。其实,他们混淆了气质与性格这两个概念。一般而言,气质主要受遗传因素的影响,所以后天难以改变。性格主要受后天因素的影响,是可以改变的,只不过改变起来比较艰难。

总而言之,性格并不一定能够决定我们的命运,它只不过是我们成功路上的一个重要的影响因素。只要我们充分挖掘并发挥自身性格的优势,尽可能地避免性格的不足之处,再加上后天的勤奋,那么成功离我们将会越来越近。

延伸阅读

1.《幸福生存——一只名叫啦啦的小熊对生活认知的读白》,方建国编著

导读:"我是熊,一只叫做啦啦的熊。我有时调皮,有时多愁善感,有时坚持自己的原则,但是有一点是不变的:那就是,每天吃过饭,我就会拍拍肚子对自己说,吃得真饱,真高兴!于是,心就变得很充实。我并不是没有理想,没有人的时候我会很努力地练习唱歌。我也不是没有心眼儿,我会帮比我小的熊洗澡,但是也不会允许比我大的熊侵占我的地盘。我之所以幸福,是因为我懂得生活。如果你觉得自己不够幸福,那么来看看我,一只开心的小树袋熊。"该书作者方建国是我国台湾畅销书作家,他认为快乐地生活其实挺容易的,只要懂得掌握正面的心态。幸福来自于我们自己,而不是外在。

2.《感觉良好:认知改变心情》,刘翔平著

导读:我们的一切消极情绪或不好的感受都是由不健康的、不正确的信念所引起的,表面上是不快乐,但背后的真实原因是信念的错误。当你破译了这些支配你不健康情绪的

"心灵法理"后,你一定会有豁然开朗的感觉。该书是一部有关通过改变想法来改变情绪的自助性读物,以富有哲理的语言介绍了认知疗法的原理、人生哲学和理念,结合大量咨询的个案和生活的事例,阐述了一个人应当如何正确对待自我、他人和世界,如何从我不好、你不好和世界不好的消极心态,走向我好、你好、世界好的积极心态。

3.《遇见未知的自己》,张德芬著

导读：我是谁？我不是我的工作,也不是我的地位,更不是我的外壳……用种种否定来寻找正确答案,是不是每个人都可以找到"我"？该书中有一句话说得好,"亲爱的,外面没有别人,只有自己"。小说主人公若菱拥有令人羡慕的工作,但心中却不时地自问："为什么我不能拥有想要的生活？我该如何成为自己生命的主人？"在一个下雨的冬夜,若菱巧遇一名智慧老者,在数度交谈的过程中,她渐渐填补了自己不快乐与挫败的心灵缺口,寻回了最真实最勇敢的自我！推荐正在寻找自我的你阅读！

4. 电影《心灵捕手》,格斯·范·桑特执导

导视：这是一部由格斯·范·桑特于1997年导演的电影,取景地点是马萨诸塞州的波士顿。故事围绕年轻人威尔·杭汀,一个在麻省理工学院担任清洁工,却在数学方面有着过人天赋的叛逆天才展开。在教授辛·马奎尔和朋友查克的帮助下,威尔最终把心灵打开,消除了人际隔阂,并找回了自我和爱情。

第四章　情绪的鸡尾酒

情绪是我们心理状态的晴雨表，它直接反映我们内在的心理状态。无论是欣喜若狂，还是悲痛欲绝；是孤独焦躁，还是热情四射，我们无时无刻不在体验着各式各样的情绪。加之，大学生情绪波动大，情感体验复杂而丰富，时常会面临较多的情绪困扰。所以，就让我们一起来看看如何正确认识和管理自己的情绪，如何调好属于自己的那杯情绪鸡尾酒！

第一节　走进情绪的酒吧

什么是情绪，情绪和情感一样吗？情绪在我们的生活中都有哪些重要的作用呢？这些问题，看似平常，但如果真让我们说出个一二三来，还真很少有人能回答得很正确。一起走近情绪的酒吧，来认识我们的情绪吧！

青春那些事

案例一　焦虑的小王

小王是一名大学生，他来到咨询室，说自己每天都过得都是重复且单调的日子，这样的生活，让他无比压抑和焦虑。具体焦虑什么呢？他说自己胃不好，住在寝室又吵，平时总是睡不踏实，加上总是想到毕业以后怎么办，现在就业压力这么大，自己要是因为胃不好，身体又出状况，以后怎么能顺利找工作，顺利成家，并成为一个家的支柱呢。所以想想就焦虑不已。

案例二　过激情绪让悲剧发生

一对热恋的大学生在校园里散步，女生 A 忽然感到头上有口痰液。原来是教学楼窗户旁一位男生 W 在作怪。A 的男友 S 跑去询问，见男生 W 醉醺醺的，男生 S 质问男生 W，随后两人争吵并厮打在一起。这时，女生 A 抄起屋里的板凳击打男生 W 的头部，没想到打到后脑关键部位，致使男生 W 休克死亡。

解读

情绪管理在我们的生活中起到举足轻重的作用，如果放任自己的情绪，就会让自己的生活变得混乱，甚至在情绪激动时会造成难以挽回的失误。

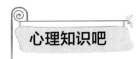

心理知识吧

一、情绪

高兴、快乐、痛苦、悲哀等都是情绪,中国人常说的喜、怒、哀、惧、爱、恶、欲七情,也可以称作情绪。情绪一般发生时间短暂、表面,而且容易变化。人们通常以愤怒、悲伤、恐惧、快乐、爱、惊讶、厌恶、羞耻等反应来说明情绪。情绪总是同人的需要和动机有着密切的关系,如人的某种需要得到满足或目的没有达到时,他将会产生愉快或者难过等感受。

1. 情绪的概念

人类有数百种情绪,其间又有无数的混合变化与细微的不同。面对如此复杂的情绪现象,心理学家通常把情绪归结为三个方面:内省的情绪体验、外在的情绪表现和情绪的生理变化。

(1) 内省的情绪体验　内省的情绪体验是人脑对客观环境和客观现实的重要反映形式之一,这种反映形式不是对客观事物本身的反映,而是带有个体主观色彩的反映。

(2) 外在的情绪表现　外在的情绪表现即表情,具体指面部表情、言语表情和体态表情。如有的人遇到伤心、悲痛的事就捶胸顿足、呼天抢地,遇到高兴的事就手舞足蹈。表情与情绪之间的关系见表4-1。

表4-1　表情和与之关系最紧密的情绪

表情	可能的情绪	表情	可能的情绪
身体接触	友爱感	毛发直立	痛苦
脸发红	羞愧、羞怯	尖叫、出汗	害怕、气愤
哭泣	悲伤	发抖	害怕、担心
拳头紧握	气愤	耸肩	顺从
皱眉头	生气、受挫	嘘声	蔑视
笑	高兴		

(3) 情绪的生理变化　情绪的生理变化在情绪结构中起着承上启下的作用。当情绪产生时,人们身体的各系统器官都会发生相应的生理变化(如心跳)和物理反应。

2. 情绪与情感的联系与区别

情绪不同于情感,恰如鸡尾酒与水一样。情绪包含着情绪表现(表情)和情绪体验(情感)。情绪与情感的关系有以下三个方面:

1) 从所联系的心理层次看,情绪属于较低的心理层次,是先天的,与生理需要相联系的;情感则与人的社会性需要相联系,属于高级心理现象。

2) 情绪一般不太稳定,具有较大波动性;情感则较稳定,持续时间较长,甚至影响人的一生。

3) 情绪与情感相互联系,相互依存。情感是在情绪的基础上产生的,进而发展成为情绪的深层核心，它通过情绪得以实现；情绪包含着情感，受情感的制约，是情感的外在表现。

二、情绪的作用

在我们的生活中，情绪不是一种毫无目的、没有任何意义的伴随体验。相反，它们是在适应外界变化的过程中产生的，具有重要的工具性作用。

1. 自我防御作用

当身体或其他方面受到威胁时，人会产生恐惧情绪；当发生身体或利益上的冲突时，人会产生愤怒情绪；当吃到不适的食物或污物时，人会产生厌恶感。这些情绪的出现能够帮助我们作出更迅速的反应，表现出非常明显的自我保护倾向。

2. 社会适应作用

情绪能够使个体针对不同的刺激事件产生灵活自如的适应性反应，并调节或保持个体与环境间的关系。许多种情绪都具有调控群体间的互动作用。

3. 动力作用

适度的情绪反应能够激励人的活动，提高人的活动效率，进而推动人们有效地完成工作任务。例如，人类祖先在捕猎和搏斗时，发生愤怒的情绪反应，有助于增强体力，战胜猎物或敌人。同学们在面对考试时，适当的焦虑情绪也有助于提高复习效率。

4. 信号作用

一个人不仅能凭借表情传递情感信息，而且也能凭借表情传递自己的某种思想和愿望。可以说，表情是思想的信号，如微笑表示赞赏，点头表示默认，摇头表示反对等。

5. 强化作用

当出现紧急情况时，愤怒、恐惧等消极情绪能够唤起大脑的警觉水平；高兴、开心等积极情绪能使一个人的感觉、知觉变得敏锐、记忆获得增强、思维更加灵活，有助于一个人内在潜能的充分展示。

心理游戏一 　　　　识别并描述你的情绪活动

当你遇到下面的情绪时：欢乐、高兴、愤怒、生气，你常用哪种方式表达？请用"√"表示自己接纳这种表达方式，用"△"表示期望改变表达的方式。你的同学了解你吗？你跟别人有所不同吗？

心理游戏二 　　　　描述自我情绪

请结合自己的实际，把下面的省略号填上。"我是一个在情绪上……的人；当……时，我会很生气；当我生气时，我常常会有……感受；当……时，我会很高兴；当我高兴时，我常常会有……感受。"

心理一点通

到底生活是沉重的还是轻松的，取决于我们如何去看待它。漫漫人生路上，我们会遇到各种烦恼，如果你摆脱不了它，那它就会如影随形地在你左右，生活于你，就成了一副重重的担子。若是学会放下烦恼和忧愁，你会发现生活原来可以变得那么简单。"一觉醒来又是新的一天，太阳每天都照常升起！"

越读越开心

情绪是什么？

情绪的概念是由拉丁语动词"motere"（行动）而来，表示促使个体采取某种行动的趋力，它是个体受到某种内在或外在的刺激所产生的一种身心激动状态。

古代阿拉伯学者阿维森纳，曾把一胎所生的两只羊羔置于不同的外界环境中生活：一只小羊羔随羊群在水草地快乐地生活；而在另一只羊羔旁拴了一只狼，它总是看到自己面前那只野兽的威胁，在极度惊恐的状态下，根本吃不下东西，不久就因恐慌而死去。医学心理学家还用狗来做嫉妒情绪的实验：把一只饥饿的狗关在一个铁笼子里，让笼子外面另一只狗当着它的面吃肉骨头，笼内的狗在急躁、气愤和嫉妒的负面情绪状态下，产生了神经症性的病态反应。实验告诉我们：恐惧、焦虑、抑郁、嫉妒、敌意、冲动等负面情绪，是一种破坏性的情感，长期被这些心理问题困扰就会导致身心疾病的发生。情绪对动物的影响尚且如此，对头脑高度发达的人类来说，情绪的影响力可想而知。

我国古代有喜、怒、忧、思、悲、恐、惊的七情说，美国心理学家普拉特切克提出了八种基本情绪理论，即悲痛、恐惧、惊奇、接受、狂喜、狂怒、警惕、憎恨。一般而言，研究者比较认同人类具有四种基本情绪，即快乐、愤怒、恐惧和悲哀。

可以看出，四种情绪中，有三种是负面消极情绪，只有一种是正面积极情绪。有人说，人的一生就是一部同消极情绪作斗争的历史，这话有一定道理。它也从一个侧面说明了克服消极情绪对人生成功和幸福所具有的重要意义。负面情绪对我们的健康十分有害。科学家发现，经常发怒和充满敌意的人很容易患上心脏病。哈佛大学曾经调查了1600名心脏病患者，发现他们中经常焦虑、抑郁和脾气暴躁者比普通人多3倍。

快乐是一个人在期望和追求的目的达到后产生的情绪体验。由于需要得到满足，愿望得以实现，心理的急迫感和紧张感解除，快乐就随之而生。

愤怒是需求受到抑制或阻碍，愿望无法实现时产生的情绪体验。愤怒时紧张感增加，有时不能自我控制，甚至出现攻击行为。

恐惧是当危险状况出现时，人们企图摆脱和逃避，而又无力应付时产生的情绪体验。所以，恐惧的产生不仅仅由于危机情景的存在，还与个人应对危机的能力有关。

悲哀是心爱的事物失去时，或者梦想破灭时产生的情绪体验。

在这四种基本情绪之上，可以派生出众多的复杂情绪，如厌恶、羞耻、悔恨、嫉妒、喜欢、同情等。

第二节　让情绪鸡尾酒不再绚丽

处在青春期的大学生，由于生理和心理的迅速成熟，生活环境的变化，成长任务的内容增加很多，情绪的波动性也很大，常常容易被负面的情绪所困扰，产生消极的情绪体验。那么，大学生常常为哪些情绪所困扰呢？

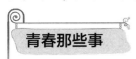

案例一　为何我们这么容易愤怒？

A：一周前，老师给班长布置了一项任务。一周后一问，班长还没有开始准备。瞬间，这位老师内心感到十分的愤怒。

B：一位同学与女友约会，迟到十分钟，没想到女友一改往日的温柔，对男友大动肝火。

C：寝室长安排值日，每次轮到小王，他都偷懒，不按时完成卫生值日任务。一次寝室评比日，正好是小王值日，因为没有打扫，寝室被点名批评，寝室长早就看他不爽，两人在寝室拌嘴扭打起来。

D：在公司的一次会议上，职员A指出了一个部门负责人的工作问题，这位负责人立刻涨红了脸，拍着桌子大声吼叫。

一切愤怒的根源可能是源于我们自身的无力感，不可控感。

案例二　为何我总是那么不快乐？

刘云（化名），2019级某专业学生。刚上大学时，她即表现出不合群、孤僻等特点。进入多彩的大学校园后，她总是一个人独来独往，沉默寡言，拒绝与其他人交往，尤其抵触与男同学的任何接触，甚至与辅导员谈话也是如此。同时，她拒绝参加体育运动、班级活动等集体活动。她总是一个人孤独地坐在角落里，不与任何人交往。该生对周围环境也十分敏感。同学不经意间的一句话，都可以引起她的无端猜想，总是认为周围的人和事是在针对自己，幻想别人总是在讨论自己，在背后议论自己、对自己指指点点，从而时刻保持着一种自我防备状态，精神高度紧张。

> **解读**
>
> 当我们遭受挫折与伤害时，因为当时缺乏必要的心理辅导与心理支持，心理问题并没有得到及时的解决，因此负面情绪被压抑，最后造成不良的心理状态。

心理知识吧

一、大学生的情绪特征

大学生正处于由不成熟迅速走向成熟的重要时期，两极性和矛盾性是大学生情绪最基本的特征。

两极性是指大学生的情绪容易从一个极端跳到另一个极端，大起大落，摇摆不定，跌宕起伏。情绪的矛盾性是指大学生的生理与心理的矛盾、个人需要与社会满足间的矛盾、理想与现实的矛盾等种种冲突，带来的情绪上的反应。由于情绪的两极性、矛盾性，往往使大学生的情绪呈现出如下特点：

1. 情绪体验丰富多彩

大学生处在从心理未成熟向成熟发展的过渡期，他们的情绪表现出既有少年儿童时期残留下来的天真幼稚，又有成年期的深思熟虑，而两性情感的介入更使大学生的情绪体验多姿多彩。

2. 情绪波动较大

必须肯定的是，大学生已经有了一定的自我情绪控制能力，情绪基本趋于稳定。但同成年人相比，大学生情绪仍带有明显的波动性，时而激动，时而平静，时而积极，时而消极。

3. 情绪体验强烈、易冲动

大学生在外界刺激下表现出强烈的情绪体验，很容易产生冲动性情绪行为，表现为感情用事，情绪随心境变化较大。例如，在心境平静时，对别人的玩笑会表现得无所谓，而在心情烦躁时，就可能因为别人开个小玩笑而发起猛烈攻击。

4. 情绪的不稳定性和可控性并存

大学生虽有强烈的情绪体验，易冲动，但由于大学生具有较高的文化修养，具备反省自身弱点的能力和控制自己情绪变化的能力，在多数情况下能够理智地思考问题。因此，大学生的情绪又表现出可控性的特征。

二、常见的情绪困扰

1. 抑郁

抑郁是一种持续时间较长的低落、消沉的情绪体验，常常与苦闷、不满、烦恼、困惑等多种情绪交织在一起，我们可以通俗地把抑郁理解为个体长时间的郁郁寡欢。抑郁的主要症状见表4-2。

表4-2 抑郁症的主要症状

压抑的心情	快乐或兴趣减退
消极的自我观念：自我抱怨与负罪感	体重激增或锐减
睡眠困扰	易激动或行动迟缓
注意力不集中	想死或自杀

一般来说，性格内向，好孤僻、敏感多疑、依赖性强、不爱交际，生活遭遇挫折，长期努力得不到回报的大学生更容易产生抑郁情绪。有些不喜欢自己所学专业，或人际关系处理不当、失恋等的大学生也会产生抑郁情绪。

抑郁情绪和抑郁症不同，它属于一种不良情绪困扰，需要的是心理上的调整，消除抑郁的情绪障碍可以从合理宣泄心中的压抑、换个角度看问题、拓宽情趣范围等方面入手。

2. 愤怒

愤怒是人对客观事物不满而产生的一种紧张情绪体验，是一种比较激烈的情绪表现。当个体的愿望不能实现或行动持续受到挫折时，人们常常会产生愤怒情绪。哪些事件能引发愤怒情绪呢？这和每个人不同的经历、信念、性格、修养以及生活态度等密切相关，不同的人，引发其愤怒情绪的事件也不尽相同。愤怒的危害性很大，有时甚至会造成无可挽回的损失，血气方刚的大学生要学会控制愤怒情绪，为自己的生活和事业营造和谐的环境。

3. 焦虑

焦虑是人们在面临威胁或预料到某种不良后果时产生的情绪体验，是一种紧张、害怕、担忧等混合交织的情绪体验。大学生常见的焦虑有自我形象焦虑、学习焦虑、人际交往焦虑和情感焦虑。焦虑人人都会有，面对焦虑，我们要学会识别有用的和没用的焦虑，想想自己实际上担心的是什么。

4. 冷漠

冷漠表现为对周围环境中的人和事漠不关心。冷漠的人对他人怀有戒心甚至敌对情绪，不与他人交流思想感情，对他人的不幸也只是冷眼旁观、无动于衷。其实，冷漠与退缩一样，是一种消极情绪的内化而非外显的行为，事实上，冷漠比攻击更可怕。冷漠会带来责任感的下降、生活意义的缺失与自我价值的放弃。可以说，冷漠是有百害而无一利的消极情绪体验。冷漠的形成多数与经历的人生重大事件有关，也与个体的生活经历有关。

克服冷漠最根本的办法是改变认知，发现生活的意义，发现自我的价值，改变长此以往形成的对人生消极的看法；在行为上，积极投身各种有意义的活动中，融入到集体中，进行积极的自我暗示与自我提升；正确认识自我与他人、个体与社会，不断矫正自己的非理性观念。

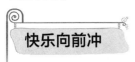

快乐向前冲

心理游戏一　　　　　　　　　　快乐动物园

情绪有正面与负面之分。有些正面情绪，如兴奋、好玩、幽默可以激发人的创造力，而许多负面情绪，如痛苦、焦虑、恐惧则会阻碍人创造力的发挥。每个人都可能因成功或失败而导致情绪波动。下面这个游戏可以让你体验情绪在问题解决中的强大作用，更可以训练你的幽默和乐观的情绪。

这个游戏要求你和一些朋友一同做，而且要求你偏离你一贯的社会行为。游戏的内容是要你学动物园里动物的叫声。

下面根据你姓氏汉语拼音的第一个字母选择相应的动物：

你姓氏汉语拼音的第一个字母	动物名称
A——F	狮子
G——L	海豹
M——R	猩猩
S——Z	热带鸟

现在选择一个伙伴（最好在这些朋友中挑一位不太熟悉的人作为伙伴），彼此盯着看，目光不能转移，同时用嘴大声学动物叫，至少持续10s。

心理游戏二　　　　　　　　　　情绪飞碟

准备：纸碟，画笔；分小组。

方法：

1）在纸碟上画不同情绪的面谱。

2）建议正面情绪有愉快、兴奋、自豪等；负面情绪有伤心、愤怒、担忧等。

3）跟同学们叙述一件事情，并在叙述过程中出示相应的情绪反应飞碟。

4）大家讨论，看看自己哪种飞碟出示得多，再看看小组其他同学的情况。

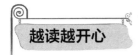

有一句话叫"境由心生"。很多时候，人的痛苦与快乐，并不是由客观环境优劣决定的，而是由自己的心态、情绪决定的。你看路边的小草，被人踩来踩去，可它还是活下来了，它拼命地站起来，接受大自然给予的阳光、雨露，所以，它比温室里的花朵更有生命力。

——卢勤

没有过不了的坎

没有了你，地球还是一样会转。不管你多伤心，时间还是一样会过去。虽然我也知道，即使我多不开心，一切都会过去。我想我需要的是一段时间，好好消化这段时间心里存在的压抑以及压力。

有人说："一个人外表有多坚强，内心就会有多脆弱。"以前我不太懂这句话的含义，渐渐地我发现这句话也有道理。在别人的眼里，我一直是一个很坚强独立的人，乐观开朗，是一个给别人正能量的女孩，堕落、苦痛、忧郁等这些名词都不属于我。然而这段时间以来，我却狠狠地放纵自己的情绪，歇斯底里地哭，随心所欲地想，让自己陷入痛苦的深渊。

三年前的失败，我用了很长时间才调整自己的心态，从那以后，我不断地让自己保持忙碌，不断地严格要求自己，不断地给自己定很高的目标，然后强迫自己一定要很好地完成它，因为我已经输在起跑线上，我不允许自己再失败一次。没有想到三年后，我还是让父亲失望，不，准确地说我是让自己失望了。我没有达到自己设定的目标。

经过一段时间的低潮期，经过不断的思考，我知道我不能再这样堕落下去，我不敢说我现在已经完全恢复，但是我会努力让自己重新振作起来。

我想，终有一天，我会很感谢现在所经历的一切，因为它们让我成长了。

最后谢谢你，我会勇敢打破自己的玻璃心，放过自己，让自己勇敢，因为没有过不了的坎。

第三节　调好情绪的鸡尾酒

俗话说："心态决定一切"。人难免会有负面情绪，及时调整心态能够帮助事情更好地发展。更重要的是从自身做起，建立良好的心态，减少负面情绪的次数，更能帮助自我成长。下面来看看如何调好属于自己的那杯情绪鸡尾酒。

案例一　偶遇

第一幕：小王正沿着校园林荫道走着，看到对面走来熟人小李，小王对小李微笑，挥了挥手，小李没有回应，径直走了过去。小王内心很是受伤，"小李是看不起我，故意不理我吗？"这件事让小王耿耿于怀，从此对小李也不冷不热起来。

第二幕：小王正沿着校园林荫道走着，看到对面走来熟人小李，小王对小李微笑，挥了挥手，小李没有回应，径直走了过去。小王心想，我最近健身，看样子效果很明显啊，小李都没有认出我，哈哈，今天要继续加油！小王继续开心地向前走。

案例二　高考的失利

小张高考没有考好，带着沮丧的情绪开始了自己的大学生活。他有很强的挫折感，总是沉浸在自责的痛苦中，责怪自己高中没有好好学习，并对自己的学习能力产生了怀疑，觉得自己并不是读书的料，干什么事都不行，怎么都比不上别人。渐渐地，他变得垂头丧气，郁郁寡欢，远离同学。

> **解读**
>
> 一念天堂，一念地狱。其实当我们调好属于自己情绪的鸡尾酒时，我们就品尝到了美味的人生。

心理知识吧

一、调整自己的生活态度

培养良好的情绪，调好自己的情绪鸡尾酒，有利于大学生心理的健康发展。情绪能反映出一个人的胸怀和度量。胸怀豁达的人一般情绪稳定，能容忍和克制，这反映了一个人控制心理发展的水平。所以说，情绪是衡量一个人积极性的特征指标，是认识和洞察人们内心世界的有效手段，是个性成熟程度的指示器。生活态度对一个人的生活有着极为重要的影响，以什么样的心态来诠释生活，决定了你看到的是何样的人生风景，出色的生活源于乐观的心态。我们每天都会告诉自己要保持一份积极乐观的生活态度，可是怎样才能真正做到呢？下面是一些小方法，长期坚持，你会发现自己的心态已经改变：

1）保持一颗平常心，笑看荣辱得失。
2）让自己越来越自信，告诉自己，天下只有一个独特的你。
3）培养广泛的兴趣爱好，让生活丰富多彩起来。
4）培养科学的思维方式，客观科学地看待生活中发生的人和事，会让你拥有一种不一样的心境。
5）学会宽容地对待他人。
6）学会对外界的一切感恩，若你有一颗感恩之心，你会发现自己是如此的幸运。
7）常常在力所能及的范围内帮助别人，给予会让你产生幸福感。
8）在自己取得一点点小成绩时，抑或在平常的日子里，适当地款待自己，宠爱自己也是一种生活态度。

二、消除不良情绪的方法

1. 改变认知

抑郁、焦虑、恐惧、愤怒等情绪障碍往往源于对事物的不合理认知，对待事物的认知合理、客观，情绪反应就会比较正常、适宜。

2. 合理宣泄

合理宣泄是指把积存在心里的郁闷清理干净，使神经通路畅通无阻。当情绪不佳时，不要闷在心里，一定要发泄出来，但是，发泄不良情绪不等于放纵自己的感情，不等于任性和胡闹，如果不分时间、场合、地点而随意发泄，既不会调控好不良情绪，还会造成不良结果。

3. 代偿

心情不愉快时，可以换一个角度，追求另外的事情，用另外一个新的目标来代替当前不能达到的目标，同样可以获得心理满足。如果感觉自己不够漂亮，不要烦恼，可以通过学习上的成功来代偿；家庭条件不是很好，可以通过发展各种特长，丰富内涵来增强魅力。

4. 转移注意力

转移注意力是指主观上有意识地将注意力从消极、不良的情绪状态转移到其他事物上的一种心理调节方法。当出现情绪不佳的情况时，要把注意力转移到自己感兴趣的事上。通过中止不良刺激源的作用，防止不良情绪的泛化、蔓延，又可以借由参与新的活动，特别是自己感兴趣的活动，寻找新的快乐，从而达到增进积极情绪体验的目的。

5. 升华

升华是对消极情绪的高水平发泄，是将消极情绪引导到对人、对己、对社会都有利的方向上去。如一同学因失恋而痛苦万分，但他并没有因此消沉，而是认真思考了自己感情的历程，开始创作小说和诗歌。

6. 积极的自我暗示

积极的自我暗示就是个人通过语言、形象、想象等方式，对自身施加正面影响的心理过程。这种方法既可以用来放松十分紧张的情绪，也可以用来增强自信，进行自我激励。积极的自我暗示可以通过多种途径来实现。

心理游戏一　　　　　　　　　情绪魔术师

方法：

1）大家互相分享生活中遇到的一件不快的事情，谈谈其中的感受，并在墙上贴出负面情绪面谱。

2）每个人都会有负面情绪的时候，但我们可以尝试用魔法把这些负面情绪赶走，做个情绪魔术师。

3）引导同学想出一些疏解负面情绪的方式，如完成下面句子："今天我感觉很……""我可以……"；深呼吸从1数到10；大声叫123；唱歌听音乐等。

心理游戏二　　　　　　　　　积极心态小测试

外出旅游，黄昏时分来到一栋老朽的空屋，从一面向西的破窗往外看，你的视线突然被窗外的某样东西吸引住。

A. 渐渐西沉的夕阳

B. 飞过满天晚霞的飞机

C. 工厂的烟囱所冒出来的烟雾

你选择的是什么：

A. 夕阳西沉，给人宁静安详的感觉。你基本上十分逍遥自在，对人生的态度也相当乐观。由于在行动上也是属于慢步调的人，所以往往容易变得怠惰。行动量一少，相对地心理上便会觉得时间过得缓慢，感觉人生相当漫长。换句话说，同样的时间，你的感觉好像过得比别人久，只不过不够充实，多少会感到有点空虚吧。

B. 飞机，给人生机勃勃的感觉。你处事积极热情，经常不断地规划人生，让自己的生活过得既忙碌又充实。此种人与选 A 的人正好相反，是属于步调很快的人，常常觉得人生短暂、时间不够。

C. 烟，随风起伏，象征着不安定的心理。你是属于容易冲动、心理变化比较剧烈的人。当热衷于某件事时，会觉得时间过得飞快，但是，一旦兴趣减退，便又觉得度日如年。终其一生，对时间的弹性变化相当大。或许是对人生的感觉、印象尚未定型，或尚未找到自己的人生意义。

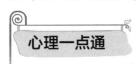

成功的秘诀就在于懂得怎样控制痛苦与快乐这股力量，而不为这股力量所反制。如果你能做到这点，就能掌握住自己的人生，反之，你的人生就无法掌握。

——安东尼·罗宾

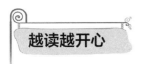

情绪管理

一、ABC 理论简单明了

1）A 指引发的事件，也就是我们感觉到存在的事实。

2）B 代表我们的信念，也就是对于 A 事件所持的观点。

3）C 是 B 所引发的情绪和行为的结果。

A、B、C 中，B 才是关键的，我们以前一直以为刺激反应情绪只有 A 跟 C，没有 B。所以很多人觉得，情绪没有办法控制，它是自然而然发生的。其实，事件发生了，我们的情绪当中有一个媒介，这个媒介就是我们的看法。事件你无法控制，可是你的看法是可以自我调整的。就在我们的情绪跟环境变化的过程中，只要把自己的信念调整好，就可以保持稳定的情绪，所以 B 才是关键。

所以，非常具体的一个情绪管理的方法，就是从现在开始，当任何刺激来的时候，建议你先把嘴巴闭起来，因为我们的嘴巴是最闯祸的东西。一旦来了个刺激，你就马上用嘴巴反应，那么你的人际关系一定不好，很多人就会非常不喜欢你。聪明的人，一个刺激过来，嘴巴闭起来，这个刺激自然会到脑海里盘旋一下，然后就可以找出比较合理的信念，这时，你才用嘴巴表达出来，即俗称的谨言慎行。言行都是情绪的表现，不经过大脑，就是没有经过 B 的控制，没有注意信念的调整，那你就是把自己交给外界，让外界的环境来操纵你，那你就不是自己的主人，而是环境的受害者。

可见，面对人为的环境，我们不能依赖本能，而必须相当理智，这个时候就要训练我们自己的信念，要调整我们的观点，才能做到有备无患。

人，是观念的动物，这句话大家很熟悉，因为观念一改变，你的行为就改变，你的态度就不同，你的反应就不一样，因此，你的情绪就得到相当的控制。

二、事件不容易加以控制

1）外界环境随时变动，我们无法完全控制。

2）如果随着外力的变化，情绪起伏不定，何以自主？

3）幸好情绪看起来随着事物而变化，其实并非如此。

西方人认为一个人长大以后，他的所言所行，就是他小时候的环境所造成的，这一点我们称之为情绪负债。但是人不能负债一辈子，有债务是可以还的。环境是不可控的，我们要做的，不是控制环境，不是改变环境，而是调整自己的心态和观念，做好情绪管理。

三、观念可以由自己调整

1）情绪是我们的观点，是对外界事物的评价所产生的反应。

2）观念可以由自己控制，所以情绪才能纳入管理。

3）要管好自己的情绪，最有效的办法是改变观念。

我们的情绪靠自己约束，所以叫自律，律就是约束自己。

四、观念有理性与非理性之分

1）观念大致可以分成为两类：理性与非理性都会出现。

2）合乎逻辑与不合乎逻辑的，最好自己分清楚。

3）把非理性的调整为理性的，便是以理智控制情绪。

所谓修养，就是把不合乎逻辑的转变成合乎逻辑的，把那些非理性的转变成理性的。

五、观念可以使情绪改变

1）A 的事件导致 C 的结果（环境决定论），这种说法只有部分正确。

2）B 是我们对于 A 的信念，代表看待 A 事件的观点。

3）观点理性与否，可以左右我们对 A 事件所产生的情绪。

延伸阅读

1.《情绪管理》，曾仕强著

导读： 人的一生都和情绪有关系，一生都要同它打交道。比如小孩子一开始就懂得他要会哭，才有人照顾他，如果不会哭，根本就没有人理他，甚至会把他忘记。对孩子而言，哭是一种工具，因为他们还不会说话，所以要用哭来吸引大人的注意力。平时谈到情绪，很多人都会往负面的方向去想，如"你看，又闹情绪！"好像情绪都是不好的。其实，情绪没有好坏之分，它只是人们对环境的一种反应。环境指的是什么？以前人们认为外界的事物才是环境，如山水、天气、道路交通等。其实，人内在的东西也属于一种环境，即人对自己也是一种环境。任何环境都是会变动的，那些看得见的、看不见的、外在的以及内在的任何变动都会使人产生一种反应。比如当一个人饿的时候，看到很普通的一张大饼，他的肠胃就会蠕动，他会流口水，吃大饼的时候会觉得很香；但是当人酒足饭饱之后，给他吃山珍海味，他也会觉得没什么味道，甚至会因为吃得撑了而感觉到恶心、难受。这些都是情绪。什么是管理？管理一定是有方法的，没有具体的方法不是管理；管理一定是有效果的，如果做了半天没有效果也不是管理。很多人认为情绪不能管理，认为"我就是这个脾气，我没有办法，我想改就是改不了！"其实，人可以管理情绪，因为情绪跟别人没有太多的关系，它完全是人自己在决定，相比其他事情，人的自主性更高。比如，别人如何泡茶，那是别人在决定；别人如何配置自己的电脑，那也是别人在决定。可见情绪是人本身的一种反应，是可以控制的，也是可以管理的。

2.《我的第一堂情绪管理课》，贾毓婷著

导读：该书介绍了顶尖心理学家一致推崇的40个情绪问题解决方案，教你怎样通过掌控情绪，得到自己想要的结果！该书还有150幅精美的搞笑插图，附有40余套精彩的情绪管理案例和情绪控制练习，让你随心所欲管理自己和他人的情绪，堪称情商高手的最佳养成秘籍！

3.《情绪力：全美最受欢迎的生命能量课》，约翰 A. 辛德勒

导读：一半以上的疾病都是由情绪引起的，大多数人通常都不太在意情绪上的压力，无论过程是纠结还是轻松，他们最终会发现很多严重的疾病都是由情绪造成的，并且在今天，情绪已经成为人们亚健康的主要原因之首了。所以，这本《情绪力：全美最受欢迎的生命能量课》一开始便向读者解释了何为情绪性疾病，只有你了解了情绪压力将会造成哪些痛苦难熬的结果后，你才知道管理自己的情绪有多重要。

4. 电影《愤怒管理》，安迪·卡帝夫和格里·科恩执导

导视：戴夫（亚当·桑德勒饰）本来是一个很正常的生意人，至少看上去非常正常。他有着温文尔雅的外表，还有漂亮的女朋友琳达（玛丽萨·托梅饰）。但是不幸的是，在一次飞行旅行中，他失去了控制，被认为不能控制自己的情绪，并被遣送去进行"情绪管理"训练。这项"情绪管理"课程的负责人，是一位自己就有点疯疯癫癫的精神病医生巴迪（杰克·尼科尔森饰），他一手创建了"情绪管理"理论和治疗中心，他所著的教人们如何控制自己脾气的书畅销不衰。巴迪的疗法对于戴夫来说，无异于一场灾难。治疗中心的病人个个脾气古怪，巴迪不断地逼迫戴夫去做一些近乎发疯的事情，让戴夫感到即使不疯也快要被逼疯了。但是更糟糕的事情才刚刚开始，法庭认为戴夫的进展过于缓慢，如果他再不加快"治疗"，就要送他去监狱了。被逼入绝境的戴夫，只好忍受巴迪的刺激疗法，例如不断地用污言秽语攻击他的女朋友，不断地利用戴夫过去的心灵伤疤来刺激他。戴夫感到自己的极限就要到来，当面对退缩封闭自己的内心，以及勇敢面对完整的自己这两个选择时，他犹豫了……到底巴迪医生与病人戴夫的磨合调整，会是柳暗花明，还是陷入无尽的内心黑洞当中呢？

第五章　做个优质的心理弹簧

在每个人的成长道路上，压力与挫折都与之如影相随。只要我们有梦想和追求，就可能会遭遇挫折与失败。尽管我们有时感到轻松快乐，但并不意味着压力和挫折不存在或永远不来，而当我们承受着压力或受到挫折时，也许换一个角度来看待，压力与挫折又成了前进的动力。压力与挫折好比弹簧，你越强，它们就越弱，你越弱，它们就越强，因此，每个人都应该做个优质的心理弹簧，相信阳光总在风雨后。

第一节　人生不如意事十之八九

人生不可能是一帆风顺的，或者在生活中遭受到巨大的压力，或者遭遇到不小的挫折与打击，或者遭遇到突如其来的变故，或者遭遇到不顺心的人和事，这些都是大学生成长路上的自然现象。压力与挫折是把双刃剑，苦难对于天才来说是一块垫脚石，对能干的人来说是一笔财富，对弱者来说却是一个万丈深渊。

案例一　"身残仍怀公益心的好学生"黄秋生

黄秋生，湖南生物机电职业技术学院2014级学生，3岁时身患小儿麻痹症，身高仅1.3米，双腿细小变形，走起路来一瘸一拐，不能长时间站立。"比起别的小儿麻痹症患者来说，我算是幸运的，至少我还不需要拐棍轮椅。"黄秋生乐观地说。从穿衣洗漱、做菜吃饭、到房间整理，他都能独立完成。黄秋生说："我从不觉得自己与别人有什么不同，别人能做到的事情我都要尽力去做。"上大学后，黄秋生看到"善行100·爱心包裹"公益活动招募志愿者，他毫不犹豫地报名参加，这让身边的老师同学很吃惊。黄秋生说："我身体不好，家人、老师、同学都很关心，爱护我。我也想把爱传递出去。以前，我在电视里看到过志愿者，觉得帮助别人很快乐。我很想这样做。"他克服一切困难为山区的孩子募捐，2015年黄秋生被评为湖南省高校志愿服务先进典型——"最美志愿服务者"。

案例二　"学渣"何颖逆袭考上北大研究生

何颖，西南石油大学学生，入学后逃课打游戏、谈恋爱、寝室昏睡，不知不觉到大二结束时，何颖终于尝到了浑浑噩噩度过大学两年带来的苦果，累计挂科8门，平均学分绩点只有1.08。这样的绩点连学位证都拿不到，何颖开始慌了。真正让何颖下定决心改变的是与哥哥的一次谈话。"当我又一次玩游戏到凌晨三点时，我的哥哥才下班回家。同样作为一个本科生,为了不足四千元的工资他时常需要工作到凌晨甚至通宵。那晚他告诉我,他最后悔的是本科没有好好学习专业课,白白浪费了四年的青春,只能默默地羡慕其他同学。从那一天起,我就暗自发誓,我一定要改变。"何颖说。想要改变,首先要解决自己的学业问题。大三期间,除去应修的课程,何颖还需要另外重修挂掉的8门课。他的课表被排得满满当当。2017年3月,他开始了考研这段破釜沉舟之旅,每天坚持学习11个小时,备考期间用掉的草稿纸累计近八千张,摞起来有1米多高,最后考上北京大学研究生。

解读

人生路上不如意事十有八九,当遇到人生困境时,我们应该持有一种什么样的态度?黄秋生和何颖两位大学生给我们做出了很好的回答。黄秋生没有因为自己身体残疾而自暴自弃,而是选择了坚强乐观、自力更生,并在自己的能力范围内,助人为乐,贡献出自己的力量。何颖没有选择自暴自弃,而是选择面对现实,不畏困难,顶住诱惑,增强自我调控能力,用九个月的不懈努力完成了由"学渣"向"学霸"的华丽转身。

心理知识吧

一、人生难免有压力与挫折

1. 压力

压力也称为应激,是指由刺激引起的伴有躯体机能以及心理活动改变的一种身心紧张状态。它无处不在,和我们的生活相伴相随。压力的内涵包括三方面的内容:① 使人感到紧张的事件或者环境;② 一种主观的反应,它是人体内部出现的解释性的、情感性的、防御性的反应过程;③ 对需要或者伤害侵入的一种生理和行为上的反应,这种反应是每个有压力的人都容易体会到的。

2. 挫折

在日常生活中,挫折即俗语说的"碰钉子",是挫败、阻挠、障碍的意思。心理学上挫折是指一种情绪状态,即个体在从事某项有目的的活动时,遇到障碍或干扰,使个人的目标不能实现、需要不能得到满足时所产生的一种紧张、焦虑、困惑、愤怒等情绪体验。

挫折包括挫折情景、挫折认知和挫折反应三方面的含义。

(1) 挫折情景 指人们在实现目标的道路上遇到阻碍而又不能克服与超越时,才构成挫折情景。挫折情景可以是客观存在的障碍情景,如考试不及格、比赛得不到名次等;也可以是主观上的,如某人总认为别人瞧不起自己、议论自己,虽然事实并非如此,但人际关系方面还会构成挫折情景。

(2) 挫折认知 指个体对挫折情景的认识和评价。面对同一挫折情景,不同的人往往产生不同的挫折认知,进而产生不同的反应。比如期末考试某科考了85分,有人认为考砸了,有人却已经欢天喜地了。

(3) 挫折反应　指个体的情绪和行为反应。具体来说，行为主体在受挫折后往往有焦虑、失眠、恐惧、愤怒、躲避或攻击等反应。

二、压力与挫折是把双刃剑

1. 压力是把双刃剑

（1）压力在成长中的积极作用　有成长就会有压力，压力是始终存在的。适度的压力是维持人们正常的心理功能和生理功能的必要条件，同时有助于人们适应环境、激发潜能、提高工作效率。具体表现在以下三方面：

1）压力是生活的需要。适度的压力是人体健康所必须具备的条件。生活中如果没有足够的压力引发生理激活状态，人就会倦怠和萎靡不振。正如塞尔耶·汉斯所说："完全脱离压力等于死亡。"

2）适当的压力能够提高工作效率。合理的、适度的压力可以给个体提供完成任务的唤醒动机，它是一种挑战，能促进个体的成长和职业的发展，因为压力产生的紧张状态能促进人的警觉性提高、反应加快、注意力集中、思维敏捷。人类的许多发明创造都是在压力之下完成的。毫无压力的生活不会产生什么效率和创造力。耶克斯与多德森（1908年）发现，从低唤醒水平开始，提高唤醒水平有利于提高工作效率，但当唤醒水平到达一定程度时，继续提高唤醒水平反而会使工作效率下降，这就是我们常说的"倒U"曲线。他们的研究还发现，各种活动都存在一个最佳的动机水平。动机不足或过分强烈，都会使工作效率下降，并且动机的最佳水平随着任务性质的不同而不同，一般认为，在低难度任务中，高水平动机有利于任务的完成，中等难度任务中保持中等水平动机可以使行为结果达到最佳效果，在高难度任务中保持低水平动机最有利于行为效果。

3）压力是成长成才的动力。有压力才有动力，承受压力的过程也是人的能力与心智经受考验和磨炼的过程。只有能承受压力的人，才能成为生活的强者。"天将降大任于斯人也，必先苦其心志，劳其筋骨，饿其体肤。"正是从压力事件中饱受磨难才成功地闯过来的人生经历，使得经历者不仅磨炼了意志，开阔了眼界，增长了智慧，提高了勇气和信心，而且积累了经验。

（2）压力在成长中的消极作用

1）压力会影响人的认知功能，容易导致思维紊乱。当个体认定一个刺激是危险的时候，其在智力方面的功能就会受到影响。通常来说，压力越大，个体用于关注压力来源以及个人焦虑的注意力就越大，认知效率也就会越低，思考的变通性越差。压力还会影响记忆，干扰问题解决、判断和决策能力。如考试压力很大的学生，往往考试时会很焦虑，记忆力下降，这样反而会影响考试成绩。

2）压力会产生一系列情绪反应，甚至导致身心疾病的发生。当人们遇到压力时，则会带来焦虑、紧张、不安、沮丧、烦躁等消极的情绪体验，同时还会带来种种身体上的不适，如头疼、心悸、胃肠不适、肌肉酸痛、失眠等，甚至诱发癌症、心脏病、溃疡等严重的疾病。

3）压力会引发一系列的负面行为。在压力中个体会产生各种各样的行为变化。轻微的压力会增强一些生物性的行为，如进食、攻击等行为。压力过大也会产生抑制或逃避性行为，如活动减少、沉默寡言、表情呆滞、行为退缩、躲避现实、放弃目标等。另外，长时间的压力还会引起不良的适应行为，如注意力降低，没有耐心，暴躁易怒等。

2. 挫折也是一把双刃剑

（1）从客观结果看，挫折是件坏事，让人很受伤害。一般说来，每个人都希望生活顺利，不希望生活中遭遇挫折，因为它会带给人以身心上的打击和压力，使人们前进的步伐受到阻碍，产生消极影响。具体表现在：

1）降低学习效率。学习是一种积极的思维活动，学习效率除了受个体的智力水平和知识水平的影响外，还与学习者的情绪状态、自信心等因素相关。当大学生受挫后，自信心会大大降低，使其对自己的能力产生怀疑，情绪处于焦虑不安的状态中，从而影响学习效率。

2）损害身心健康。大学生在受挫后，整个身心状态都处于紧张、压抑、自责和焦虑不安中，长此以往，就会损害大学生的身心健康，有时甚至可能成为精神疾病的诱因。

3）个性改变或出现行为偏差。当大学生遭遇到重大或持续性挫折而又无法及时排解时，就会使某些个性特征发生改变。处于受挫状态中的学生，情绪易冲动，自控能力较差，有的甚至会做出违反社会规范的行为来。

（2）从人的认识和实践看，挫折是件好事，让人愈挫愈勇。化消极为积极，变挫折为动力。

1）它不仅有利于人们积累经验教训，还能增长人的聪明才干，使人"吃一堑，长一智"。当大学生遇到困难或挫折时，其神经中枢受到强烈的刺激会使整个神经系统兴奋水平提高。在这种情况下，人的思维、情绪反应会大大提高。同时在解决困境和挫折的过程中可以积累经验，提高分析和解决问题的能力。

2）有利于激发大学生的进取精神，使人"跌倒了，爬起来"，鼓起勇气再接再厉。通过磨炼大学生的性格与意志，使人们化困难为顺利，化挫折为成功。

3）有利于促进大学生正确地认识自我、提高适应能力。有的大学生对社会、对自己有一些不切实际的想法，当他们用这些指导行动时，就容易产生挫折。这就使得他们要对自己作出一个更加符合实际的评价，使他们对社会有一个较为客观的认识，从而增强其适应社会的能力。

快乐向前冲

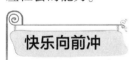

从挫折中学习

请同学们写下令自己伤心、失望、沮丧、痛苦的事件，并思考从这些事件中学到了什么？全体同学分成小组交流，每组8～10人。

生活中遇到的负面事件：　　　学到的道理：
1.　　　　　　　　　　　　　1.
2.　　　　　　　　　　　　　2.
3.　　　　　　　　　　　　　3.
4.　　　　　　　　　　　　　4.

心理游戏二　　挫折承受力测验

下面是挫折承受力测验项目，你若想知道自己的挫折承受力如何，可以针对下列各种情况作出你的选择。

1. 你碰到令人担心的事情时（　　）。
   A. 无法着手工作　　　　　B. 照干不误　　　　　C. 两者之间
2. 碰到讨厌的对手时（　　）。
   A. 感情用事，无法应付　　B. 能控制感情，应付自如　C. 两者之间
3. 失败时（　　）。
   A. 不想再干　　　　　　　B. 努力寻找成功的契机　　C. 两者之间
4. 工作进展不快时（　　）。
   A. 焦躁万分无法思考　　　B. 可以冷静地想办法　　　C. 两者之间
5. 工作中感到疲惫时（　　）。
   A. 脑子不好使　　　　　　B. 耐住疲劳继续工作　　　C. 两者之间
6. 工作条件恶劣时（　　）。
   A. 无法干好工作　　　　　B. 克服困难创造条件　　　C. 两者之间
7. 在绝望的情况下（　　）。
   A. 听命运摆布　　　　　　B. 力挽狂澜　　　　　　　C. 两者之间
8. 碰到难题时（　　）。
   A. 失去信心　　　　　　　B. 开动脑筋　　　　　　　C. 两者之间
9. 接到很难完成的任务或很不愿意干的工作时（　　）。
   A. 放弃　　　　　　　　　B. 千方百计干好它　　　　C. 两者之间
10. 困难落到自己头上时（　　）。
    A. 厌恶至极　　　　　　　B. 欣然努力克服　　　　　C. 两者之间

结果分析：选A为0分，B为2分，C为1分，将各题得分相加得总分。总分在17分以上说明挫折承受能力较强；总分为10~16分，说明挫折承受能力一般；总分在9分以下说明挫折承受能力较弱。

自测后提醒：此问卷仅作为了解自己的参考，如有疑问，请咨询专业人员。

心理一点通

生命有如铁砧，越被敲打，越能迸发出火花。

——伽利略

种子不落在肥土而落在瓦砾中，有生命力的种子绝不会悲观和叹气，因为有了阻力才有磨炼。

——夏衍

我从来不知道什么是苦闷，失败了再来，前途是自己努力创造出来的。

——徐特立

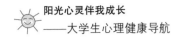

两只压力鼠的故事

前不久，一位名叫摩德尔丝的美国科学家对两只一灰一白的小老鼠做了一次试验。

他把两只小老鼠放在一个仿真的自然环境中，并把其中一只小白鼠的压力基因全部抽取出来，结果那只未被抽取压力基因的灰老鼠走路或者觅食时总是小心翼翼的，在那个面积约500平方米的仿真自然环境里面，灰老鼠一连生活了十几天，没有出现任何意外。它甚至开始为自己积蓄过冬的粮食，也开始习惯这一种没有人类恐吓它和音乐等噪声影响它的仿真空间。

而另外一只被抽取了压力基因的小白鼠则从一开始就生活在兴奋之中，它的好奇心远远大于那只小灰鼠，它只是惧怕仿真空间所在的自然保护区忽然而至的大风把空间里的一些东西刮得东倒西歪。

摩德尔丝教授的统计数字表明，小白鼠只用一天的时间便把500平方米的全部空间都大摇大摆地观察了一遍，灰老鼠用了近四天的时间才熟悉了整个仿真空间。

小白鼠爬上了仿真空间里高达13米的假山，而灰老鼠最高只爬上了盛有食物的那个仅高2米的吊篮。结果第三天，小白鼠因为没有任何压力而爬上了那个高达13米的假山，在试验能不能通过一个小石块时，小白鼠一下子摔了下来，死了。而灰老鼠因为有一定的压力，处处谨慎小心，在试验十几天后，它鲜活地出来了。

事实上没有了压力，我们也会像那只小白鼠一样，从我们实际上能够平稳通过的高处摔下来，失去生命。

第二节　成长中的压力与挫折

"00"后大学生作为一个特殊群体正式进入大学校园。各高校新生报到的大数据显示，在2018年各高校的本科新生中，有近3/4的学生是"00后"。这群被称为"千禧宝宝""421家庭宝宝"的"00后"们，受成长环境、社会发展等因素的影响，有着与"80后""90后"大学生不一样的气质和特点。"00"后可爱、充满活力、竞争意识强，但内心脆弱，经不住风吹雨打，一遭遇压力与挫折，就会崩溃，抗压抗挫的能力相对较差。在"00"后成长的道路上，是什么使得我们产生了压力与挫折？我们都会有哪些心理反应？

案例一　大学新生的困惑

王某是一所高职学院的大一女生，独生子女，17岁，性格内向，离家到外地求学。大学前一切事情都是父母包办照料，甚至连衣服鞋袜也不用自己洗。进大学后，她非常想念自己的家，对大学的生活很不适应。由于不善交流，她和同学相处也不融洽。因此开学后经常打电话向父母哭诉，表示不想上学了。

案例二 我不敢回家见父母

四川某大学毕业生张某，女，出生于贫困山区。大学毕业后一直在省城找工作，想找份收入高点的工作来改善家里条件，让父母过得好点。结果不遂人意，因为自身性格内向，找工作处处碰壁，后来心灰意冷，以拾荒为生，居无定所，与家人失联十多年。问及原因，自己混得差，无颜见父母。

> **解读**
> 案例中大学生遭遇到的压力与挫折虽然不尽相同，产生的原因也有差异，但面对压力与挫折时的心理反应、解决问题的方式却有相似之处，不会冷静去分析产生问题的原因，寻求有效地走出困境的办法。

心理知识吧

一、感知压力

1. 大学生常见压力源

心理压力产生的原因是多方面的，我们将这些具有威胁性或伤害性并因此带来压力感受的事件或环境称为压力源。人们生活中遇到的各种事件都可以成为压力源，心理学家经过研究，把压力源分为四类：

（1）躯体性压力源　对躯体产生直接损害的刺激，如各种疾病、环境的噪声、温度的变化等。

（2）心理性压力源　指来自人们头脑中的紧张性信息，如心理冲突与挫折、不切实际的期望、不祥的预感以及与工作责任有关的压力与紧张等，在每人心目中都有满足基本需求与达成愿望的想法，如果这些需求得不到满足，就会产生心理压力。

（3）社会性压力源　指造成个人生活方式上的变化，并要求人们对其作出调整和适应的情景与事件，既包括个人生活中的变化，也包括社会生活中的重要事件。

（4）文化性压力源　指迁徙、移民或是跨国旅行时，因为生活方式、语言的不同而产生的适应性压力。

2. 大学生常见的压力

（1）适应的压力　从高中进入大学，是人生的一大转折。面对新的生活环境、生活方式和学习方式，大学生的行为表现呈现出很大的差异。有的同学会表现出诸多的不适应，如不适应独自处理问题，不适应没有熟悉的同学朋友，不适应当地的气候和饮食，不适应和陌生人住在一起。总之，由于个体适应能力的差异，有些大学生会较快适应新的生活，有的却因环境变化而适应困难，从而情绪低落、迷茫。

（2）经济的压力　尽管我们的生活水平有了很大的提高和改善，但还有一部分大学生生活依然艰辛。学费、生活费常常使他们捉襟见肘，但也无能为力，这使他们感到生活的窘迫和对家人的愧疚。

（3）学习的压力　大学是高中生向往、追求的目标，但进入大学后，学习任务、学习目标、学习内容和学习形式与高中都有很大的不同，学生以主动学习为主，老师的作用被弱化。有一部分学生，除了学习专业课，还要忙于各种考证培训，导致压力过大。另外一部分学生进入大学后如释重负，认为自己该好好享受美好的大学时光，少了学习的劲头，却又担心考试不及格而深感焦虑、沮丧。

（4）交往的压力　大哲学家亚里士多德曾说："能独立生活的人，不是野兽，就是上帝。"即人总是需要友情，需要交往。由于多方面的原因，大学新生中有不少不善于和人交往，他们人际交往的心理压力很大。

（5）恋爱与性的压力　爱情始终是人类永恒而常青的主题，也始终是大学生问题的敏感点和多发点，在出现心理危机的学生群体中，情感危机引发的心理问题占相当比例。大学校园爱情不确定性因素还太多，大学生的爱情价值观还不成熟，他们恋爱时往往很冲动，盲目恋爱、从众恋爱现象比比皆是。他们把爱情想象得很美好，一旦遇到问题，往往难以承受。有的同学失恋后长时间沉浸在痛苦中，无法自拔，荒废了学业，甚至引发抑郁症等严重心理问题。

（6）择业与就业的压力　随着高校的扩招与毕业分配制度的变革，大学生就业形势日趋紧张，人才市场和企业对大学生的培养规格和要求越来越高，这迫使大学生不得不一入学就开始考虑未来的就业。大学能带来什么？未来的路在何方？这是当今大学生不得不去思考的现实问题，也给他们带来了很大的心理压力。

3. 对压力的反应

当人们面临压力时会产生一系列生理上和心理上的反应，这些反应在一定程度上是机体主动适应环境变化的需要，它能唤起和发挥机体的潜能，增强抵御和抗病能力。但是如果反应过于强烈或持久，就可能导致生理、心理功能紊乱。压力下的反应主要有：

（1）生理反应　一般情况下，生理上的紧张表现较为直观，很容易让人感觉到。在压力状态下，有机体表现为中枢神经、内分泌系统和免疫系统三方面的变化，如心率加快、血压升高、呼吸急促、各种激素分泌增加等。这些生理反应在短期内调动了机体的潜在能量，提高了人们对外界刺激的感受和适应性，但过度的压力会使人肌肉高度紧张、头痛、口干、腹泻和呕吐等。

（2）心理反应　压力引起的心理反应有警觉、注意力集中、思维敏捷、精神振奋等，这是适度的反应，有助于个体应付环境。但过度的心理反应如焦急、忧愁、恐惧、抑郁、悲观、愤怒等，会使人自信心降低，注意力分散，记忆力下降，表现出消极被动，无所适从。

（3）行为反应　主要指行为上的紊乱。当大学生面临压力时会产生各种行为的变化，这些变化决定于压力的程度以及个体所处的环境。一般而言，轻度的压力会触发或增强一些正向的、直接的行为反应，如通过寻求他人支持、学习处理压力的技巧来消除刺激源。但压力要是过大过久，就会引发不良适应的行为反应，如讲话结巴、动作刻板、过度进食、攻击行为、失眠等。

二、感知挫折

1. 挫折的来源

（1）外在的客观因素　主要是指由外界事物或客观情况阻碍个体达到目标而产生的挫

折，主要包括以下几方面的因素：① 家庭因素。不同的家庭对子女的教育理念、教育方式、价值观念、成员关系及经济状况等的差别是很大的，这些因素都在不同程度上影响着子女的心理。如贫困家庭中成长的孩子更容易产生自卑、意志消沉或心态失衡的心理特征。② 学校因素。研究表明，大学生从高考到入校后的初期，普遍存在挫折感，理想与现实之间的反差，使不少学生的心理难以平衡，产生心灵的孤独感与强烈的不适应感，导致挫折的出现。③ 社会因素。大学时期是个体自我统一性建立的关键期，面临着传统观念的变革、价值体系坐标的重新选择、新的生活方式的适应等一系列问题。在解决这些问题的过程中不可避免地伴随着挫折的产生。此外，贫富差距的拉大、天灾人祸等问题也是引发学生产生挫折心理的重要因素。

（2）内在的主观因素　主要指由于自身条件的限制阻碍了目标的实现，主要包括：① 生理因素。大学生因生理素质、体力、外貌、健康以及某些生理缺陷等方面所带来的缺陷，从而产生挫折感。如一般情况下，身体健康的学生与体弱多病的学生相比，前者的挫折承受力要更强一些。② 生活经验与阅历。在重大的挫折面前，生活经历丰富的人能够参照过去的知识和经验采取有效的方法解决问题，其挫折承受力就高些。而从小一帆风顺的人因为没有机会积累应对挫折的经验，一旦遭遇挫折，往往手足无措，反应消极，缺乏应变能力。③ 社会支持。社会支持是指同学、朋友、同伴和家庭成员在精神上和物质上对个体的支持和帮助。④ 认知因素。面对挫折情境，认知的主要功能在于对挫折事件进行评价，这种评价直接影响着个体的情绪和行为，决定着人们对挫折事件的反应。⑤ 人格因素。一般来说，个性特征有缺陷的人倾向于对生活事件作消极悲观的评价，挫折阈限较低，容易产生挫折心理。如性格孤僻、过于内向、比较悲观的大学生，在人际交往中过于敏感，常常将他人无意的眼神、动作误解为对自己的排斥和鄙视，进而产生退缩、抑郁、自卑等不良情绪。

压力产生的不同因素

2. 成长中常见的挫折

（1）新生适应产生的挫折　大学新生往往会感到学校生活环境和学习环境不那么令人满意，人际关系相处不那么融洽等，这些情况都会导致挫折感产生。

（2）学习挫折　学习活动是大学生的主要活动。大学和中学阶段的学习存在很大的差异，老师管理得少了，教学方法、教学内容都发生了很大的变化，这就要求学生有较强的自主性和独立性，必须懂得时间管理，适应老师的教学方法，主动提高自己的学习能力，否则，学生很容易出现学习困难或失败，产生挫败感。

（3）交往挫折　人际交往对大学生而言是仅次于学业发展的一项重要的社会需要。大学生都希望获得良好的人际关系，从而维系个人发展与社会需要之间的纽带。但是，由于性格或者成长经验的影响，在人际交往中，往往难以达到理想效果。人际交往挫折在大学生中所占比重较大。

（4）恋爱挫折　爱情对大学生而言是非常正常的需求，但是，由于现实因素的限制，很多大学生往往难以得到爱神的垂青，如单相思、失恋等。

（5）择业挫折　对即将毕业的大学生来说，择业更是一种现实的挫折。根据调查，无论是就业岗位、地点、薪酬福利等，大学生的期望一般高于社会提供的范围。所以，在整个就业过程中，大学生都会感到失望、焦虑。

3. 大学生对挫折的反应

大学生遇到挫折后，无论挫折情景是由客观因素还是主观因素造成的，都会对他们的生理、心理与行为产生一些影响。因此，了解受挫后的心理反应，弄清这些反应的实质，是加强大学生心理健康的关键。

（1）生理反应　个体遭受挫折后，机体内部的自我调节机制将会最大限度地调动机体的潜在能量，以有效地应付外界环境的变化。比如，受挫后交感神经系统的兴奋性会增强，消耗大量的能量，于是神经末梢释放生物信息，刺激心肌收缩力增强，以促进血液循环，血压升高；体内潜能大量消耗的同时，机体内部那些与情绪反应无直接联系的器官或系统则得不到必要的能量而不能维持正常功能，如消化道蠕动减慢、胃肠液分泌减少等。如果长期处于挫折情境而不得到消解，上述生理变化将会进一步增强，从而引起身心病变，出现皮肤和面色苍白、四肢发冷、气急、心悸、腹胀等一系列症状。

（2）心理反应　挫折情境中的心理反应包括情绪反应，多为消极性反应，以及较为复杂的防御性心理反应。

1）焦虑。通常情况下，我们不知道挫折产生的原因是什么，或者无法应对挫折，这时我们往往会产生焦虑的情绪反应。

2）愤怒和敌意。如果受挫者意识到挫折情境来自人而不是自然因素，会产生愤怒和敌意的情绪体验。所谓"怒从心头起，恶向胆边生"，愤怒之后可能还会有进一步的极端行为反应。

3）冷漠。当人遇到挫折以后，表现出的对挫折情景无动于衷、漠不关心的态度，好像没有什么情绪反应，这就是受挫后的冷漠反应。冷漠常常是绝望的表现。

4）固执。固执是指当人受到挫折后，不分析失败的原因，不总结经验教训，而是采取刻板的方式盲目重复一些无效的行为。

5）压抑。当我们无法对挫折情境表达我们的愤怒与不满时，需要暂时将消极情绪压抑起来。压抑并不意味着问题的解决，按照精神分析理论，被压抑的情绪进入潜意识，会通过其他途径变相表露出来。

6）逃避。逃避是指个人在遇到挫折或感到可能面临挫折时，采取回避、逃避的行为躲开挫折现实的一种挫折反应方式。逃避可以降低因挫折产生的紧张感，但长期下去将会降低大学生的适应能力和自信心。

7）升华。以积极的心态看待挫折，将挫折转化为一种激励的力量。所谓"屡战屡败，屡败屡战""愈挫愈勇"就是这种在挫折面前自我激励的情绪状态。

（3）行为反应　人在挫折情境下除了有情绪反应之外，还可能伴随着某种行为反应。

1）报复与攻击。个体遭受挫折后，常常引起愤怒的情绪。为了将愤怒的情绪发泄出去，或许要对构成挫折的人或物进行报复和攻击。

2）习得性无助。习得性无助是指个人在面对挫折情境时，经多次尝试也无法避免失败的经验，使得个体在挫折面前完全失去任何意志努力的现象。这是心理学家进行动物实验时发现的现象。在现实生活中，由于人们遭受多次挫折和打击，却不能克服苦难、战胜挫折，久而久之就会沮丧，从而倾向于放弃意志努力，听从命运摆布。

3）退行。退行是指个体在遇到挫折时，心理活动和反应退回到个体早期发展水平，以幼稚的、不成熟的方式应对当前情境。例如，大学生的活动计划如果受到家长或者老师的反对，可能会采取赌气、暴食、咒骂、疯狂购物、砸物甚至出走等非积极、非成熟的方式去应对。

4）补偿。补偿是指因某方面的缺陷而无法达到期望的目标时，以其他方面的成功来弥补先前的遗憾与自卑的现象。例如，大学生因为家庭经济条件或者自身的相貌条件在恋爱问题上受挫，那么他就可以发奋学习，以学习的成功增加自己的自信心。

5）宣泄。宣泄是指采用道德法律许可的方式发泄心中的不满、愤怒等极端情绪，从而避免发生直接人际冲突和心理郁积的一种情绪处理方式。常见的宣泄方式有在空旷地带大吼大叫、摔打物品、击打出气袋、跳舞、唱歌等。

6）坚定目标，继续努力。遭遇到挫折后，没有灰心丧气，而是在冷静分析挫折产生的原因，克服困难，继续朝着既定的目标努力，直至目标实现。

7）调整目标，改变行为。当既定的目标一再努力都不能实现时，就要停下来思考，目标是不是定得太高、不适合自己，如果是，则须重新审定，调整改变，增强前进的信心与勇气。

8）寻求支持与帮助。在挫折的打击下，感觉到自身力量有限，从而转向寻求他人与社会的帮助与支持，以此来减轻挫折感。

快乐向前冲

心理压力自测量表

下面有20道测试题，每题有"是""否"两种答案。选"是"，加1分，选"否"不加分。测试完毕后，将所有分数相加得到总分。

1. 站立时有头晕的感觉。
2. 有口腔溃疡的现象，并且舌苔出现异常现象，如颜色加重、舌苔增厚等。
3. 有耳鸣现象出现。
4. 经常感到喉咙或咽喉疼痛，嗓子干湿不适。
5. 食欲下降，即使很饿或者面对喜欢吃的东西，也提不起胃口，并且进食后有难以消化的感觉。
6. 经常便秘或腹泻，并感觉腹胀、腹痛。
7. 肩膀、脊椎僵硬，并伴有酸痛感觉。
8. 常患伤风感冒等小毛病，并不易痊愈。
9. 感觉眼睛肿胀，干涩、容易疲劳。
10. 经常出现手脚冰凉的现象。
11. 有心慌、心悸等感觉出现。
12. 常感觉胸闷气短、胸痛、呼吸困难、甚至有窒息感。
13. 常有头晕、眼花症状出现，并感觉头部沉重或大脑不清醒。

14. 体重下降。
15. 清晨起床困难，常有不愿起床的倦怠感。
16. 经常感觉疲劳，注意力下降，精神不集中。
17. 情绪烦躁、暴躁、易怒。
18. 不愿与人交流，甚至有厌倦感。
19. 出现鼻塞症状。
20. 睡眠质量不好，容易做梦，甚至做噩梦；醒来之后不易入睡。

结果分析：将得到的分数相加，低于 5 分者，说明你承受的压力很小；6~10 分者，属于正常情况，说明压力在你的承受范围之内，没什么大碍；11~15 分者，说明你的压力较大，已经给你的身体造成不适感，要及时进行防范和调整；16~20 分者，说明你的压力太大了，已经处于严重的紧张状态之中，并对身体造成严重的危害，威胁到了健康，建议及时就医。

自测后提醒：此问卷仅作为了解自己的参考，如有疑问，请咨询专业人员。

心理一点通

苦难是人生的老师，通过苦难，走向欢乐。

——贝多芬

人生布满了荆棘，我们想的唯一办法是从那些荆棘上迅速跨过。

——伏尔泰

要想不经过艰难曲折，不付出极大努力，总是一帆风顺，容易得到成功，这种想法只是幻想。

——毛泽东

越读越开心

逆商 AQ

大量资料显示，在充满逆境的当今世界，事业的成败、人生的成就，不仅取决于人的智商、情商，也在一定程度上取决于人的逆商 AQ。

逆商 AQ 来自英文 Adversity Quotient 全称逆境商数，一般被译为挫折商或逆境商，它是指人们面对逆境时的反应方式，即面对挫折、摆脱困境和超越困难的能力。AQ 不只是衡量一个人超越工作挫折的能力，它还是衡量一个人超越任何挫折的能力。同样的打击，AQ 高的人产生的挫折感低，而 AQ 低的人就会产生强烈的挫折感。

在挫折商的测验中，一般考察以下四个关键因素——控制（Control）、起因和责任归属（Origin & Ownership）、影响范围（Reach）和忍耐（Endurance），简称为 CORE。

①控制。指自己对逆境有多大的控制能力，面对逆境或挫折时，控制感弱的人只会逆来顺受，信天由命，而控制感强的人则会凭借一己之力能动地改变所处环境，相信人定胜天。

②起因和责任归属。造成我们陷入逆境的起因大致可以分成两类。第一类属内因：因

为自己的疏忽、无能、未尽全力，抑或宿命论，往往表现为过度自责、意志消沉、自怨自艾、自暴自弃；第二类属外因：合作伙伴配合不利、时机尚未成熟，或者外界不可抗力。因内因陷入逆境的人会说：都是我的错、我注定要失败。因外因陷入逆境的人会说：都是因为时机不成熟，事前怎么就没想到会发生这样的情况呢？高逆商者，往往能够清楚地认识到使自己陷入逆境的起因，并甘愿承担一切责任，能够及时地采取有效行动，痛定思痛，在跌倒处再次爬起。

③影响范围。指对问题影响工作生活其他方面的评估，高逆商者往往能够将在某一范围内陷入逆境所带来的负面影响仅限于这一范围，并能够将其负面影响程度降至最小。身陷学习中的逆境，就仅限于此，而不会影响自己的工作和家庭生活；与家人吵架，就仅限于此，而不会因此失去家庭；对事争执，就仅限于此，而不致对人也有看法。越能够把握逆境的影响范围，就越可以把挫折视为特定事件，越觉得自己有能力处理，不致惊惶失措。

④忍耐。指认识到问题的持久性以及它对个人的影响会持续多久。持续时间指逆境将持续多久，造成逆境的起因因素将持续多久。逆商低的人，往往会认为逆境将长时间持续，事实便会如他们所想。

第三节　直面压力与挫折

生活中压力与挫折是客观存在的，因此，大学生要学会正确认识和对待压力与挫折，掌握应对的技巧与方法，培养和提高抗压力和挫折承受力。

案例一　高考理科状元

2019年6月24日，常书杰以712分获得湖北省高考理科第一名，再一次证明了自己。他曾在2015年以690分的成绩获得钟祥市理科第一名，位居荆门市第2名、湖北省第8名，考入北京大学。因为沉迷游戏，导致多门功课不及格，大三时被北京大学劝退。此后回钟祥一中复读，再战高考。

案例二　失去了家里的顶梁柱

刘某，某高校大二男生，家境贫困，母亲体弱多病，有一妹妹，父亲工作在外突遭车祸身亡，肇事者逃逸，刘同学突然没有了经济来源，家里也陷入了困境。他该怎么办？经过短暂的迷惑和消沉，他知道自己必须要面对现实，要比以前更加认真学习，同时利用业余时间多做兼职，这样不仅能解决自己的生活费用，还能够给家里寄去一些钱贴补家用。

> **解读**
>
> 当我们面对生活中出现的压力与挫折时，该怎么选择？是躲避？是怨天尤人？还是勇敢面对？案例中的两位同学已经给出了答案。

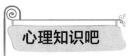

心理知识吧

一、直面压力

1. 树立正确的压力观

大学生活中，要学习、要择业、要交往，伴随而来的压力也是在所难免的。压力一方面会带给人们焦虑、烦恼、困惑，另一方面它又是人们前进的驱动力。因此，在压力面前，我们不仅要看到主要矛盾和矛盾的主要方面，而且要兼顾次要矛盾和矛盾的次要方面；同时要对自己有一个正确的认识，分清自己的优势和劣势，找准适合自己的方法和途径，全面发展，提高自己的抗压力。

2. 调整认知

面对压力事件，可以通过认知上的调整来缓和紧张的情绪，具体包括以下几方面：

（1）积极再评价　积极再评价又称为认知重组，就是在负面事件中看到积极的一面，把压力看成动力，所谓"退一步海阔天空""吃一堑长一智"等都是通过认知上的积极再评价来调整情绪。

（2）理性认知　美国心理学家艾利斯认为，通过理性分析和逻辑思辨的途径，改变人们的非理性观念，可以帮助解决情绪和行为上的问题。艾利斯分析出了许多不合理的信息，认为人们之所以容易烦恼，是他们往往将"想要""希望"等想法变成"一定要"或"应该"这样绝对的想法，而且艾利斯指出，每个人都或多或少地存在一些非理性想法。

3. 构建社会支持系统

当一个人独自面对压力时，其应激反应的消极作用远远大于社会支持系统的效果。社会支持包括自己的亲人、朋友、同学、老师等，它是应对压力的缓冲剂。一方面，社会支持者会提供给受挫者信息，从而影响个人对压力事件的评估或改变他对应对策略的使用；另一方面，社会支持提供的情感支持可以增强个人对自己能力的认识，促使个体采用积极的方式解决问题。

4. 觉察和调整自己的生理状态

生理状态是压力最直接的指标。要想有效地管理压力，首先要有压力意识，要能觉察压力的信号。人在应激状态下，本能会驱动机体的防御机制，这是自发发生的。有效的压力管理，需要建立一个对付压力——尤其是那些慢性压力的预警机制。因此，要求做到以下几点：

1）要有意识地觉察自身的紧张、焦虑等情绪状态。当你处于应激状态时，自己的生理和情绪上会有什么样的不适反应？记录自己的这些压力反应和指标，以后出现同样状况时，让你保持必要的警惕。

2）要学会控制自己的不良生理指标。当你的压力知觉性提高时，你也需要提高生理指标控制力，如心跳、呼吸、血压等。

5. 进行有效的时间管理

日常学习、生活和工作中的许多压力,都来源于事情和任务本身。这样,我们可以从以下几方面来进行有效安排与管理。

1) 将任务和事情按照轻重缓急排序。每天列出任务清单,重要的事情先安排,时间可以多点,次要的事情后安排,时间可以少点,避免了含混不清引发的焦虑。

2) 制订计划,克服拖沓的陋习。计划是克服压力的有效武器。遵照自己的实际情况,制订切实可行的计划,增强自控力和执行力,付诸行动。

3) 合理安排时间。要注意休息和合理用脑,要把重要的事情安排在大脑最清醒和精力最充沛的时候完成,达到事半功倍的效果。生物节律处于低潮期时,要变换大脑活动的方式,轮流学习不同的内容,使大脑的各个区域交替活动、劳逸结合,这样可以提高工作效率。

6. 学习积极的减压方式

面对压力,要采用积极的、富有建设性的减压方式,下面介绍几种常见的减压方式:

1) 直面压力,解决问题。直接面对压力,而不是逃避、压抑或迁怒于无关的人或事;理性地评价、选择解决问题的方案;解决问题的策略要与现实相符,其出发点是对问题的真实估计,而不是自我欺骗或自暴自弃。

2) 坚持适当和必要的体育锻炼。尤其是你感到有压力的时候,你需要做的不是坐在那里发愁或者抱怨,而是应该走出去,多活动活动。通过锻炼,可以改善你的某些生理系统及其功能,有效减轻你的心理负累。

3) 管理自己的情绪和行为。学会认识和抑制毁灭性的或潜在危害性的各种负面情绪,即学会情绪管理;学会控制自己具有危害性的习惯性行为;努力保证自己的身体不遭受酒精、药物的伤害,加强锻炼,保证睡眠。

4) 广泛阅读,吸取正能量。当你面对压力感到不知所措时,可以从榜样身上寻找力量。杰出人物毫无疑问都经历了很多挫折与压力,那么他们是怎么做的?去看看人物传记吧。

5) 学会自我放松。面对压力时最常见的表现是心理和肌肉的紧张。因此,要学会自我放松,让自己的身体和心理由紧张转向松弛,从而逐渐消除紧张。常见的方法有游泳、散步、听音乐等。另外,还可以学习一些自我放松的应对压力技术,如深度呼吸训练、肌肉放松训练、静坐训练等。

二、笑对挫折

挫折的发生不可避免。但是这并不意味着我们面对挫折无能为力。相反,能否正确看待挫折,并有意识地培养、锻炼自己的挫折容忍力,关系着大学生今后的人生幸福和事业成败。因此,采取积极态度应对挫折是必要的。

1. 正确认识挫折

正确认识挫折,树立正确的挫折观,是大学生战胜挫折的先导和前提。孟子很久以前就告诫我们,要成就一番事业,"必先苦其心志,劳其筋骨,饿其体肤,空乏其身,行拂乱其所为,所以动心忍性,增益其所不能。"挫折本身并不可怕,可怕的是经受挫折之后一蹶不振。因此大学生要做好在挫折中磨炼自己勇气和决心的准备,树立战胜挫折的信心。

2. 改变不合理认知

心理学研究表明，引起个体强烈挫折的与其说是挫折、冲突，不如说是受挫折者对挫折事件的看法及采取的态度。美国心理学家艾利斯归纳出了11种不合理的认知，主要体现在三方面：

（1）绝对化要求　以自己的意愿为出发点，认为某一事物必须该发生或不该发生，通常与"必须""应该"这类字眼连在一起。如"我必须获得成功""别人必须很好地对待我""生活应该是很容易的"等。怀有这样信念的人极易陷入情绪困扰中，因为客观事物的发生、发展都有其规律，是不以人的意志为转移的。

（2）过分概括化　这是一种以偏概全、以一概十的不合理思维方式的表现。一方面是人们对其自身的不合理的评价，如一遇挫折便认为自己"没用""一无是处""一文不值"等。以自己做的一两件事情来评价自己整个人、评价自己作为人的价值，其结果常常会导致自卑、自责、自罪、自弃，导致焦虑和抑郁情绪的产生。另一方面是对他人的不合理评价，即别人稍有差错就认为他很坏、一无是处等，这会导致一味地责备他人，以致产生敌意和愤怒等情绪。

（3）糟糕至极　认为某件事情发生了，必定会非常可怕、非常糟糕，甚至是一场灾难。这种想法导致个体陷入耻辱、自责、焦虑、悲观、抑郁的不良情绪中而难以自拔。糟糕就是不好、坏事了的意思。当一个人讲什么事情都糟透了、糟极了的时候，对他来说往往意味着碰到的是最坏的事情，是一种灭顶之灾。

3. 对挫折进行准确的归因

心理学家研究表明，如果一个人倾向于把失败归因于主观因素，这将会使人感到内疚和无助；把失败归因于客观因素，就会使人产生气愤与敌意。因此，大学生在受挫后，应当冷静、客观地分析自己失败的原因，找准造成挫折的真实原因，对挫折作客观、准确、符合实际的归因，从而有效战胜挫折。

4. 合理运用心理防御机制

心理防御机制是指个体处在挫折与冲突的紧张情绪时，在其内部心理活动中具有自觉或不自觉地解脱烦恼、减轻挫折感，以恢复情绪平衡与稳定的一种适应性倾向。心理防御机制在现实生活中是一种相当普遍的心理现象。一般认为，心理防御机制的运用有两方面作用。一方面是积极的作用，即暂时解除痛苦和不安，免于情绪崩溃和破坏性行为造成的伤害，如否认、回避和合理化；有些防御机制可激发个人潜能上的发展，如正向使用的补偿作用、认同作用和升华作用。但是，另一方面它也有消极的作用，因为现实存在的问题并没有真正解决，如果使用过度，会起到一种逃避现实的消极作用，如合理化、否定、反向、幻想等。因此，在现实生活中，我们要学会合理运用心理防御机制。

5. 建立社会支持系统，主动寻求帮助

社会支持系统范围很宽泛，包括家人、朋友、同事、同学、公益性组织和专业性咨询机构等。在遭遇挫折和烦闷时，你可以从他们那里获得物质帮助、行为支持、情感互动、信息反馈等，这些支持和帮助将有效减轻你的挫折感，社会支持系统是你克服困境、战胜挫折的有效方法。

心理游戏一　　成长三部曲

1. 活动目标

1）活跃课堂气氛，培养学员遵守规则的好习惯。

2）加强学员参与的积极性。

2. 游戏操作

1）全体学员蹲下视为鸡蛋，然后两人一组开始猜"包剪锤"胜方可晋级成为小鸡，直至变成人类，负方要退化为前一级，再找同级同伴猜。

2）进化可分为四级：a 鸡蛋、b 小鸡、c 凤凰、d 人类。

3. 活动要求

1）人数：20 人以上。

2）时间：15 ~ 20 分钟。

3）注意事项：导师最好示范四级进化；努力使学员遵守规则。

4. 讨论问题示范及相关技巧

1）你是积极寻找对手还是在等待对手找你？

2）如何尽快变成人类？有哪些办法？

心理游戏二　　心理压力与应对策略的自我分析表

请根据自己的情况，填写表 5-1。

要求：列出 3~5 项事件（最多 10 项），列出事件名称、强度等级（从弱到强分为 1~10 级）

表 5-1　心理压力与应对策略的自我分析表

项目 事件	入学以来，遇到的主要压力	压力强度（最低1~最高10）	持续时间/天	目前强度	之前主要应对方式	总体效果				应对策略调整方案
						无效	不太有效	有些效果	有效	
1										
2										
3										
4										
5										
6										
7										
8										
9										
10										

心理一点通

即使跌倒一百次,也要一百零一次地站起来。

——张海迪

不因幸运而故步自封,不因厄运而一蹶不振。真正的强者,善于从顺境中找到阴影,从逆境中找到光亮,时时校准自己前进的目标。

——易卜生

千磨万击还坚韧,任尔东西南北风。

——郑板桥

越读越开心

面对逆境和压力,你是胡萝卜、鸡蛋还是咖啡豆?

一个女儿对父亲抱怨她的生活,抱怨事事都那么艰难。她不知该如何应付生活,想要自暴自弃了。她已厌倦抗争和奋斗,好像一个问题刚解决,新的问题就又出现了。

她的父亲是位厨师,他把她带进厨房。他先往三个锅里倒入一些水,然后把它们放在旺火上烧。不久锅里的水烧开了。他往第一个锅里放些胡萝卜,第二个锅里放只鸡蛋,最后一个锅里放入碾成粉末状的咖啡豆。他将它们浸入开水中煮,一句话也没有说。

女儿咂咂嘴,不耐烦地等待着,纳闷父亲在做什么。大约20分钟后,父亲把火关了,把胡萝卜捞出来放入一个碗内,把鸡蛋捞出来放入另一个碗内,然后又把咖啡舀到一个杯子里。做完这些后,他才转过身问女儿:"亲爱的,你看见什么了?""胡萝卜、鸡蛋、咖啡",她回答。

父亲让她靠近些并让她用手摸摸胡萝卜。她摸了摸,注意到它们变软了。父亲又让女儿拿一只鸡蛋并打破它。将壳剥掉后,她看到的是只煮熟的鸡蛋。最后,他让她喝了咖啡。品尝到香浓的咖啡,女儿笑了。她怯生生地问道:"父亲,这意味着什么?"

他解释说,这三样东西面临同样的逆境——煮沸的开水,但其反应各不相同。胡萝卜入锅之前是强壮的、结实的,毫不示弱,但进入开水之后,它变软了,变弱了。鸡蛋原来是易碎的,它薄薄的外壳保护着它呈液体的内脏。但是经开水一煮,它的内脏变硬了。而粉末状的咖啡豆则很独特,进入沸水之后,它们倒改变了水。"哪个是你呢?"他问女儿。"当逆境找上门来时,你该如何反应?你是胡萝卜,是鸡蛋,还是咖啡豆?"

你呢,我的朋友,你是看似强硬,但遭遇痛苦和逆境后畏缩了,变软弱了,失去了力量的胡萝卜吗?你是内心原本可塑的鸡蛋吗?你先是个性情不定的人,但经过死亡、分手、离婚或失业,是不是变得坚强了?或者你像咖啡豆吗?豆子改变了给它带来痛苦的开水,并在它达到212度的高温时让它散发出最佳的香味。水最烫时,它的味道更好了。如果你是咖啡豆,你会在情况最糟糕时,变得有出息,并使周围的情况变好。

延伸阅读

1.《假如给我三天光明》，海伦·凯勒著

导读：《假如给我三天光明》是海伦·凯勒的自传，讲述了自己勇敢奋斗的历程。她在19个月大时被一场突如其来的疾病夺去了视觉和听觉，变成聋盲人。后来在家教老师——安妮·莎莉文老师的帮助下，凭借自己顽强的意志，最终顺利从哈佛大学毕业，成为20世纪美国著名的盲聋哑女作家和教育家。在书中，海伦·凯勒完整地描述了自己富有传奇色彩的一生，以一个身残志坚的柔弱女子的视角，去告诫身体健全的人们应珍惜生命，珍惜造物主赐予的一切。

2. 电影《垫底辣妹》，土井裕泰执导

长相甜美的高中女孩工藤沙耶加在家不受父亲待见，父亲一心要把弟弟培养成棒球手，而疏于对女儿们的呵护。沙耶加所在的高中有内部升学的制度，因此她终日和小姐妹们吃喝玩乐，学习掉到了全年级倒数第一也毫不在意。温柔勤劳的工藤妈妈经常被校方找去说教，她为女儿的未来焦虑万分，因此将沙耶加送到了坪田义孝所开办的补习班。经过水平测试，沙耶加实际只有小学四年级的水平，不过开朗自信的坪田不以为意，他以特有的方式突破女孩的心理防线，两人很快成为好朋友。在坪田的帮助下，沙耶加对学习的态度逐渐浓厚，后来更立下了考取庆应大学的宏愿，最后终于实现了自己的理想。

3.《我和世界不一样》，尼克·武伊契奇执导

导视：这是一部由尼克·武伊契奇自导自演的电影。尼克生于澳大利亚，天生没有四肢，医学不能解释他残障的原因，但不可思议的是，骑马、打鼓、游泳、足球，尼克样样皆能，在他看来是没有难成的事。他拥有两个大学学位，是企业总监，更于2005年获得"杰出澳洲青年奖"。为人乐观幽默、坚毅不屈，热爱鼓励身边的人。年仅25岁，他已踏遍世界各地，接触逾百万人，激励和启发他们的人生。究竟是什么动力让尼克在困境中仍看见希望、热爱生命、绽放人生的光辉？尼克以生命的见证，向年轻人、儿童、家长及专业人士分享如何战胜逆境，持守永不放弃的生命态度，实现梦想，做个有影响力的成功者！

第六章 享受生命的春光

> 当今社会,不少大学生因失恋、学业无成、家庭贫困、突然变故等因素而引发心理危机,在遭遇此类危机之后有的大学生可能做出伤害自己或他人生命的举动,给自己、他人或社会带来了极其不良的影响。生命是宝贵的,我们要学会珍惜生命、享受生命,因此,对大学生进行生命意义教育是必要的。与此同时,让大学生了解什么是心理危机、自身可能会遇到哪些心理危机以及如何应对生命中的心理危机,能够让他们更好地走出生命中的磨难,让生命更加灿烂。

第一节 追问生命

我们活着,经常会面临两个问题:"我们为什么而活?""我们怎么活?"从古至今,人们都在思考着这两个问题,也给予了不同的诠释。胡适曾经说过:"生命本身没有什么意义,你要能给它什么意义,它就有什么意义。"作为大学生,当我们在学校里无聊空虚,沉溺于感官刺激的满足和网络游戏时,我们就无法体验到生命的热情;当我们有着目标,充满责任和感恩时,我们就能感受到生命的意义和价值。人生是一次不可逆转的旅行,我们需要认真地生活、认真地工作和认真地爱,真正实现人生的意义。

青春那些事

案例一 放大人生的美好

在我国台湾出生的黄美廉,自幼因患重度脑性麻痹导致五官扭曲,四肢不停地抽动,说话困难,生活中一些看来十分平凡简单的事,如走路、刷牙、洗脸、穿鞋子等,对她来说却要花很长的时间练习,要靠着强大的意志和集中力才能做到。因为她的样子,很多孩子笑她,说她是怪物。但她有勇气和信心去面对、克服困难。她学会接纳自己,学习过独立的生活;她还不断地充实自我,亲自用画笔创造了一幅属于她自己的美丽的生命图画。

凭着对色彩和感觉的特殊敏感,加上勤奋学习,黄美廉在 1992 年获得艺术专科博士学位,曾在我国台湾、美国及东南亚举行过多次画展,成立了"美廉画室"。有一次,她应邀到一个场合演"写",会后一个学生当众小声地问:"你从小就长成这个样子,请问你怎么看你自己?你都没有怨恨吗?"这个无心但尖锐的问题让在场人士无不捏一把冷汗,生怕会刺伤了她的心。没想到黄美廉却微笑着回答道:"一、我好可爱!二、我的腿很长很美!三、爸爸妈妈这么爱我!四、上帝这么爱我!五、我会画画!我会写稿!六、还有……总之我只看我所有的,不看我所没有的。"

案例二　我喜欢这样过日子

小陈,是某专科学校大二学生,室友反映他长期不上课,成天在寝室睡觉或外出打游戏,经常面无表情,且与同学基本没有交谈。室友担心他出问题,伤害到其他人,就给老师汇报了这个情况,老师强行把他带到了学校的心理咨询室,希望通过咨询能让他有所转变。可小陈极其不乐意,他到咨询室后的第一句话是"我最讨厌别人把我当病人看待",给人的第一印象是比较颓废的状态。不过,在咨询室里他还是有问必答。通过交谈,心理咨询老师了解到他中学曾经患过强迫症,非常痛苦,他说目前喜欢这样过,这种生活没什么不妥的,至少不像以前患强迫症时那么难受。问及他这样生活,父母有什么感受,他表情不自然了一下,随即又说父母已经习惯了。追问到毕业以后怎么办,他说还是要找份工作养活自己的。本来心理咨询老师想在交流过程中,让他慢慢作出改变这种消极生活模式的决定,可他自始至终都不承认目前的生活模式有问题,而且也拒绝承认目前有任何心理上的痛苦。鉴于小陈阻抗严重,心理咨询老师没有再与他作过多交流,最后告诉他以后如果有什么需要帮助,可以再来。

解读

每个人对待生命的态度是不一样的,有的人无论经历什么磨难,最终都能积极乐观对待,赋予生命顽强的意义,有的人遭遇一次挫折,就从此阴郁消极,让生命黯淡无光。无论我们经历过什么,都应该去感受生命本身的美好。

心理知识吧

一、生命的存在是生命的意义的前提

不少大学生经常问自己:"我为什么活着,我活着的意义有哪些?"国学大师季羡林提到,对一个人来说,其实人生没什么特殊的意义,社会就像一条拉链,我们每个人只是充当拉链上的一环。的确,人只要活着,能吃、能睡、能劳动,就自有他存在的意义,即使一个生活不能自理的残疾人,他的存在对于他的亲人来说都是希望。人首先需要活着,才能给生命赋予意义。

哲学上讲,生命是一种偶然和必然,生是偶然,死是必然。意大利科学家伽利略曾说:"人类只有三件事,这就是诞生、存在、死亡。"因此,对于个人来讲,生命只有一次,而且无论身份如何,生命的消逝是不可避免的。正因为人的生命不可逆且短暂,才有那么多的人珍惜生命,在有限的生命时间里,不断谱写出生命的新篇章。

二、活在当下，感受生命的意义

1. 生命是平凡的

生命中大部分时光是平淡的，平凡的人居多，伟大领袖、商界巨头、名流学者等是少数，因此，生命是平凡的，在平凡中闪现着它的伟大。某电视台曾报道了一位90多岁的老太太对自己70多岁生病的儿子不离不弃，不顾自己年迈体衰，每天给儿子洗脸穿衣做饭。邻居们很是感动，经常到老太太家提供一些帮助。活在当下，认真做好当下的点点滴滴，珍惜生命中所拥有的一切，就会发现自己是快乐和幸福的。

2. 生命需要不断挑战自我

虽说生命是平凡的，但人的生命是有精神内涵的，吃饭是为了活着，但活着不仅仅是为了吃饭，每个人活着都有自己的梦想，这些梦想就是生命源源不断的动力。有的人想挣得巨额财富，有的人想周游世界，有的人想位居高官，有的人想让父母晚年过上舒适的生活等，每个人的梦想不一样，但每个人在朝梦想奋进的过程中，需要克服各种困难，吃尽各种苦头，都在不断挑战自我。人们正是在不断挑战自我中，发挥了潜力，提升了能力，生命才熠熠生辉。由此，生命需要不断挑战自我，人们才能感受到活着的意义，才能实现自我价值。

3. 生命需要承担责任

每个人的生命都是父母给予的，一旦来到这个世上，我们的生命就不仅仅属于自己，而且还属于家庭、社会等，因此，我们需要承担各种责任。首先，我们需要对自己的生命负责，要热爱生活，珍惜生命，练就一副强健的体魄，修养心性，让自己的心灵变得强大，在困苦面前勇往直前。其次，我们要自主选择自己的人生，敢于追求梦想，确定目标，并通过努力达成自己的愿望。再次，我们需要对家庭负责。我们的生命是从父母那里承继下来的，我们的成长也离不开父母的呵护和关爱，我们需要回报父母，对父母负责的最好方式就是认真学习，凝练品格，提升能力，节俭开支，为毕业后能创造更多的价值奠定基础，并在学校学习一些如何择偶、经营婚姻家庭等方面的知识，为自己毕业后成功组建家庭、承担家庭角色做好准备。最后，我们需要对社会负责。我们属于社会的一分子，每个人自身价值的体现都需要通过服务社会来实现。因此，我们需要对社会负责，回报社会，为社会贡献自己的一份力量，只有社会整体进步发展了，我们才能得到更好的发展，收获更大的利益。

三、拓展生命的内涵，学会感恩

我们不能决定生命的长度，但可以决定它的宽度。为了让生命有更宽的宽度，我们需要不断拓展生命的内涵。在生命的内涵中，感恩是我们一直需要学习和表达的重要内容。感恩父母，他们赋予我们生命。或许我们的父母没有给予我们所需要的爱与接受，也许是由于他们自己也未感受过爱，所以他们不知道如何给予。但始终他们是我们的父母，他们赋予我们生命，这是一份重大的礼物。在学校时每周打电话问候他们，在家里经常为他们分担力所能及的家务，每学年结束时给他们汇报自己的所有进步和收获等，这些都是感恩父母的很好的做法。感恩老师，他们让我们掌握了知识和技能，教会我们如何去适应社会；努力学习，经常与老师谈谈心，就是感恩老师。感恩同伴，他们让我们品尝了友谊的美好，让我们懂得如何与人交往；关心同伴，在他需要时送上温暖的祝福和帮助，就是感恩同伴。我们不仅仅需要感恩帮助过自己的人，还需要感恩我们所经历的磨难和自然界的一草一木。磨难是我们生命中的一部分，正如巴尔扎克所说："人生是由各种不同的变故、循环不已的痛苦和欢乐组成，那种永远不变的蓝天只存在于心灵中间，向现实的人生去要求未免是奢望。"正因为人生有着磨难和痛苦，我们才不断成长，才变得更加坚强，因此，我们需要感恩所经历的磨难。自然界的一草一木也是我们赖以生存的必不可少的东西，我们爱护自然，环保节约，尊重自然规律，就是对自然界的感恩。每天心怀感恩，感恩身边的人，感恩每天所用的一切东西，感恩每天所看到的花草树木，你会发现，生命是美好的，你将是幸福和快乐的。

心理游戏一　　　　　　　　最重要的五样

想想自己生命中重要的、重视的、不可或缺的一些人、事、物，有形的或者无形的东西，请写下你认为最重要的五样。

现在假设你生活出现了变故，五样中有一样保不住了，你必须舍弃，用笔将它划掉。接下来你只剩下四样了。生活又面临一次严峻的挑战，现有的四样又要舍弃一样，请将它划掉。看着眼前的三样，生活再次与你开了个不小的玩笑，你必须再放弃一样，请将它划掉。现在面前只剩下宝贵的两样了，你需要作最后且最艰难的选择，划掉一样，保留其中一样。

交流分享：剩下的最后一样是否是自己最先写出的那一样？如果不是，说明什么？自己依次舍弃的是什么？自己最终保留了什么？它为什么对你如此重要？

心理游戏二　　　　　　　　洞口余生

同学们以小组为单位相互挨着围圈而坐，留一个出口。

指导者说明："设想我们到郊外旅游，不巧遇到泥石流倾泻，大家被围困到几米的地下，只有一个出口，每次只能过一个人，且出口随时都有坍塌的危险，谁先出去谁就有生的希望。请每个人依次说出自己求生的十个理由，之后大家商量，决定谁可以最先逃出，排好顺序。最后，全体讨论活动过程及自己的感受。"

指导者引导同学们把讨论的重点放在脱离险境后将来生活的指向、听了别人的意见后自己是否愿意修正原有的想法、小组依照什么标准决定逃生者的顺序等上。

心理游戏三　　　　　　　　学会感恩

请在纸上写下最近一周发生在你身上值得你感激的事情，并想想这件事为何会发生。也请你将记录感恩之事变成习惯，每周记录感恩日记。经常拿出来翻阅，你会发现，周围有那么多值得感激和感谢的事情和人，你将会感叹生活是如此的美好。

心理一点通

人生中最有意义的时光是在信仰、希望、挚爱和顿悟中度过的。

——卡尔·古斯塔夫·荣格

世界上只有一种英雄主义,那就是了解生命而且热爱生命的人。

——罗曼·罗兰

人越是忘记自己——投身于某种事业或献身于所爱的人——他就越有人性,越能实现自己的价值。

——维克多·埃米尔·弗兰克尔

越读越开心

回到内在 感受生命的能量
艾克哈特·托利

现在,请将注意力转向你的身体,从内在去感受它。它是活生生的吗?从你的头部开始,直到脚,是否有生命的存在?你能否感受到那个遍布全身、赋予每个细胞和活力的微妙能量呢?

别去思考它,感受它就可以了。你身体的生命力正在苏醒。你对它的注意力越集中,你的感觉会越强烈,越清晰。你会觉得你体内的每一个细胞都变得更有活力。

对内在身体的感受是无形的、无限的和深不可测的。你可以不断地进入更深。时时刻刻去感受它,这将会迅速改变和深化你的生命。

内在身体是一个强大而且活生生的能量场。回到内在身体去体验,不但可以安住在当下,让我们平静、喜悦且充满爱,而且可以跳出思维制造的自我桎梏的大门,减缓衰老、强化免疫系统和提高自愈力。

活出生命的品质

有一个生长在孤儿院中的小男孩,常常悲观地问院长:"像我这样没人要的孩子,活着究竟有什么意思?"院长总是笑而不答。

一天,院长交给男孩一块石头,说:"明天早上,你拿这块石头到市场上去卖,但不是真卖,记住,无论别人出多少钱,你都不能卖。"第二天,男孩蹲在市场角落,惊奇地发现,不少人对他的石头感兴趣,且价钱越出越高。回到院内,男孩兴奋地向院长报告这件事,院长笑笑,要他明天拿到黄金市场上去卖。在黄金市场上,竟然有人出比前一天高10倍的价钱买那块石头。最后,院长叫男孩把石头拿到宝石市场上去卖。结果石头的身价又涨了10倍,更由于男孩怎么都不卖,竟被传扬为"稀世珍宝"。

男孩兴冲冲地捧着石头回到孤儿院,将这一切禀报院长,院长望着男孩,这样说道:"生命的价值就像这块石头一样,在不同的环境下就会有不同的意义。一块不起眼的石头,由于你的珍惜而提升了它的价值。"

生命品质的高低取决于个体把自己的生命放在一个怎样的位置。当生命从社会和他人那里获得关注的时候，就具备了提高生命品质的前提。只要自己看重自己、自我珍惜，生命就会有意义、有价值。

第二节　危机与你共存

如今物质财富越来越丰富，生活节奏越来越快，各种新事物不断涌现，同时给我们带来了更多的心理冲击和烦恼。正如世界卫生组织专家所说，从现在到21世纪中叶，没有任何一种灾难能像心理危机那样给人们带来持续而深刻的痛苦。我们需要正确认识心理危机，以便有效地去应对它。

青春那些事

案例一　我该怎么过

小林，男，某高校大一学生，他选择的专业不是自己感兴趣的。进入大学后，他发现很多专业课学习有些吃力，有的甚至学不懂。从此，他就开始逃课，很多时候不去上课，白天在寝室玩或睡觉。他对自己到底是继续学习，还是转专业，还是退学，拿不定主意，但同时又无法容许自己这样浑浑噩噩地过日子。这种冲突频繁地袭击着他，让他每天度日如年。班主任老师发现他旷课之后，主动找他交流，他说出了自己的困惑。班主任老师听后建议他寻求心理咨询，然后待自己情绪平稳后再作决定。他接受了建议，走进了学校心理咨询室寻求专业心理咨询老师的帮助。

解读

每位大学生在生命过程中难免会遇到一些心理危机，如以上案例中提到的成长过程中的困惑、冲突等，这些危机给大学生带来痛苦，但同时也磨炼着他们，让他们在痛苦中重生、成长。

心理知识吧

一、心理危机

心理危机干预理论创始人开普兰从1954年开始对心理危机进行系统研究，他将心理危机定义为"面临突然或重大生活事件，个体既不能回避，又无法用通常的方法来解决问题时所出现的心理失衡状态"。

1. 心理危机的身心表现

当人们遭遇危机事件后，身心会在未来数周内出现以下反应。每个人出现这些反应的范围或程度有所不同，但无论怎样，危机事件后出现这些反应都是正常的，有些人在几个月后会自行缓解，有些人则需要专业机构干预才能恢复。

（1）生理表现　失眠，入睡困难、早醒、做噩梦、易惊醒；头痛、心痛；食欲欠佳；消化不良，胃部出现问题等。

（2）情绪表现　高度紧张、焦虑、恐惧和担心，缺乏安全感，害怕自己失去控制，害怕危机事件会再次发生，自己或亲人会再受到伤害。充满悲伤和无助感，经常会因亲人的死伤而哭泣或者麻木、冷漠，觉得未来一切都是空的，不知道该怎么办。难以抑制的愤怒和内疚，觉得世道不公，责怪救援不到位，责怪别人理解不了自己的需要。强迫性的重复回忆，创伤事件会不断地在脑海中出现，一闭上眼全是恐惧的画面。

（3）认知表现　有的人认知功能会受到严重损害，记忆力减退、注意力不集中，思维变得迟钝，区分事物异同的能力下降，作决定和解决问题的能力欠缺。

（4）行为表现　行为和思维不一致，出现一些过去没有的行为，如突然迷恋网络或酗酒；回避他人，不愿与他人见面或交流，经常抱怨他人，拒绝接受帮助，认为接受帮助是软弱的表现；不能专心学习和工作；有时可能会出现对自己或周围的破坏性行为。

2. 心理危机的特征

（1）普遍性　危机是普遍的，在一定情况下，每个人都有可能遭遇心理危机。对于心智还不是很成熟的大学生来说，更容易出现心理危机。

（2）突发性　心理危机的发生往往是出人意料的、防不胜防、不可控制的。

（3）紧急性　心理危机发生后，犹如急性病发作一样，需要紧急应对，迅速采取有效措施给予服务和帮助。

（4）无助性　心理危机会给人们带来强烈的无助感，使人不知所措，无所适从。

（5）危险性　心理危机会给人们带来一系列身心方面的反应，有些可能会危及自己或他人的生命安全，给自己或他人带来危险，如自杀或伤害他人。

（6）双重性　心理危机虽然给人们带来极其强烈的痛苦，但同时也隐藏着成长改变的机遇。成长是要付出代价的，不经历风雨怎能见彩虹，只有经历痛苦和磨难，才能成长成熟。

二、常见的心理危机

1. 心理危机的种类

大学生在校期间，可能遇到的心理危机主要有以下三类：

（1）成长性危机　成长性危机是指大学生在成长和发展过程中，都可能会遇到环境改变或自身生理变化所带来的异常应激反应。对大学生而言，成长性危机主要有入学适应不良、失恋、就业失败等。这些成长性危机都是大学生在成长过程中必然要经历的问题，是成长中的烦恼，不一定会产生严重的心理危机。大部分学生能顺利过渡，但也会有一小部分学生不能顺利处理这些问题，引发较严重的心理危机。

（2）境遇性危机　境遇性危机是指出现突如其来的或罕见的超常事件，个体无法预测和控制时所出现的危机。境遇性危机是没法预测的，不是必然的，是偶然碰到的，但对大学生来说是突发性的、灾难性的、震撼性的。这类危机有火灾，遭遇车祸、抢劫、强奸、绑架，突然生重病等。

（3）存在性危机　存在性危机是指由一些人生重要问题，如关于人生的意义、责任、自由、独立等而引起的心理内部的冲突和焦虑。作为大学生，可能比其他社会个体和自己其他生命阶段更喜欢思考这些问题，"我活着的意义是什么""我对家庭的责任体现在哪里""我怎么才能更幸福"等。如果能顺利应对和解决这些问题，则内心将更加和谐、安宁。

2. 容易出现心理危机的时刻

1）新生入学适应期间。

2）期末考试或其他重要考试前。

3）评选优秀、竞选干部前后以及受到处罚（考试作弊或其他严重违规事件被发现）后。

4）成绩下降严重时。

5）突发事件或重大变故后。

6）与学生密切相关的政策出台后。

7）与别人发生激烈冲突后。

8）关系破裂（友谊、恋爱失败或与父母闹崩）后。

9）求职择业不顺利后。

3. 容易出现心理危机的学生群体

1）环境适应不良出现心理或行为异常的学生。

2）学习困难、学习压力过大出现心理或行为异常的学生。

3）患有严重慢性疾病，且治疗周期长的学生。

4）家境贫困、经济压力大、深感自卑的学生。

5）性格过于内向、敏感，容易紧张焦虑，缺乏社会支持的学生。

6）人际关系和个人情感受挫后出现心理或行为异常的学生。

7）患有严重心理疾病，如抑郁症、焦虑症、强迫症、恐惧症、情感性精神障碍等疾病的学生。

8）违法违纪后将面临严重后果而惶惶不安的学生。

9）遭遇突发事件（如遭遇性侵害、家庭发生重大变故、受到自然或社会意外刺激）而出现心理或行为异常的学生。

10）因身边同学出现危机状况而受到影响，产生焦虑、担心和恐慌的学生。

三、心理危机产生的原因

大学生出现心理危机的原因是多方面的，既有外在因素，如社会、学校和家庭等，也有大学生自身的内在因素。分析心理危机的成因，有助于处理大学生的危机状况。

1. 外在因素

（1）社会环境影响　当今社会各行各业发展迅速、竞争激烈、节奏加快、人际关系复杂、生活压力增大，这些都大大增加了大学生的心理负担，不少学生缺乏稳定感和安全感。对于社会的一些重大变革、文化转型、价值观念的转变无所适从，不少学生选择了消极应对，在校期间无所事事，无聊、空虚、寂寞成了这些学生的生活状态。社会传媒，如电影、电视、网络和报纸等对一些消极负面事件的大肆报道，也对大学生构成极大的诱导和暗示，让极少数学生走上自我毁灭或毁伤他人的道路。

（2）家庭影响

1）家庭不完整，如父母离异后双方关系处理不当，或父母之间关系紧张都会让子女缺乏安全感，极易产生自卑、自闭心理，在遇到挫折时容易采取极端手段。

2）父母本身有问题行为，如悲观厌世，与周围人缺乏有效的连接，曾采取过自杀等极端消极方式应对困难等，这些都会对子女造成严重的负面影响，作为子女，极有可能习得父母的应对模式。

3）父母教育方式不当，不少父母过分注重子女的智力教育、文化知识的学习，忽视子女的性格、品德、自理能力的培养，忽视子女的心理疏导，导致不少子女以自我为中心、与人难以相处、不会关心他人等，在遇到心理危机之后，很难理性处理问题。

4）家庭经济拮据，也让不少大学生深感自卑，经常感叹社会不公。

（3）学校影响

1）大学教育与中学教育的侧重点不一样，大学教育更注重学生实践能力的培养，不少中学只埋头读书的同学，到大学后很难适应这个转变因而出现危机。

2）与同学关系紧张，无法建立友谊。

3）与老师关系不融洽。

4）对学校环境不适应。

5）学校心理健康教育软硬件设施不足，不能满足学生的心理需要。

2. 内在因素

（1）大学生本身的心理特点　不少大学生上进心强，具有较高的成就动机和抱负水平，一旦现实与理想差距太大，心理易失衡，以致出现严重心理危机。有的大学生心理承受能力较弱，或性格有缺陷，过于孤僻、自卑、抑郁、悲观，同样经历一些刺激事件，这部分同学更容易出现问题。

（2）价值取向　有的同学价值取向过于单一和绝对化，将金钱、健康或成绩作为自己唯一的生存价值取向。如果家庭经济满足不了自己的发展需要，有的同学就很自卑；如果身体疾病始终不能痊愈，有的同学就开始绝望；如果在大学里成绩已经没有优势，有的同学就茫然不知所措。

（3）求助方式　每个大学生在大学里都或多或少会遇到一些困扰或冲突，但只有极少部分会寻求专业的帮助，大部分都是自行解决，如果实在严重了，才想到求助专业老师。这种求助方式的片面化，导致不少遭遇心理困惑的学生延长了痛苦时间，而且使本可以在没有严重时就能得到有效化解的问题变得严重了，甚至有学生到结束生命之前都没走上专业求助之路。

（4）心理支持系统　大学生为了能有效维护自身心理健康，在遭遇危机时能减轻冲击和痛苦，在学校的心理支持系统应是多方面的，这些支持来自家人、朋友、同学以及专业心理咨询人员等。但有的学生过于封闭，不爱与人沟通交流，遇事也不求人，这类学生缺乏心理支持系统，当面临心理问题时很难在短时间内走出困境，进而产生心理危机。

快乐向前冲

心理测试一　　　　　　　　　　Bech-H 量表

这是一份心理学家提供的心理测量量表。请仔细阅读每个题目，如果题目完全或部分符合自身的情况，请在括号里打"√"，如果不符合，请在括号里打"×"。

1. 我对未来充满希望和热情。（　）
2. 因为我不能把事情做好，我只好认输。（　）
3. 当事情变糟时，我知道不会长久如此，心情就会好转。（　）
4. 我不能想象在今后的十年中，我的生活会是什么样子。（　）
5. 我有足够的时间完成我想做的大多数事情。（　）
6. 我预料我最关心的事情会获成功。（　）
7. 我感到前途渺茫。（　）
8. 我有希望在生活中比一般人获得更多的成功。（　）
9. 我运气不佳，也不相信会交好运。（　）
10. 我过去的经历已为我的将来打下良好基础。（　）
11. 展望未来，我能得到的都是些不愉快的事情。（　）
12. 我不敢奢求我真正想得到的东西。（　）
13. 当我展望未来时，我料想会比现在幸福。（　）
14. 很多事情的结果不像我期望的那样。（　）
15. 我对未来充满信心。（　）
16. 我从未得到我想得到的东西。（　）
17. 将来我不可能获得真正的满意。（　）
18. 对我来说，前途渺茫，捉摸不定。（　）
19. 我想，将来好的时间会多于坏的时间。（　）
20. 追求自己想要的东西是徒劳的，因为很少有可能得到它。（　）

计分规则及结果解释：本量表共 20 个题目，其中，1、3、5、6、8、10、13、15、19 打"√"计 0 分，打"×"计 1 分；2、4、7、9、11、12、14、16、17、18、20 打"√"计 1 分，打"×"计 0 分。把所有得分相加，即为总分。总分含义如下：小于等于 6 分为无异常；7~12 分为有轻度无望感；13~20 分为有重度无望感（自杀意念严重）。

自测后提醒：此问卷仅作为了解自己的参考，如有疑问，请咨询专业人员。

心理测试二　　　　　　　自我和谐量表（SCCS 测试）

下面是一些个人对自己看法的陈述，填答时，请看清每句话的意思，然后圈选一个数字（1 代表该句话完全不符合自己的情况，2 代表比较不符合自己的情况，3 代表不确定，4 代表比较符合自己的情况，5 代表完全符合自己的情况），以代表该句话与你现在对自己的看法相符合的程度，每个人对自己的看法都有其独特性，因此答案是没有对错的，只要如实回答就行。

1. 我周围的人往往觉得我对自己的看法有些矛盾。
  1   2   3   4   5

2. 有时我会对自己在某方面的表现不满意。
  1   2   3   4   5

3. 每当遇到困难时，我总是首先分析造成困难的原因。
  1   2   3   4   5

4. 我很难恰当表达我对别人的情感反应。
  1   2   3   4   5

5. 我对很多事情都有自己的观点，但我并不要求别人也与我一样。
  1   2   3   4   5

6. 我一旦形成对事物的看法，就不会再改变。
  1   2   3   4   5

7. 我经常对自己的行为不满意。
  1   2   3   4   5

8. 尽管有时得做一些不愿意做的事，但我基本上是按自己意愿办事的。
  1   2   3   4   5

9. 一件事好就是好，不好是不好，没有什么可含糊的。
  1   2   3   4   5

10. 如果我在某件事上不顺利，我就往往会怀疑自己的能力。
  1   2   3   4   5

11. 我至少有几个知心朋友。
  1   2   3   4   5

12. 我觉得我所做的很多事情都是不该做的。
  1   2   3   4   5

13. 无论别人怎么说，我的观点绝不改变。
  1   2   3   4   5

14. 别人常常会误解我对他们的好意。
  1   2   3   4   5

15. 很多情况下我不得不对自己的能力表示怀疑。
  1   2   3   4   5

16. 我朋友中有些是与我截然不同的人，这并不影响我们的关系。
  1   2   3   4   5

17. 与朋友交往过多容易暴露自己的隐私。
  1   2   3   4   5

18. 我很了解自己对周围人的情感。
  1   2   3   4   5

19. 我觉得自己目前的处境与我的要求相距太远。
    1   2   3   4   5
20. 我很少去想自己所做的事是否应该。
    1   2   3   4   5
21. 我所遇到的很多问题都无法自己解决。
    1   2   3   4   5
22. 我很清楚自己是什么样的人。
    1   2   3   4   5
23. 我很能自如地表达我所要表达的意思。
    1   2   3   4   5
24. 如果有足够的证据，我也可以改变自己的观点。
    1   2   3   4   5
25. 我很少考虑自己是一个什么样的人。
    1   2   3   4   5
26. 把心里话告诉别人不仅得不到帮助，还可能招致麻烦。
    1   2   3   4   5
27. 在遇到问题时，我总觉得别人都离我很远。
    1   2   3   4   5
28. 我觉得很难发挥出自己应有的水平。
    1   2   3   4   5
29. 我很担心自己的所作所为会引起别人的误解。
    1   2   3   4   5
30. 如果我发现自己某些方面表现不佳，总希望尽快弥补。
    1   2   3   4   5
31. 每个人都在忙自己的事，很难与他们沟通。
    1   2   3   4   5
32. 我认为能力再强的人也可能遇上难题。
    1   2   3   4   5
33. 我经常感到自己是孤独无援的。
    1   2   3   4   5
34. 一旦遇到麻烦，无论怎样做都无济于事。
    1   2   3   4   5
35. 我总能清楚地了解自己的感受。
    1   2   3   4   5

计分规则及结果解释：各分量表的得分为其所包含的项目分直接相加。三个分量表包含的项目及题号见表6－1。

表 6-1 三个分量表包含的项目及题号

分量表 \ 项目	包含题目	大学生常模	自测分数
自我与经验的不和谐	1、4、7、10、12、14、15、17、19、21、23、27、28、29、31、33 共 16 项	46.13±10.01	
自我的灵活性	2、3、5、8、11、16、18、22、24、30、32、35 共 12 项	45.44±7.44	
自我的刻板性	6、9、13、20、25、26、34 共 7 项	18.12±5.09	

计算总分，方法是将"自我的灵活性"反向计分，再与其他两个分量表得分相加。得分越高自我和谐程度越低。大学生中，低于 74 分为低分组，75~102 分为中间组，103 分以上为高分组。

自测后提醒：此问卷仅作为了解自己的参考，如有疑问，请咨询专业人员。

心理测试三　　　　抑郁自评量表（SDS）

请仔细阅读下面 20 道题目，根据你最近一周的感觉来进行评分，数字的顺序依次为无、有时、经常、持续。（标"*"题为反向记分）

题目	无	有时	经常	持续
1. 我感到情绪沮丧，郁闷	1	2	3	4
*2. 我感到早晨心情最好	4	3	2	1
3. 我要哭或想哭	1	2	3	4
4. 我夜间睡眠不好	1	2	3	4
*5. 我吃饭像平时一样多	4	3	2	1
*6. 我的性功能正常	4	3	2	1
7. 我感到体重减轻	1	2	3	4
8. 我为便秘烦恼	1	2	3	4
9. 我的心跳比平时快	1	2	3	4
10. 我无故感到疲劳	1	2	3	4
*11. 我的头脑像往常一样清楚	4	3	2	1
*12. 我做事情像平时一样不感到困难	4	3	2	1
	无	有时	经常	持续
13. 我坐卧不安，难以保持平静	1	2	3	4
*14. 我对未来感到有希望	4	3	2	1
15. 我比平时更容易被激怒	1	2	3	4
*16. 我觉得决定什么事很容易	4	3	2	1
*17. 我感到自己是有用的和不可缺少的人	4	3	2	1
*18. 我的生活很有意义	4	3	2	1

19. 假若我死了别人会过得更好	1	2	3	4
*20. 我仍旧喜爱自己平时喜爱的东西	4	3	2	1

计分及自评标准：将 20 个项目的各个得分相加，即得总分。总分在 41 分以下为无抑郁；41~47 分为轻微至轻度抑郁；48~55 分为中度至重度抑郁；56 分以上为重度抑郁。

当你发现自己的得分偏高时，请不要独自苦闷，尽快找信任的人或心理辅导老师聊一聊，以确定测验结果是否可靠或得到后续的帮助。

自测后提醒：此问卷仅作为了解自己的参考，如有疑问，请咨询专业人员。

人的一生中，最光辉的一天并非是功成名就的那一天，而是从悲叹和绝望中奋起勇往直前的那一天。

——福楼拜

你虽在困苦中，也不要惴惴不安，往往总是从暗处流出生命之泉。

——萨迪

人生的光荣，不在永不失败，而在于能够屡仆屡起。

——拿破仑

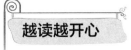

"枯井"里的驴

有一天某个农夫的一头驴不小心掉进一口枯井里，农夫绞尽脑汁想办法救出驴，但几个小时过去了，驴还在井里痛苦地哀号着。

最后，这位农夫决定放弃，他想这头驴年纪大了，不值得大费周折去把它救出来，不过无论如何，这口井还是得填起来。于是农夫便请来左邻右舍帮忙一起将井中的驴埋了，以免除它的痛苦。

农夫的邻居们人手一把铲子，开始将泥土铲进枯井中。当这头驴了解到自己的处境时，刚开始哭得很凄惨。但出人意料的是，一会儿后这头驴就安静下来了。农夫好奇地探头往井底一看，出现在眼前的景象令他大吃一惊：当铲进井里的泥土落在驴的背部时，驴的反应令人称奇——它将泥土抖落在一旁，然后站到泥土堆上面！

就这样，驴将大家铲倒在它身上的泥土全部抖落在井底，然后再站上去。很快，这头驴便得意地上升到井口，然后在众人惊讶的表情中快步地跑开了！

就如同驴的情况，在生命的旅程中，有时候我们难免会陷入"枯井"里，会有各式各样的"泥沙"倾倒在我们身上，而从这些"枯井"脱困的秘诀就是将"泥沙"抖落掉，然后站到上面！

事实上，我们在生活中所遭遇的种种困境就是倾倒在我们身上的"泥沙"。

然而，换个角度看，它们也是一块块的垫脚石，只要我们锲而不舍地将它们抖落掉，然后站上去，那么即使是掉落到最深的井，我们也能安然地脱困。本来看似要活埋驴的举动，由于驴处理困境的态度不同，实际上却帮助了它，这也是改变命运的要素之一。如果我们以肯定、沉着稳重的态度面对困境，助力往往就潜藏在困境中。一切都决定于我们自己，学习放下一切得失，勇往直前迈向理想。

生命的无常与循环

艾克哈特·托利

在形式层面，每一个人迟早都会"失败"，每一个成就最终都会化为乌有。所有的形式都是无常的。无常是万事万物的本质，也是你生活中将会遇到的所有情况的一个特点。

当事情进展顺利时，就是成功的循环；当事情变得糟糕时，就是失败的循环。这时你必须放弃一些事情，以便为新事物的产生创造空间，为事情的转机创造空间。如果你抗拒这些事情，你就是拒绝与生命之流一起向前进，就会遭受痛苦。

如果认为向上的发展才是好的，向下的发展是坏的，这是不对的，只有思维才会这样做判断。有衰退，才会有新的生长，生长与衰退两者相互依赖。你的身体能量同样受限于这些周期，能量有时会高，有时会低，不可能永远处于高峰期。

对于灵性觉醒来说，向下的周期是绝对关键的。你必须遭受一定深度的痛苦或损失才会被灵性世界吸引。

事物和生活条件可以给你快乐，但它无法给你喜悦。喜悦是你内在宁静状态的关键部分；它是你的自然状态，不是努力就能获得的。

许多人永远都不会意识到：在他们所做的、所拥有的或所取得的任何成就中都没有"拯救"。当你领会了这一点：你离绝望只有一步，离觉醒也只有一步。

接受生活的现实，让自己活在一种恩典、安逸和轻松的状态里。这种状态不再取决于事情的好坏。当你不再依赖事物的外在形式之后，你的生活状况、外在形式就会有很大的改善。你认为能让你快乐的人、事或情境，现在，在无挣扎、无努力的情况下就会来临，你尽管去享受、欣赏它们。当然，所有的这些事情仍然会消失，循环不止，但是当你不再依赖这些事情时，你就不会恐惧失去，你的生活就会充满安逸。

第三节　走出危机，绽放生命之花

心理危机对于大学生来说是不可避免的，但遭遇危机之后，若正确应对危机，采取有效的措施应对危机，则会顺利渡过危机，让生命更加绚丽、精彩。

让自己掌握生命之树

青春那些事

案例一　痛苦的优秀生

某高职院校一名女生，成绩比较优秀，但大一大部分时间却在低落和焦虑中度过，有时甚至有想自杀的冲动，觉得活着意义不大，太累了。原来她的妈妈对她的期望值特别高，她妈妈对她考入高职院校不满意，希望她一进校就抓紧学习，争取专升本；同时要求她参加一些活动，锻炼自己的能力。妈妈跟她在电话上的交流，更多的是询问她的学习情况。她说进校没多久有一次周末她特想回家，她给妈妈打电话，妈妈却不让她回家，非让她在学校学习。瞬间她觉得活着真的没有意思，想起平常妈妈的做法，她的情绪一落千丈。她觉得妈妈根本不在乎自己这个人，只在乎自己外在的成就，她有些怨恨妈妈。从此，她情绪经常低落，学习效率降低，看着自己成绩下降，她又感到焦虑，时不时想自杀。后来她实在承受不了这种痛苦，主动走进了学校的心理咨询室，寻求心理咨询。通过一段时间的心理咨询，她慢慢从低落和焦虑中走出，并且也学会了如何跟妈妈沟通交流，妈妈也觉察自己的一些做法不妥，开始有所改变，她与妈妈相处变得和谐。

案例二　生命之花凋零

某大学大一女生某日凌晨从宿舍楼 5 楼阳台上跳下去，当场身亡。事后了解到，该生是由于严重抑郁而自杀。据同寝室同学介绍，该生一方面家庭非常贫困，另一方面她之前喜欢班上一位男生，但那位男生后来与另一位女生谈恋爱了，贫困带给她的自卑加上暗恋无果，让她备受煎熬。刚开始，她还会主动到其他寝室串门，脸上还有笑容，慢慢地，同学们发现她脸色越来越差，基本见不到笑容，而且也不串门了。同学们看着也焦急，多次安慰开导她没有效果后，就不大理会她了。最后，该生在没有寻求任何专业帮助的情况下，选择了以极端的方式结束自己的生命。

> **解读**
>
> 上述两位同学在出现心理危机之后，一位主动寻求心理咨询，解除了自己的危机；一位至死都没有求助专业人士，走上了不归之路。由此，大学生在出现心理危机之后如何应对，对于解除危机，避免走上极端非常重要。

心理知识吧

一、心理危机干预

心理危机干预是指对处在心理危机状态下的人采取明确、有效的措施。心理危机干预的时间一般是在危机发生后的几小时、几天或几星期之内。危机干预主要是帮助当事人处理对困难情景的知觉判断，以及由此产生的情绪和行为，包括情感支持、心理咨询、提供知识和信息、建立互助网络等。干预的最低目标是保护当事人、预防各种意外，最高目标是通过转危险为机遇，帮助个体自我成长和自我实现。

二、大学生心理危机干预的步骤与策略

1. 危机干预的步骤

1）接触当事人，获得其信任，建立良好的关系。

2）评估危机程度。通过沟通，了解当事人的情况，分析产生危机的原因，判断危机的类型和程度。

3）制定干预目标。根据当事人的危机状况，制定可评估、具体、有效的干预目标。心理危机干预只解决暂时的和急需解决的问题，而不解决当事人长远的、根本性的问题，因此干预后，当事人需要进一步接受心理咨询和辅导。

4）实施干预。具体措施有认真倾听、给予心理支持；引导当事人调整认知、改变应对技巧；对其进行放松训练等。

5）评估和小结。对危机干预的结果和效果进行评估，并提出进一步的干预和心理咨询的建议。

2. 危机干预的策略

美国临床心理学家 Butcher 和 Mandal 于 1976 年对消除危机的方法进行了研究，提出了危机干预策略有这样几点：① 给予精神支持；② 提供宣泄机会；③ 给予希望和传递乐观精神；④ 保持兴趣，积极参与其中；⑤ 有选择地倾听；⑥ 理解他人的情感；⑦ 探讨未来后果；⑧ 劝告，直接提出建议；⑨ 正视当事人。

三、大学生自杀的识别与预防

1. 自杀的识别

个体在自杀前都会有一些心理及行为上的表现，这些实际上是他们求救的信号，我们要能及时识别这些信号，以给予其有效的帮助。

（1）有明显的行为改变　饮食和睡眠发生改变；卫生习惯变差，基本洗漱都不想做；对嗜好失去兴趣；丢掉或毁坏平时自己很喜欢的物品，或无故送东西给亲朋好友，或没缘由地给亲人道歉、道谢；封闭、孤立自己；反复在一些危险区域逗留、活动。当这些明显行为改变持续超过一周时，应当引起重视。

（2）情绪反常　包括抑郁、焦虑、自卑、自责、自罪感、淡漠、麻木、无故哭泣等。

（3）学习兴趣明显下降　对学习失去兴趣，经常迟到、早退、无故旷课，成绩骤然下降。

（4）表露自杀意图　话语中表露出厌世情绪，或直接表达想死，或谈论关于死亡的话题，如"活着真的没有意思，死了比活着好""我很想从这里跳下去""人是不是真的有来世"等。

（5）自杀未遂者　对于自杀未遂者，需要重点关注。

这些征兆的出现，说明个体还处于内心强烈冲突中，还没有作出最终的决定。一旦个体进入自杀前的平静阶段，给人以轻松、平静的假象，极容易蒙蔽周围的人，以为他已经没事了，其实是已作出自杀决定，不再为生死烦恼，只需要一个合适时机结束生命。因此及早发现并进行干预，可以大大降低个体自杀成功的几率。

2. 自杀的预防

大学生自杀的预防，需要社会、学校、家庭等各个方面做好工作，同时更需要大学生个人做好预防工作。在此，着重针对大学生个人层面谈谈如何预防自杀。

（1）积极改善自身心理素质　自身的心理素质是决定个体是否采取极端方式处理问题的最主要因素。有的学生遇到危机可以顺利地度过，有的学生遇到危机则寻死觅活，这与他们的心理素质好坏有着直接的关系。因此，大学生预防自杀需要积极改善自身心理素质,逐步提高心理素质。改善心理素质可以从改变不良的认知模式、学会调节不良情绪、培养自身的耐挫力等方面着手。

(2) 端正对自杀的几个认识 对于自杀有几个说法,我们需要澄清这些错误的认识,以便能及时有效地帮助身边的有自杀可能性的人。

1) 想自杀的人不会向别人暴露自己的自杀意图,向别人谈起自杀不过是威胁别人。事实上,多数自杀者在自杀前都会清楚地表达自己的自杀想法,他们这样做,实际上是表明他们处于极度痛苦中,在寻求心理支持,因此一旦周围有同学发出这些信号,我们要主动关心,必要时及时向心理咨询机构求助。

2) 不能与有自杀可能性的人谈自杀。实际上,可以与这类人谈自杀,这样做,可以及时发现他们的自杀意图,对他们的自杀危险程度进行评估,同时也让他们感觉到自己被关心、理解和支持。在谈论中,避免讨论具体自杀方法。

3) 自杀是一种疯狂的行动。事实上不是所有的自杀者均患有精神疾病,而精神疾病患者的自杀也不是都没有现实的困境。给自杀未遂者贴上精神疾病患者的标签,会让他们觉得受到歧视,增加他们再次自杀的几率。

4) 有自杀想法或者自杀未遂的人事实上只是一时想不开而已,并不需要精神医学和相关专业人士的干预,特别是不需要使用精神药物。事实上即使自杀者不是精神疾病患者,但由于自杀者心理状态极其不稳定,专业人士在进行干预和治疗时,也会适当地使用一点精神药物,这对自杀未遂者是有益处的。

(3) 生活充实有意义 大学生平时的学习生活充实而有意义,可以减少很多的烦恼,避免平常因为空虚、无聊的慢性刺激而导致出现抑郁、无价值感、严重失眠等危机。现在有不少同学一个时间段内出现严重的情绪困扰、睡眠问题,生活中并没有发生重大事件引发这些问题,结果是因为无聊、不积极学习、浪费时间与他们内心获得成就的价值取向长期冲突所致。因此,大学生给自己的生活一个方向,每天过得充实有意义对于维护自身心理健康、预防自杀非常重要。

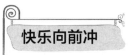

快乐向前冲

心理训练一 如何运用"共情"帮助在地震等自然灾害中受灾的同学?

在努力去理解和感受受灾同学的基础上,

要说:

对于你所经历的痛苦和危险,我感到很难过。

看到/听到/感受到/闻到这些一定令人很难过/痛苦。

听你说这些,我也为你感到难受。

你的反应是所有人遇到不寻常的事件时的正常反应。

不用担心你的反应,你不会发疯的。

你现在不需要去克制自己的情感,哭泣、愤怒、憎恨、想报复等都可以,你需要表达出来。

你想哭就哭吧，哭出来会好受一些。

你说，没关系，我在听。

需不需要我抱抱你，那样会不会让你感觉好些？

我看你累了，休息一下怎么样？

我陪你出去走走吧，待在这里会觉得憋闷。

这不是你的错。

事情可能不会一直这样，它会好起来的，而你也会好起来的。

有什么需要，你跟我说，我一定会帮你。

我会一直在你身边，我会尽我的能力帮助你，如果有必要，我也会找人来帮助你。

不要说：

我知道你的感觉，我知道你说的。（不要你说的比他/她还多）

你能活下来是很幸运的。

你还有××××××，所以你应该感觉到庆幸。

你算是幸运的，要知道还有比你更糟糕的人。

你还年轻，你一定能够继续你的生活/能够再找到另一个人。

你的亲人去世的时候或许并没有受太多痛苦。

她/他现在去了一个更好的地方/更快乐了。

会否极泰来的/塞翁失马，焉知非福/悲剧之后一定会有好事发生的……

不会有事的，不会像你说的那样，不要担心，不要自己吓自己，不要……

你这样不对，不应该这样。

不只你一个人这样，好多人都这样，很多人都有受灾后的创伤。

时间会治疗一切的创伤。

你应该要回到你的生活中，焦虑和担心对你没有帮助，只会让你更痛苦。

你一定要坚强起来，你的亲人不希望看到你现在这个样子。

心理训练二 　　训练一项能够帮助同学的方法——倾听

当自己的同学、朋友出现了难以处理的心理问题时，能够尽自己所能，给予他们力所能及的帮助，不仅是对同学、朋友友爱的表达，也是关爱和助人能力的展现。当同学、朋友感到痛苦、郁闷、烦恼、压抑时，理解、关注和倾听就是很有效的帮助和支持，也可以说，成为一个能让朋友宣泄不良情绪的倾诉对象就是对朋友很好的帮助。如何才能更好地倾听，需要同学们多作练习。

请同学们两人一组，作倾听练习。一名做倾诉者，找一个自己特别想说的话题向另一方倾诉（至少讲5分钟）。5分钟后，倾诉者向倾听者反馈自己在讲述过程中被倾听的感受，以帮助倾听者提高倾听技巧。然后，两人互换角色，继续练习。

心理训练三 　　遭遇危机我该做什么

1. 不要等待，主动寻求帮助。

2. 要相信会有人愿意帮助你。但你需要将自己真实的困难和痛苦告诉给你信任的人，否则他们对此一无所知。

3. 如果你的倾诉对象不知道如何帮助你，你可以向学校的心理咨询机构寻求帮助。

4. 如果担心你的心理问题被发现，可以向心理热线或校外的心理咨询人员寻求帮助。

5. 有时为找到一个真正能帮助你的人需要求助于几个不同的人或机构。你应坚持下去，提供帮助的人一定会出现。

6. 解决心理危机通常需要一个过程，可能你得反复多次地见咨询人员或心理医生。

7. 如果医生开药，应按医嘱坚持服用。

8. 避免使用酒精或毒品麻痹你的痛苦。

9. 不要冲动行事。强烈的痛苦会使你更难作出合理的决定。

心理训练四　　给自杀幸存者的建议

1. 你能够生存下去，尽管你可能不这样想，但你一定能做到。

2. 你会一直纠缠于自杀发生的"原因"，直到最后你不再需要知道"原因"或你已经知道了一部分原因。

3. 内心强烈的感受会压得你喘不过气来，但所有这些感受都是正常的。

4. 愤怒、内疚、混乱、健忘是常见的反应。你并没有发疯，只是处于悲伤之中。

5. 意识到你可能会对死者、这个世界、上帝以及你自己感到愤怒。把这种愤怒的情绪表达出来，没问题。

6. 你可能为你认为自己做过的或没有做过的事情感到内疚。宽恕自己，让内疚转化成遗憾。

7. 有自杀的想法很正常。有想法并不代表你一定会采取行动。

8. 记住自己需要时间慢慢度过这段日子，给自己一段时间恢复。

9. 找一个可以分享你心声的倾听者。如果需要倾诉就给她/他打电话。

10. 不要害怕哭泣。眼泪有助于治愈创伤。

11. 记住选择自杀不是你的决定。没有人可以为一个人的生命产生唯一决定性的影响。

12. 预料到情绪会有波动。如果内心的情绪如潮水般返回，说明你的悲伤反应可能还未过去，还有一些残留。

13. 尽量拖延作出重大决定的时间。

14. 允许自己寻求专业帮助。

15. 意识到你的家人和朋友承受的痛苦。

16. 对自己和其他还不能理解的人保持耐心。

17. 给自己制定一些限制，学会说不。

18. 避开那些告诉你应有什么感受或如何感觉的人。

19. 知道有一些支持小组能够给你提供帮助，如亲友联盟或自杀幸存者小组等。如果当地没有，可以建议专业人士开始建立一个类似的组织。

20. 树立信心可以帮助你度过悲伤。

21. 悲伤过程中会出现一些常见的躯体反应，如头痛、食欲不振、无法入睡等。

22. 主动与他人一起说笑或对着自己笑都是恢复的好方法。

23. 发泄自己内心的质疑、愤怒、内疚或其他感觉，直到完全清理干净。清理情绪并不意味着对死者的遗忘。

24. 你已经不再是原来的你了，但你能够生存下去，并且可以活得更精彩。

我愿证明，凡是行为善良与高尚的人，定能因之而担当患难。

——贝多芬

人生不是一支短暂的蜡烛，而是一支由我们暂时拿着的火炬，我们一定要把它燃烧得十分光明灿烂，然后交给下一代的人们。

——萧伯纳

生命良方

有个年轻人到动物园找工作，他希望做一个驯狮师。这个要求已经是很不寻常，但他的理由更不寻常。他原来已接近神经崩溃的边缘，医生告诉他唯一的治疗方法，就是去找一份高度紧张的工作，让他可以忘记其他的恐惧。因此他才来申请这份最危险的工作。这位年轻人后来成了一位相当出名的驯狮师，他的毛病也好了。

解除神经紧张的方法，是去处理需要神经紧张才能解决的问题。

担当忧伤的方法是去分担他人的忧伤。

有一位名叫巴特勒的女士，有天回家，她的小女儿从二楼的房间飞奔出来迎接她。屋子前面是块空地，她的女儿伏在栏杆上急着要见母亲，谁知失掉重心，从楼上掉了下来，当场死去。女士悲痛欲绝。有位慈善机构的老太太来安慰她，对她说："我一生的大半时日都是照料流落街头的女孩子。现在我年事已高，没有力量再照顾这40多个女童，你何不来接手我的工作，让你忘掉自己的忧伤。"

女士真的接过了这份工作。她虽然不能完全忘记自己的痛楚，但因为把他人的难处肩负了过来，她自己的伤痛就大大减轻了。

在分担他人的重担中忘记自己的重担，在治疗他人的哀伤中减轻自己的哀伤，这就是生命的良方。

1. 《生命的重建》，露易丝·海著

导读：你是否感到身心疲惫？你是否觉得有无法承受的压力？你是否经常处于亚健康状态？你是否想摆脱疾病的折磨？你是否对过去的事情无法释怀？你是否无法化解心底的怨恨？生命真的可以重建吗？《生命的重建》被全世界读者誉为人类身心健康的福音书。露易丝·海在书中为我们揭示了追求身心和谐的心理模式，从而开辟了重建和谐生命的完美道路。露易丝·海将深刻的哲理、科学的精神与博大的爱，结合自己的坎坷经历，以浅显生动的语言娓娓道来,如清泉般滋润每一个读者的心田。正如戴夫·布朗的评价:露易丝的书是上帝送给这个烦恼世界最好的礼物。对我们每一个人来说,这本书都具有你无法想象的价值!

2.《活在当下》,芭芭拉·安吉丽思著

导读:该书是一本文笔优美、充满诗意的身心灵散文集,有爱的能量与发人深省的力量洋溢在字里行间。读起来,对我们的心、我们的灵魂都是一种很好的滋养。安吉丽思在书中给予我们的重要练习,就是从我们夜以继日、运转不息的头脑中跳出来的,回归到我们的身心。把注意力聚焦在我们的感官,聚焦在我们的心灵,当下的味道自然呈现,生命的喜悦自然浮现。

3.《珍爱生命 学会感恩》,张德芬著

导读:生命是灿烂的,是美丽的;生命也是脆弱的,是短暂的。该书让我们懂得生命,珍爱生命,让我们在生命中的每一天,都更加充实,更加精彩!

4.《生命的意义》,李坚著

导读:我是谁?我为什么活着?人生的目的是什么?人生意义是指什么?生活有意义吗?人生意义是主观的还是客观的?人生的意义何在?我们为什么对人生持乐观、积极而顺其自然的态度?为什么我们觉得大自然是美好的,对大自然持赞美的态度?人生意义问题是个历久弥新的问题。该书对上述诸多人生问题进行了一定的探讨、解释,对读者深入思考人生问题有一定的帮助。该书将有助于读者走出误区,解除困惑,理清人生的方向,具有极高的阅读价值。

第七章　人际相处之道

交往是人的一种行为,这种行为带有一定的目的性。而要达到目的,仅仅停留在交往的层面显然是不够的,还需要交往双方的沟通。人是一切社会关系的总和。人的本质就是社会性的。每一个人都必须与周围的人打交道。尤其是大学生,当刚来到一个陌生的环境,开始过集体生活时,要了解大学生人际交往的概念和重要性,理解大学生人际交往的准则和尺度,重点在于充分掌握大学生人际交往中常见的心理问题及障碍调适。通过学习,达到善于运用人际交往技巧和艺术,改善人际交往的目的。

第一节　我与他人

有人说:"人生在世,除了信仰和追求,最重要的莫过于人际关系。"这可谓人生箴言了。每个人从出生的第一声啼哭起,就落入了巨大而复杂的人际关系网络中。在现代社会中,人际交往能力更是现代人正常生活所必需的能力。没有交往,无异于没有生活。一位哲人说过:"一个没有交际能力的人,犹如陆地上的船,是永远不会漂泊到浩瀚的大海中去的。"因此,对正在成长中的大学生来说,培养良好的人际交往能力,不仅是大学生活的需要,更是一生发展的重要课题。

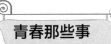

案例一　我是一个独行侠

小刘是一名大二男生,是一个喜欢独来独往、不被大家关注的普通学生,然而在一次心理课上却一下子被全班同学都记住了他。心理老师布置了一个关于"你的人际网络系统"的课堂作业,并请同学们当场分享。小刘的分享尤其不同,他的人际网络系统里只放了一个人,那就是他自己,在他看来,与人交往是没有意义的,一个人做事效率会更高,生命有限,时间宝贵,要用有限的时间去做更有意义的事。初看起来这个逻辑似乎也顺理成章,但过不多久,小刘就单独找到老师倾诉心中的困惑,原来班级推荐入党积极分子,小刘已经两次落选了。

案例二　好心没好报

杨洋进入大学之前就从一些师兄师姐那里听说,到了大学,宿舍就是一个社会,搞好宿舍关系是非常重要的。杨洋很认同的,也是这样做的。宿舍里的事情他总是积极参与,勇于承担。比如,拖地、倒垃圾,他都是抢着干,还主动替宿舍的同学买饭、占座位,自己从家里带的好吃的,宁可自己少吃点,也要与大家分享。他本以为这样会赢得大家的喜欢，没想到有一天他无意听到宿舍人背后议论他，说他虚伪。满心的热情换来不理解，杨洋内心的天平失衡了。

解读

从上述两个案例中可以看出，当代大学生人际交往存在很多问题。北京市曾对大学生心理问题产生的根源做了三次较大规模的跟踪调查，结果显示，人际关系适应不良或交往不良成为诱发大学生心理问题的首因，占40%以上，已经超过了择业的压力、学业的压力以及与异性交往的压力。

心理知识吧

一、人际交往的心理功能

人际交往是人的基本需要，正常的人际交往和良好的人际关系是人们心理发展、个性健康、生活幸福的重要前提，也是人适应环境和社会生活、担当社会角色的基本途径。人际交往的心理功能主要表现在以下几方面：

1. 获取信息的功能

人与人之间的社会交往是获取信息的最基本形式。我们生活在信息爆炸的社会，仅靠书本知识，即便是皓首穷经、学富五车，获取的信息也只是沧海一粟，远远不能适应社会高速发展的需要。即使有了互联网，人际交往仍是获得信息的十分重要的途径。孔子曰："独学而无友，则孤陋而寡闻""三人行，必有我师焉。"人与人之间的交往是信息的沟通，思想的交流，经验的分享。李政道就曾说，他和杨振宁合作打破宇宙守恒定律，就是在两人吃饭交谈时互相启发产生灵感而解决问题的。英国作家萧伯纳也说过："如果你有一个苹果，我有一个苹果，彼此交换，那么每人只有一个苹果。如果你有一种思想，我有一种思想，彼此交流，我们每个人就有了两种思想，甚至多于两种思想。"通过交往，不但能获得直接显现的信息，还能获得间接的、潜在的信息。

2. 认识自我的功能

认识自我在自我意识的成熟、个性的形成发展中有着重要的作用。它包括对自己身心特点的认识，对自己在社会中的角色、定位、作用的认识，以及对自己的人生目的、理想、信念等的认识。歌德说："人只有在人们之间才能认识自己。"要正确认识自我，必须通过社会交往，在与别人比较中认清自我，认识自己的优势和不足。唐太宗李世民曾经说过这样一段话："夫以铜为镜，可以正衣冠；以史为镜，可以知兴替；以人为镜，可以明得失。"离开交往对象，离开与之相比较的对象，就会失去衡量的尺度、照鉴的镜子。

大学生对自我的认识往往处于"理想型"和"现实型"的矛盾冲突之中。只有通过交往，检查自己的所作所为与周围人们对自己的态度和评价是否相符，作出正确的、客观的自我评价和自我调整，既不妄自菲薄，又不自卑气馁，才会有与周围环境、社会角色相适应的思想和行为，才能逐步实现"理想我"与"现实我"的辩证统一。

3. 心理保健功能

美国心理学家哈洛等人曾做过这样的实验：将一只猴子置于不锈钢的房子里，温度、空气流通、清扫和喂养等一切工作都是自动化的，即隔绝了猴子的一切交往活动。通过一段时间的"社会剥夺"研究发现，被隔绝交往的猴子远比正常交往情况下的猴子对恐惧的反应强烈，它们在情绪和交往行为上受到了损害，精神是不健全的。

在对人的研究中同样发现了这个结果。有人研究生活在孤儿院的儿童，他们平静而孤单地生活，得不到正常儿童应得到的爱抚，更缺乏良好的社会交往，所以不仅在智力（尤其是语言）的发展上低于同龄正常儿童，而且社会适应能力也更差。他们或是对人冷淡、缺乏交往愿望和能力，或是另一种极端反应，即表现为情感饥饿，狂热地需要得到他人的爱抚。

人际交往是维护心理健康、形成健全人格的基本前提。我国著名医学心理学家丁瓒教授就曾说："人类的心理适应，最主要的就是对于人际关系的适应，所以人类的心理病态，主要由人际关系失调而来。"

大学生情感丰富，情绪尚不稳定，特别需要他人的关心和理解。通过交往活动，同学们彼此诉说心中的喜怒哀乐，表达自己的思想感情和生活态度，共享快乐与欢愉，宣泄愤懑与抑郁，分担痛苦与忧愁，使个体心理得到必要的调节，从而维护心理健康。英国哲学家培根说："当你遭遇挫折而感到愤懑抑郁时，向知心挚友的一席倾诉可以使你得到疏导，否则这种积郁会使人生病。"那压在你心头的沉重负担可以通过友谊的肩头而被分担。

4. 个性发展功能

个性的发展和完善是大学生心理修养的重要任务，包括积极个性品质的形成、发展和不良个性品质的矫正、克服。马克思曾指出，一个人的发展取决于和他直接或间接进行交往的其他人的发展。所以，学生个性的形成离不开人际交往；正是在交往中，大学生懂得生活、丰富知识、学会处事、锻炼能力，从而发展个性。独来独往、孤僻冷漠、离群索居的人，不能客观、全面地认识自我。自我感觉良好、孤芳自赏，或者自我感觉极差、封闭自我，都不能很好地发展和完善个性。

二、人际交往的类型

1. 志同道合型

大学生中以志同道合型交往方式为最多，而且通过这种关系获得的友谊也最为牢固。由于这类交往是以具有相同的兴趣、爱好和共同话题为前提，所以在校园中通常以个人之间或学生社团的方式存在。

2. 情感依附型

绝大多数同学是第一次离开家庭到学校独立生活，远离家乡亲人，有时难免会感到孤独、寂寞，转而向身边的人寻求温暖，这使得同学之间的交往具有相当程度的群集性，并十分密切。交往双方的生活可能会紧密融合在一起，如经常一起打球、吃饭、上晚自习等。

3. 自我中心型

自我中心型交往模式最突出的特点在于"我"字优先，处处以自我为首要考虑对象，忽视他人感受。或是理想主义交友方式，不满意对方一些无关紧要的生活细节，而拒绝与对方交往，拘泥于"酒逢知己千杯少，话不投机半句多"的传统交往习惯。自我中心型的交往方式最易导致孤立、不受欢迎的局面。以自我为中心的同学应该知道"山外青山楼外楼"，要懂得学习中华民族传统的谦虚美德，善于从他人身上汲取养分。

4. 自我封闭型

自我封闭型的交往方式主要有以下几种情况：① 性格原因。这类同学内向孤僻，不愿与他人交往，喜欢独来独去，不合群。或是害羞胆怯，或是不够自信，或是不懂得与人相处，不敢主动与人攀谈，不敢主动与同学交往，有些只愿意与自己合得来的人交往。② 独立意识过强。这类同学"事事不愿求人"，或认为"人生得一知己足矣"。③ 否定友谊。认为"人心难测，朋友难交"，怀疑人与人之间会有真正的友谊。

5. 亦步亦趋型

这类同学交友无原则，依从性强，缺乏独立性，往往人云亦云，表面上跟所有人都一团和气，实则没有一个真正的朋友。这种交往模式会使人失去真正的友谊，又不利于集体好风气的形成。

事实上，维护友谊，不等于迁就对方、附和对方，靠和稀泥来调和矛盾，虽然表面上没伤感情，但实际上拉大了彼此的心理距离。交朋友必须坚持原则，真正的朋友有时不妨给予他人真心的批评与建议，建立真正的、互帮互助的、和谐的人际关系。

6. 社会功利型

持社会功利型交往方式的同学往往把友情看作交易，认为"友谊"只是人与人之间的彼此利用。他们与人交往目的性很强，往往将个人利益置于首位，将物质利益看得过重，其"友谊"好时可以"天长地久""称兄道弟"，而当利益转移时，便可能"移情别恋"；常常表面恭恭敬敬，实则心里另有打算。大学生应该注重个人道德修养，交友的动机要纯洁，要真诚。

人是复杂的，分析人的问题不能简单化，对于具体的人际交往现象也绝不可以简单武断地归之于一种交往类型。

三、影响人际关系发展的因素

影响人际关系发展的因素很多，大的如文化背景、宗教信仰，小的如人们的交往态度、交往方式等，具体来讲有以下几方面：

1. 空间的距离

在人际交往中，空间距离是一个很重要的因素。距离越小，双方越接近，相互接触的机会越多，相互之间更容易熟悉对方，往往更容易引为知己。心理学研究指出，一般来说，一个人在选择新朋友的时候多数会选择与自己的空间距离比较小的人，就是所谓的"近水楼台"。因此，一般同桌的同学关系比较要好，寝室室友之间的关系要比班上其他同学关系更好。除此之外，同在一个班级、专业或共同参加一个社团，都可以使两个原本陌生的人建立起一定的人际关系。大学校园里还有一种独特的交往关系，来自不同地域的大学生，对于在同一校园中的老乡有着特殊的情感，形成了"老乡"的交往圈。特别是对刚进校读书的大学生，这种关系是消除刚离家而产生的孤独感的主要交往方式。这个规律起作用的前提是在人际交往的早期阶段,随着时间的推移,它的作用越来越小,因为空间的接近更容易激发矛盾,人际关系会越紧张。例如,同宿舍的同学产生矛盾。

2. 交往的频率

交往的频率是指人们相互接触次数的多少。一般来说,人际关系初期,越是接近,接触频率越高,就越有利于建立密切的人际关系。人们的关系需要常常沟通,在沟通中找到相互了解的途径,而那些"鸡犬之声相闻,老死不相往来"的人,就无法建立良好的人际关系。当然,交往频率也并非越高越好,俗话说"久聚难为别,频来亲也疏"。任何事物都要讲究一个"度",物极必反,适度最好。

3. 背景的相似性

社会心理学的有关研究表明,交往双方如果有较多类似的地方,容易产生相互吸引,促进人际关系的发展。相似性包括共同的态度、信仰、价值观与兴趣,共同的语言、共同的文化、宗教背景,共同的教育水平、年龄、职业、社会阶层,乃至共同的遭遇、共同的疾病等都能在一定条件下,不同程度地增加人们的相互吸引力。我们常用"志同道合"的标准去寻找友谊,但有些性格相似的人并不一定能成为真正的朋友,因为有时"一山不容二虎";同样有竞争意识的人,他们之间可能存在的是敌意,而不是友谊。

4. 性格的互补性

与背景相似性相对的是性格的互补性。在现实生活中有一种现象,就是性格不同的人,他们的友谊比性格相似的人更牢固。大学生中,外向型的人喜欢与内倾型性格的人友好相处,相互欣赏;家庭经济条件优越的学生会欣赏那些克服困难求学的学生、依赖性强的人更愿意与独立性强的人交朋友等。这是因为每个人都有从对方获得自己所缺乏的东西的需要,这就是社交的互补性。具体来说,互补性就是指在需求、兴趣、气质、性格等方面存在差异的人,可以在活动中相互吸引。当双方的需要和满足途径正好成为互补关系时,双方之间的喜欢程度也会增加。

5. 容貌和仪表

心理学家在研究时发现,外表漂亮者在社交情境中占上风,容易引起异性的注意和喜爱,交际较广且容易成功。同时,容貌漂亮的人也比较容易说服和影响他人。尽管我们知道以貌取人是一种偏见,也都认为人不可貌相,但实际上,人们还是在不知不觉中受着容貌的影响。

为什么漂亮的人易受人们的喜欢?根据社会心理学的有关研究,至少有以下四个原因:①舆论宣传的影响。由于电影、电视等宣传的影响,使人们形成只有漂亮的人才值得爱的偏见或成见。②漂亮的散逸效应,它是指一个人让别人看到他和一个漂亮的人在一起时,容易得到他人好的评价,能够提高自身的形象。③容貌的晕轮效应,即认为容貌漂亮的人同时也具有其他良好的特征,还附带有其他方面好的属性。比如,哲学家席勒曾说过:"美丽的容貌反映着内在的美,灵性与道德的美。"④漂亮的人看着比较顺眼,给人以愉悦的感觉。

6. 能力的大小

古语说："结交须胜己，似我不如无。"一个人的能力突出，会使人产生钦佩感并欣赏其才能，愿意与之接近。表面上似乎在其他条件相等的情况下，一个人能力越高、越完善，就越能受到欢迎。然而研究结果表明，在一个群体中最有能力、最能出好主意的人往往并不是最受喜爱的人。

生活中常见这样的学生：因为他的出类拔萃反而失去了同学的喜欢与信任，这是因为，一方面人都希望自己周围的人有能力，有一个令人愉快的人际关系圈，但如果别人的才能使人们可望而不可及，则会产生心理压力。如中国人所讲的"木秀于林，风必摧之"。因为他们的能力或许会被别人看作一种威胁，从而遭到拒绝。显然，能力与被人喜欢的程度在一定范围内成正比，超出这个范围，可能会令他人产生逃避或拒绝。任何一个人，都不愿意选择一个总是贬显自己无能和低劣的对象去喜欢。因此，一个才能出众但偶尔有一点小错误的人在一定程度上比没有错误的人更受欢迎。

7. 品质特征

心理学家发现，想要维持和提高自己的持久吸引力，一个重要的方面就是培养自己的良好品质和品性。人与人之间能否相互吸引，归根到底取决于一个人品质的好坏。那么什么样的品质最受人们的欢迎，什么样的品质让人反感呢？表 7-1 为美国心理学家安德森 1968 年所做的一项调查中得出的一份人际吸引效应品质表。排在序列最前面、受喜爱程度最高的 6 个个性品质中，包括真诚、诚实、理解、忠诚、真实、信得过等都或多或少、间接或直接地与真诚有关。而排在序列最后的、受喜欢程度低的几个品质如说谎、装假、不诚实、不真实等也都与真诚有关，真诚受人欢迎，虚伪令人讨厌。因此，大学生要想建立良好的人际关系，真诚是首要的品质。

表 7-1 人际吸引效应品质表

受欢迎的品质	优点与缺点参半的品质	不受欢迎的品质
真诚	固执	作风不好
诚实	循规蹈矩	不友好
理解	大胆	敌意
忠诚	谨慎	多嘴多舌
真实	理想化	自私
信得过	容易激动	眼光短浅
理智	文静	粗鲁
可靠	好冲动	自高自大
有理想	好斗	贪婪
体贴	腼腆	不真诚
可信赖	猜不透	不友善
热情	好动感情	信不过
友善	害羞	恶毒

(续)

受欢迎的品质	优点与缺点参半的品质	不受欢迎的品质
友好	天真	讨厌
快乐	闲不住	虚伪
不自私	空想家	嫉妒
幽默	追求物质享受	冷酷
负责任	反叛	邪恶
开朗	孤独	自以为是
信任他人	依赖性	说谎

快乐向前冲

 戴高帽子（优点大轰炸）

1. 目的：学习发现别人的优点并欣赏，促进相互肯定与接纳。
2. 时间：40分钟
3. 操作：

①5~8人一组围圆圈坐。请一位成员坐或站在圆圈中央，戴上纸糊的高帽子。其他人轮流说出他的优点及欣赏之处（如性格、相貌、处事……）。

②被称赞的成员说明哪些优点是自己以前觉察的，哪些是不知道的。

③每个成员都到圆圈中央戴一次高帽。

④规则是必须说优点，态度要真诚，努力去发现他人的长处，不能毫无根据地吹捧，这样反而伤害别人。参加者要注意体验被人称赞时的感受如何？怎样用心去发现他人的长处？怎样做一个乐于欣赏他人的人？

⑤小组交流体会，并派代表在团体进行交流。

心理游戏二 人体拷贝

10人一组，每组一路纵队站好，老师将写有一个数字的纸条让每组的第一个人看一眼，然后请他通过身体扭动把信息传给后面一个，依次"拷贝"传动；最后一位同学跑到老师处，写出"拷贝"的数字。游戏结束后，分享感受。

心理一点通

一个人事业上的成功，只有15%是由于他的专业技术，另外的85%要依赖人际关系、处世技巧。软与硬是相对而言的。专业的技术是硬本领，善于处理人际关系的交际本领则是软本领。

——戴尔·卡耐基

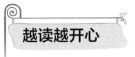

人能承受多少孤独？

人到底能承受多少孤独呢？美国心理学家沙赫特做了这样一个实验，他以每天 20 美元的报酬雇用了一批学生作为被测者。

为制造出极端的孤独环境，实验者将学生关在有防音装置的小房间里，让他们戴上半透明的保护镜以尽量减少视觉刺激。又让他们戴上木棉手套，并在其袖口处套了一个长长的圆筒。为了限制各种触觉刺激，又在其头部垫上了一个气泡胶枕。除了进餐和排泄的时间外，实验者要求学生 24 小时都躺在床上，营造出了一个所有感觉都被剥夺了的状态。

结果，尽管报酬很高，却几乎没有人能在这项孤独实验中忍耐 3 天以上。最初的 8 小时还能撑住，之后，学生就吹起了口哨或者自言自语，烦躁不安起来。在这种状态下，即使实验结束后让他做一些简单的事情，也会频频出错，精神也集中不起来了。实验后得需要 3 天以上的时间才能恢复到原来的正常状态。

实验持续数日后，人会产生一些幻觉。到第四天时，学生会出现双手发抖，不能笔直走路，应答速度迟缓，以及对疼痛敏感等症状。

第二节　互动中的困扰

人际交往是一种智慧和才能。交友是一种交往，求职是一种交往，谈判是一种交往，商业营销是一种交往……哪一种交往不需要智慧呢？在大学校园里，同学们常常反映很想与人交往，但不知如何交往，有时效果不佳，甚至事与愿违。原因在于没有找到成功交往的原则与艺术。人际交往是一门科学，更是一门艺术，掌握了它，不仅能克服交往障碍，而且能改善人际关系，增进自己的人际吸引力，从而给生活带来更多的欢乐。

案例一　宿舍那点事

316 宿舍有 4 名成员：小丽、静静、小琦和雯雯。小丽的这 3 个室友各有特点：静静是幸运的宠儿，可谓才貌双全，骨子里的优越感使她无形中与人拉开了距离；小琦是文学青年，人如其名，沉静大气；雯雯则性格直率，为人热情，爱八卦。

开学初话剧社要招新，4 个人都报名了，面试环节让大家即兴表演一个桥段，小丽的感性和投入让她很快入戏，当场被录取；而小琦因为其出色的文笔被选到编剧部。不巧的是因录取名额有限，最后只能在静静和雯雯中选一位留下，竟然还让二人写一段自我陈述来说明为什么录用自己，结果自以为成功在握的静静竟然落选了。每次大家在宿舍谈论话剧社的事情时,静静的脸色都不太好看。慢慢好像形成了一种默契,有静静在时,话剧社的话题就成为禁忌。有一天静静从外面回来,快走到门口就听到大家聊得很热闹,可是自己推门进去后,大家的谈话却戛然而止,好像有意回避自己似的,不知道她们在背后会怎么想自己呢。从此,静静早出晚归,尽量少在宿舍呆。慢慢地,静静成了大家最熟悉的陌生人。

案例二　困扰——网络交往代替现实交往

假期里,小宇听妈妈说起邻居张阿姨家的儿子小吴。已经大三的小吴因为在学业上受了挫折,变得很内向,也无法融入到同学中去,于是开始一天到晚上网。他说:"我喜欢泡在网上,因为在网上可以给我自重感,没有人看不起我。我交了许多朋友,甚至有的朋友会打电话来找我,说我有个性,说我幽默,虽然在现实中我并不是这样的。我似乎找到了我要找的东西,又担心这会使我更加脱离现实。"他还说:"我不知道网络对人格发展究竟有没有影响。在网络上,一方面一个人的性格可以得到极度的张扬;而另一方面,一个人很多时候表现出来的又不是现实生活中真实自我的性格。我们不能否认它的真实,却更不能否认它的虚拟。"

> **解读**
>
> 　　人与人之间的交往必须建立在互相尊重、相互理解的基础上。可实际上不少人因个性特征、对他人认知等方面存在问题,以及缺乏人际交往技巧而使人际关系处于紧张状态,引发各种心理问题。因此,改善人际关系以顺利适应未来社会生活具有重要的意义。
> 　　很多在现实交往中受挫的同学会转向网络寻求心灵的安慰,网络以其匿名性、隐蔽性、便捷性为大学生孤独的心灵搭建了通往外界的桥梁,拓展了他们与世界的联系。然而网络交往并不能取代现实交往,如果一个在网络中如鱼得水的人,在现实中寸步难行,就不是适应社会的表现。

心理知识吧

一、大学生人际交往的特点

1. 交往需求强

正处青春期的大学生作为一个特殊群体,他们自立、思想活跃、精力充沛、兴趣广泛,人际交往的需要极为强烈,力图在人际交往中去认识世界、获取友谊,渴望在同龄人中建立能够充分交流思想、互相信任的交往关系,获得同伴的接受、认可、尊重、信任,以保持情绪的稳定和足够的自尊心、自信心。他们常常喜欢说的一句话就是"理解万岁"。

2. 开放主动性

大学生的交往意识很强,范围也在不断扩大。交往对象从本班、本年级到本系和本校以外的同学。交往形式灵活多样,如各种联谊活动、集体郊游、学术探讨、文化沙龙等。社会活动日益增多,大学生走出校园,深入社会,了解社会并积极服务社会。

3. 平等独立性

随着自我意识的不断发展,大学生对独立和自尊的要求日益增强。于是产生了强烈的"成人感",不愿意别人把自己看作不成熟的孩子,对交往的平等性要求越来越高。当他们对他人平等相待时,也希望他人能够平等待己。所以他们往往选择与自己经历相似的同辈交往而远离父母,期望交往的对象真诚、坦率、心理相容,彼此尊重,讨厌对方居高临下、盛气凌人。当然,这种平等主要是指人格上、精神上的平等。

4. 富于理想化

大学生在日常交往中总是有着较高期望值,充满理想色彩。大学生一般崇尚高雅、鄙视庸俗、崇尚真诚、鄙视虚伪。他们希望交往对象是纯洁的、真诚的,没有任何功利色彩,双方的友谊和感情是珍贵的。但在实际的交往中,很多事情不能令人满意,不能像想象的那样好,理想与现实的差距又往往使他们产生强烈的反差感和失落感。

5. 渴望与异性交往

大学生性生理已经发育成熟,性心理也趋于成熟,对于异性充满兴趣,渴望与异性亲近、与异性交往。但现实中的男女同学间的交往却不尽如人意。相当一部分同学在与异性交往时表现得不自然、不自在,有的不能很好地把握友谊与爱情的界限。这些都影响着男女同学之间的交往。

二、大学生不良人际关系类型

有关调查表明,不少大学生的心理问题是由人际交往方面的问题导致的。仔细分析大学生人际交往中出现的困惑、不适,可以将大学生不良人际关系分为以下五大类:

1. 孤芳自赏型

这类同学通常能正常地与人交往,人际关系也不错,但自感缺乏能互诉衷肠、肝胆相照、配合默契、同甘共苦的知心朋友,不屑与他人多交往。为此,有时不免感到失落和孤独。

2. 个别不适型

这类同学与多数人交往良好,但与个别人交往不良。他们可能是室友、同学或父母等与自己关系比较近的人,由于与这些人相处不好,常会影响情绪,成为一块"心病"。

3. 交往困难型

这类同学渴望与人交往,但由于交往能力有限、方法欠妥或个性缺陷、交往心理障碍等原因,致使交往不尽如人意,很少有成功的体验,他们往往感到苦恼,很希望改变社交状况。

4. 社交恐惧型

这类同学对人际交往特别敏感、害怕,极力回避与人接触,不得不交往时则紧张、恐怖、心跳加快、面红耳赤,难以自制,总是处于焦虑状态。他们害怕自己成了别人注意的焦点,害怕自己在别人面前出洋相,害怕被别人观察,总担心自己会出现错误而被别人嘲笑,总处于一种莫名的心理压力之下。为此,常常陷入自卑、焦虑、痛苦之中。

5. 拒绝交往型

这是比较特殊的一类，前四类同学都有交往的愿望，而此类同学则缺乏这种愿望和兴趣。他们自我封闭、孤芳自赏或存有怪僻。

比较而言，前三类是一般性社交不适，人数比例也较高，而后两类属严重的社交障碍，比例虽小，但对身心的健康发展危害很大。

三、大学生人际交往常见的心理问题

在现实生活中，大学生虽然有强烈的交往动机，也认识到交往在社会生活中的重要作用，可实际上不少人因个性特征、对他人认知等方面存在问题，以及缺乏人际交往技巧而使人际关系处于紧张状态，引发各种心理问题。因此，分析大学生人际交往中常见的心理问题，积极寻找对策，有针对性地给予相应辅导和帮助，排除交往中的心理障碍。对增强大学生人际交往能力、改善人际关系以顺利适应未来社会生活等都具有重要的意义。常见的交往心理问题有以下几种：

1. 人际认知偏差

在交往中凡是没有正确认识自己或他人就会导致认知偏差。这种认知偏差主要表现为以下两种形式：

（1）对自我的认知偏差　这种偏差是指没有摆正自我在人际关系中的位置，过低或过高地评价自己。对自我的认知偏差又可表现为自恋、自卑、以自我为中心这三种形式。自恋者常表现出过分关心自我、欣赏自我，抱怨别人不重视自己的倾向，是一种不正常的情绪反应；自卑者往往过低地评价自我，封闭自我，不愿与人交往；而以自我为中心者处处表现为以自己的需要和兴趣为中心，只关心自己的利益得失，不考虑别人，常在人群中自讨没趣。

（2）对他人的认知偏差　心理学研究表明，对交往对象与交往关系的看法和态度直接影响到人际互动关系的性质和趋势，人们在认识交往对象时容易产生几种常见的心理效应而导致对他人的认知偏差，如首因效应等。

2. 常见的情感障碍

人际交往是人与人之间的心理沟通，充满了情绪和情感的因素，在某种意义上，人际关系就是指人与人之间情感关系和心理距离的远近。因此在人际交往过程中，个人的情绪因素，如自卑感、怯懦、孤僻、偏执、嫉妒、控制欲强、霸道等，极易导致交往困难。常见的人际交往情感障碍有以下几类：

（1）孤僻心理　交往本身应是交往者之间的互动过程，其前提应是互相开放、相互作用。有些人由于受社会条件、自然环境或个性特征的限制，形成一种封闭心理。他们乐于独处，不热心与人交往，即使参与群体活动也是身到心不到、沉默寡言、我行我素、内心封闭自守，长期下去，就形成了一种孤僻心理。孤僻心理堵塞人与人之间信息流通的渠道，隔离彼此间的感情交流，是一种严重的交往心理障碍。

（2）羞怯心理　同孤僻心理一样，羞怯心理也属于封闭型心理。现实生活中羞怯的人较为普遍，他们同人谈话就面红耳赤、胆战心惊。有的人同亲人、熟人交谈滔滔不绝、侃侃而谈，但一遇到陌生人，一到大庭广众之下，就手足无措，语无伦次，这是羞怯心理在作祟。羞怯心理的产生大致有两方面因素：一是先天遗传的神经活动类型；二是后天的心理发展状况。主要因素是后者。过于自卑、神经敏感、害怕失败等，时间长了就形成心理定势。如果没有意识地锻炼自己，可能会陷入交往心理障碍的怪圈。

（3）偏狭心理　偏狭，即"偏执、狭隘"的意思。具有偏狭心理的人，待人接物以利相投，利尽而止，嫉恨别人超过自己，斤斤计较个人利害得失，容易生气、记仇、报复、虚伪、敏感。战国时期的庞涓看到孙膑才干超过自己，就蓄意陷害孙膑；《水浒传》中称雄梁山的王伦，百般刁难林冲；《三国演义》中的曹操，误杀吕伯奢，这些都是偏狭心理的突出例证。不难看出，偏狭心理产生的原因，并非完全出于个人的性格，其品德也起着重要作用。

（4）嫉妒心理　具有嫉妒心理的人，嫉妒别人的才干和能力，怕别人超过自己。他们只求索取，不思回报，对别人总是留一手，绝无诚实、忠厚和信任可言，一般人也不可能愉快地与之交往。嫉妒心理是一种深藏于心中的情感，经过内心的加热、发酵或膨胀，最后会以歪曲的形态爆发出来，如不服输、不愉快、敌视、自惭、自怨等。

（5）猜疑心理　交往的前提是相互信任，而猜疑心重的人，常小肚鸡肠、作茧自缚、戒备森严，很难与人广泛交往。猜疑心理的产生与假想目标有关。这种人的思想常从假想开始，越想越像，自信无疑。《列子·说符》中描写的"疑人偷斧"是对猜疑心理入木三分的刻画：同样一个人，由于主观臆断，前后判若两人。这种假想目标和与之相匹配的假想思路，构成了他那封闭性的思维方式。有猜疑心理的人总是从负面看待人和事，总觉得自己时时受到威胁，久而久之，发展到除了自己谁也不信任的地步。

（6）自卑心理　自卑是指对自己的能力和品格作出过低的评价，认为自己在某些方面不如他人。自卑，从心理学上讲属于性格上的缺陷。自卑心理的产生主要来自主观思维方法中的归因不当。例如，有的学生学习成绩不好，却不从学习态度、刻苦程度、学习方法不当等方面寻找原因，而仅归结为天赋不高、能力低下，并认为这是不可逆转的，因而自惭形秽，自暴自弃，产生自卑心理。有自卑心理的人大多较为敏感，缺乏自信，处事过分谨慎，往往羞怯封闭、害怕交往，甚至会形成"社交恐惧症"等严重的心理障碍。

（7）自负心理　自负心理常表现为个体以自我为中心、对交往对象的外在排斥、产生轻视他人的言语和行为。自负者自命不凡，脱离实际，轻视别人，对己对人都不能作出恰如其分的评价，结果往往使自己陷入孤芳自赏、狂妄自大的盲目之中，终将被朋友所抛弃。自负心理与信任、平等、友善、互补的交往原则相悖，是一种十分有害的不良交往心理。

（8）逆反心理　逆反心理是指在特定条件下，交往者刻意产生一种与被交往者意愿相反的心理现象，常伴有抵触、厌烦、懈怠、抗议等情绪反应。这些情绪无法使交往双方情感相融，信息相通。具有逆反心理的人，往往过于在乎别人的方式方法，易钻牛角尖，易从负面思考，一旦不满，反应就比较激烈，好走极端。逆反心理既有妨碍交往的一面，又有寻求重新建立交往关系的一面，若能因势利导，也许会另有收获。

快乐向前冲

心理游戏一　　　　　　　　　　心有千千结

15人一组，手牵手连成一个大圈，面向圆心。请记住自己的左右手分别牵的是谁。松开手，音乐响起，学生们随着音乐在小范围内随意走动。音乐停，学生们站住。在不挪动位置的情况下去牵原来左右手牵的人（如果实在够不着，可以允许稍微挪动一些）。现在手与手之间、人与人之间，结成了一个异常混乱的死结。要求在不说话、不松手的情况下把结打开。最后恢复成大家开始时手拉手围成的一个大圆圈。

心理游戏二　　　　　　　　　　地雷阵

2人一组，在一块地面平坦、没有障碍物的空地上划出一片区域作为"雷区"，雷区面积不宜太小，应在10平方米以上。在"雷区"内撒上各种物品当作"地雷"。一人蒙住眼睛进入"雷区"，另一人充当指挥员。由指挥员发出指令，指挥被蒙住眼睛的同伴通过地雷阵。期间"盲人"不能踩到任何东西，否则就要回到原点，重新开始。指挥员只能在线外，不能进入地雷阵中，也不能用手扶伙伴。

心理一点通

友谊是我们哀伤时的缓和剂、激情的舒解剂，是我们压力的流泻口、我们灾难时的庇护所、犹疑时的商议者，是我们脑子的清新剂、我们思想的散发口，也是我们沉思的锻炼和改进。

——杰利密·泰勒

越读越开心

多种交往实践

每天待在房间里，一个人反复朗读文章，对你在人际交往中的表达能力不可能有实质性的提高，你必须经常在各种交往中进行实际锻炼，才会真正提高自己的表达能力。

与陌生人聊天——和陌生人聊些什么，怎样聊才能给对方留下较为深刻的印象，这可是摆在你面前的一个首要问题，解决了它，你的表达能力必然会提高。

和观念不同的人交流看法——并不一定要强求对方认同你的观点，关键是在交流中知道如何表达出自己的看法，在争论中体验沟通的乐趣。

参加演讲——虽然缺乏与自己交流的对象，但讲的时候有演的成分，不仅可以锻炼口齿，而且还能更多从形体、情绪等方面表现自我，增强自信心。

当辩论赛的辩手——充分阐述自己的观点，想尽办法驳倒对方的立论，这可是锻炼表达能力的大好时机，千万别错过。

说服别人——若觉得自己有道理，就想办法说服别人，而且让他心服口服。

赞美别人——"人性深处，无不渴望被赞赏。"你要首先发现别人的优点，然后真诚地表达自己的欣赏。缺乏了这份真诚，赞美就可能变成奉承和讥讽。

说出自己的真实感觉——如果某位同学的言行确实伤害了你，你要勇敢地说出自己的感觉，请他停止。当然，开口之前，要考虑语气和表达方式。

培养多元化的兴趣，积极参加各种社会活动。比如在学校里参加你喜欢的协会、联欢会和各种集体活动。这些都是非常重要的与人沟通的机会，能丰富自己的人际网络，并可以此为基础培养团队精神，掌握沟通技巧。

从小学到大学，说了十几年的话，你完全有理由相信自己是"能说"的。那么，交往的问题在哪里？问题的关键是你要有在他人（尤其是陌生人）面前开口说话的勇气和信心。因此，"说吧，说你想说的一切吧！"

第三节　建立和谐的人际关系

人际沟通不仅是一种技巧，也是一门学问，更是一种艺术，通常包括语言沟通和非语言沟通。语言是思维的载体，是交往的工具，它在交往中起到交流思想和沟通情感的作用。讲究语言艺术，是培养人际交流能力的重要内容。首先，应正确运用语言，学会用简练、清晰、生动的语言准确表达自己的思想，养成礼貌用语的习惯。其次，学会有效倾听，耐心倾听对方讲话，并表达对对方的尊重、理解。再次，把握谈话技巧。

青春那些事

案例　不会说话的后果

今年从某高校毕业的教育学硕士雅丽，从去年开始到处找工作，一直到毕业后仍然没有结果，只能靠帮亲戚看铺子、带孩子来维持生计。雅丽总结自己求职屡战屡败的经历，大部分是在面试环节时被淘汰。此前，雅丽实习的中学校长非常想录用她，表示只要通过试讲就可以录用，但是她一上讲台，脑子就一片空白，语无伦次，结果与机会失之交臂。雅丽告诉记者，自己从小学习优秀，但是不喜欢表现自己。没想到研究生毕业竟然因为不会"说话"而找不到工作，对此她觉得既憋屈又无奈。

解读

在目前未就业的大学毕业生中，80%左右的人存在语言表达和沟通交流能力差的问题。欠缺与人交往能力，对大学生的交友、恋爱、就业乃至未来发展都影响深远。学会人际交往与沟通的艺术是大学生的必修课。

心理知识吧

一、把握成功交往的基本原则

人与人的交往是一个互动、互利、互助、互惠的过程，若要取得良好的交往效果，交往双方都必须遵循一定的交往基本原则。

1. 平等

生活在现实中的每一个人，无论职务高低、知识多寡、贫富差距、身体强弱、年龄长幼、性别不同，在人格上都是平等的。因此，在人际交往中我们绝不能把自己高抬一寸，把别人低放一尺，有意与对方"横着一条沟，隔着一堵墙"，给别人一种"拒人于千里之外"之感。如果在交际中以权压人、以势压人、以强凌弱，把自己看得高人一等，把别人看得一钱不值，那就根本不可能有人人平等，不可能有和谐相处的人际关系了。

2. 尊重

渴望受到尊重是每个人的基本心理需求。在人际交往中，我们对所有的人，不管其地位高低贵贱，都应该给予应有的尊重。我们不仅要尊重他人的人格、他人的个性习惯、他人的权力地位、他人的情感兴趣和隐私，还要尊重彼此存在的外显或内在的心理距离，不要轻易地去突破它、破坏它，否则就是对对方的冒犯，势必造成对方的戒备、反感和疏远。

3. 沟通

中央电视台著名节目主持人白岩松曾说："每个生命都需要表白。"那么，与表白如影随形的便是人与人之间的沟通。只有沟通，才能让别人了解自己，同时自己也才能了解别人；只有沟通，才能不断地增进彼此的理解，从而减少或避免一些不必要的误会和摩擦。越是不沟通，越是有意设防，就越难使人心达到交融。沟通需要主动，一味地等着别人与自己沟通，等不来"好人缘"。能沟通不等于会沟通，善于沟通者知道根据不同的对象、场合，采取不同的交际方式。沟通总是与口才紧密相连，口才能为你的沟通铺平顺畅的道路，能帮你的交际中抒写和谐的乐章。

4. 宽容

俗话说，"尺有所短，寸有所长"，人的性格、特长各有差异，在处理人际关系时不能强求一致。人与人要和谐相处，就要有求同存异、相互谅解、不求全责备的宽广胸怀。既然我们自身都不完美，我们又怎能苛求他人完美无缺呢？在人际交往中，我们对他人的要求不要过分，不要强求于人，而要能让人时且让人，能容人处且容人。人非圣贤，孰能无过？一旦对方犯了错误，我们也不要嫌弃，应原谅别人的过失，帮助别人改正错误。"海纳百川，有容乃大"，古语又说，"水至清则无鱼，人至察则无徒"，在工作和生活中，人们总是喜欢和那些宽容厚道的人交朋友，正所谓"宽则得众"。

5. 欣赏

希望得到别人的注意和肯定，这是人们共同的心理需求，而欣赏正是满足这种需求的一种交际方式。人际关系大师卡耐基说："避免嫌弃人的方法，那就是发现对方的长处。"因此，在交际中我们应抱着欣赏的心态来对待每一个人，时时留心身边的人和事，多发现别人的优点和长处。赞美是欣赏的直接表达，有道是"良言一句三冬暖"，一句真诚的赞美往往可以给别人也给自己带来好心情。学会发现别人的长处并由衷地赞美吧，这是促进人际关系和谐的"润滑剂"。

6. 换位

在现实生活中，我们总是习惯从自己的主观判断出发来为人处世，因而常导致一些误解的发生。所以，要达到彼此的认同和理解、避免误会和偏见，就要学会"换位思考"。所谓"换位"，就是要善于从对方的角度和处境认知对方的观念，体会对方的情感，发现对方处理问题的个性方式。只有设身处地地多为别人着想，才能够最大限度地理解别人，从而找到相处的最佳途径、解决问题的恰当方法。孔子有言："己所不欲，勿施于人。"说的就是这个道理。也正如一位哲人所说："你希望别人怎样对待你，你就先怎样对待别人。"因此，交际中只要少一点自以为是，多一点换位思考，就会少一些误解和摩擦，多一些理解与和谐。

7. 弹性

一个人的人际关系不和谐，原因可能是多方面的，其中往往与其交际方式太死板、不留余地有关。因此，我们需要在交际中建立一个"弹性隔离带"，使自己、对方，甚至双方都能获得更大的回旋空间，以减少或避免一些不必要的摩擦或伤害。

例如，在答应别人时，不要总是那么言之凿凿，一旦自己因客观原因无法兑现，岂不给对方以"言而无信"的印象；在拒绝别人时，不要总是那么生硬地一口回绝，不妨先答应考虑一下，给自己留点回旋的空间，以便到时候"进退有据"；在批评别人时，不要一味地高声大喊，如果是在公众场合，最好点到为止，照顾一下对方的自尊；与人争论或争吵时，不要口不择言地说些"过头话""绝情语"，这不仅会严重伤害对方的感情，而且也往往使双方难以"下台"；在请人帮忙时，不要直接让对方按你的要求去做，一旦对方对于事情无能为力，难免会造成尴尬的局面。

8. 诚信

孔子说："人而无信，不知其可。"诚信是无形的"名片"，关乎一个人的形象和品质。每个人都是建设诚信大厦的砖瓦，需要从自身做起，从身边的一件件小事做起，例如，不要失信他人，对别人有求于我们的事，我们一旦答应了就要尽全力去办。如果确因客观原因无法完成，就应解释清楚，求得对方的谅解；要尽可能本色地做人，不要总是戴着一副假面具与人交往，虚与委蛇；不要抱着"没有永远的朋友，只有永远的利益"的想法，以一种"利用"的心态与人交往，甚至作出"过河拆桥"的卑鄙之举；防人之心固然不可无，但也不必处处设防，总是用一种怀疑的眼光来看人，须知猜疑是人际关系的暗礁。

9. 合作

当今社会，人与人之间的竞争日益激烈，但这并不意味着合作变得可有可无。相反，随着社会分工的精细和工作内容智力成分比重的增加，许多工作依靠个体力量很难完成，而要依靠团队合作来实现。因此，合作是人际交往的基本准则，一个善于交际的人必定是个善于合作的人。在合作基础上竞争，在竞争基础上合作，是人际交往的基本态势。如果只讲竞争不讲合作，那么竞争必定是不择手段的恶性竞争和无序竞争，人际关系的和谐也将无从谈起。所以在人际交往中，我们应给予对方多一些支持，少一些拆台；多一些协商，少一些固执；多一些沟通，少一些封闭。只有这样，我们的人际关系才能少一些紧张与摩擦，多一些温馨与和谐。

10. 互惠

在现实生活中，人与人的关系之所以会出现不和谐的音符，产生一些矛盾和摩擦，其中可能与某方面的利益受损有关。因此，要有效化解矛盾、消除摩擦，就不能太自私、"吃独食"，而应坚持"互惠"，追求"双赢"。比如，在交际心态上，不要只顾着自己享受，不让别人舒服，更不能以置对方于死地为后快；考虑问题时不能只为自己着想而不为他人考虑，只顾眼前的利益而不考虑长远利益；在双方意见不能统一时，可跳出"思维定式"，谋求一个折中方案；当利益有争议时，双方要坐下来诚恳协商，必要时不妨都作出一定的妥协。人际关系要达到和谐，必须保持一定的平衡、双方受益，如果一方长期受损，这种关系是长久不了的。在交际中，只要我们肯先退一步，肯把对方的面子给足，肯在自己的底线上留有一定的弹性，肯与对方利益共享，共谋发展，那么，就一定能取得沟通的最佳效果，也一定能使人际关系变得更加和谐。

二、避免人际交往中的心理效应的影响

知人者智，自知者明，通过学习人际关系中的各种心理效应，能避免人际交往中的主观性和片面性，帮助我们正确地认识自己和了解他人，保持人际交往的顺利进行。

1. 首因效应

首因效应也称"第一印象效应"。它是指第一次交往中形成的印象会对以后的交往关系产生深刻的影响，即心理学上所讲的前摄作用，这是符合人类的心理活动规律的。首因效应产生的根源在于人类知觉的恒常性。知觉的恒常性是指人在认识事物时会形成一定的印象，当知觉的条件在一定范围内改变时，知觉的印象却保持相对的不变。知觉的恒常性保证了人对事物认识的相对稳定，但同时也容易导致认识上的偏差，容易产生人际认知上的表面性和片面性。

首因效应在大学生的人际交往中较为普遍。如不少大学生人际交往中的第一印象多反应为对方的相貌、衣着、举止、气质、风度等表面特征，尤其是在青年男女的恋爱交往中所反映出的"一见钟情""相见恨晚"的心态。这种先入为主、缺乏深入了解和认识的行为，常常会造成认识上的偏差，使人陷入人际交往的误区。

2. 近因效应

近因效应是指交往中最后一次见面给人留下的印象。最后留下的印象往往是最深刻的，这就是心理学上所谓的后摄作用。首因效应与近因效应不是对立的，而是一个问题的两个方面。通常情况下，对第一次交往的人，首因效应比较明显，而对相对熟悉和久违的人来说，近因效应所起的作用则更大一些。

近因效应对当今学生的人际交往的影响也是普遍存在的。如有的学生与人相处时容易顾此失彼，容易冲动和激动，常因为一点小事闹矛盾、不团结，甚至反目成仇，不考虑平时的交情；有的学生平时一贯表现很好，可一旦做了一件错事或犯了一点错误，就容易给别的同学留下很深的负面印象。近因效应具有很大的片面性，学生在人际交往中应注意克服近因效应带来的认知偏差，要学会运用动态的、全面的、历史的、发展的眼光看待他人，看待人际交往。

3. 晕轮效应

晕轮效应也称月晕效应或亮环效应,是指在人际认知中,常常把对方所具有的某个特征泛化到其他一系列尚不知道的特征上,也就是说从已知特征推广到未知特征,形成对知觉的完整印象的心理现象。人们常说的"情人眼里出西施""爱屋及乌"等,就是晕轮效应。

晕轮效应是一种将信息泛化、扩张的认知方式,这就是心理学上所谓的泛化作用。大学生在人际交往的认知中,经常有这样的泛化。例如,喜欢交往对象的某一特征,就认为其他一切都好;反之,讨厌交往对象的某一特征,就认为其他一切都不好。这是一种以点带面、以偏概全的思维方式。

4. 刻板效应

刻板效应,即笼统地把人划分为固定概括的类型加以认识的心理现象。由于人们所处的地理、政治、经济、文化及职业不同,人们对一定类型的人(如同地缘、同职业的人群)有一种沿袭已久的固定看法,而这种看法往往积淀为人的一种心理定势,并用于判断、评价具体某个人的人格特征。例如,用区域评价一个人,认为北方人一定身材魁梧、正直豪爽,南方人一定小巧玲珑、精明能干;按性别判断一个人,认为男生一定勇敢,女生一定脆弱等。这种刻板印象所产生的积极的一面,即借助社会生活沉淀而形成的某一类人的共性,使认识他人的过程简单化,有利于人们对某一个人、某一群体作出概括性的反应。但是这种反应并不一定合乎实际,因为即使在同一类人中,除了共性之外,还存在个性,而且个性的存在是普遍的。固然,刻板印象所产生的人际认知和评价是不全面、不正确的,有时会造成偏见或成见,无疑会给正常的人际交往带来负面影响。

5. 自我投射效应

自我投射效应是指个人将自己不喜欢接受的,但自己所具有的性格、观念、态度、欲望等转移到别人身上,正所谓"以小人之心度君子之腹"。以己度人,把自己的情感、意志、特征等投射到他人身上,强加于人。自我投射包括情感投射和愿望投射。情感投射是认为别人与自己的好恶相同;愿望投射是指把自己的主观愿望投射于他人,认为他人也如自己所期望的那样,把希望当成现实,结果往往对他人的情感、意向作出错误判断,歪曲了他人,造成交往障碍。

三、掌握人际交往的艺术

1. 语言艺术

"良言一句三冬暖,恶语伤人六月寒。"这句话告诉我们交往时要注意运用语言的艺术。语言艺术运用得好,就能优化人际交往。相反,如果不注意语言艺术,往往在无意间出口伤人,容易产生矛盾。

(1)称呼得体　称呼反映出人们之间心理关系的密切程度。恰当得体的称呼,使人能获得一种心理满足,使对方感到亲切,交往便有了良好的心理气氛;称呼不得体,往往会引起对方的不快甚至愤怒,使交往受阻或中断。所以,在交往过程中,要根据对方的年龄、身份、职业等具体情况及交往的场合、双方关系的亲疏远近来决定对方的称呼。对长辈的称呼要尊敬，对同辈的称呼要亲切、友好，对关系密切的人可直呼其名，对不熟悉的人要用全称。

（2）语言表达恰当

1）正确运用语言，表达清楚、生动、准确、有感染力、逻辑性强、少用土语和方言，切忌平平淡淡、滥用辞藻、含含糊糊、干巴枯燥。

2）语音、语调、语速要恰当，要根据谈话的内容和场合，采取相应的语音、语调和语速。

3）讲笑话要注意对象、场合、分寸，以免笑话讲得不得体，伤害他人的自尊心。

（3）适度赞美　每个人都希望别人赞美自己的优点。如果我们能发掘对方的优点，进行赞美，他会很乐意与你多交往。但赞美要适度，要有具体内容，绝不能曲意逢迎。真诚的赞美往往能获得出乎意料的效果。

（4）巧用幽默　幽默是智慧的结晶，是一种高超的语言艺术。幽默能调节气氛，消除疲劳，化解冲突，使交往充满轻松和快乐。

（5）避免争论　大学生喜欢争论，但争论往往是在互不服输、面红耳赤、不愉快中结束。有时甚至会演变成对他人的人身攻击。因此大学生要尽量避免争论，要通过讨论、协商的途径解决分歧。

语言艺术运用得好，就能吸引和抓住对方，从内容到形式满足对方的心理需要，使交往关系密切起来。

2. 非语言艺术

非语言方式也是交往沟通的重要途径，是指人际沟通过程中人们运用自己的肢体语言以及肢体动作和周围的环境因素等交流思想、情感和信息的沟通形式。主要包括：

（1）学会运用非语言沟通　掌握和运用好这种交往艺术，对大学生建立好人际关系是不可少的。俗话说："眼睛是心灵的窗户""眼睛像嘴一样会说话"。面部表情是内心情绪的外在表现，它们均能表达人的态度和情感。如眉飞色舞表示内心高兴，怒目圆睁表示愤怒等。交往中还可用人体动作来表达思想。如果能在人际交往中根据谈话的内容和场合，正确运用非语言艺术，巧妙地表达自己的思想感情，有时能起到"此时无声胜有声"的作用。非语言艺术要运用得恰到好处，不可过于频繁和夸张，以免给人手舞足蹈之感。

（2）学会有效地倾听　人际关系学者认为"倾听"是维持人际关系的有效法宝，几乎所有人都喜欢能听自己讲话的人。所以，大学生要学会有效地倾听。在沟通时，作为听者要少讲多听，不要打断对方的谈话，最好不要插话，要等别人讲完之后再发表自己的见解；要尽量表现出倾听的兴趣，听别人讲话时要正视对方，切忌小动作，以免对方认为你不耐烦。力求站在对方的角度，设身处地地考虑问题，对对方表示关心、理解和同情，不要轻易与对方争论或妄加评论。

3. 努力增强自己的人际魅力

人际魅力是指在人际交往过程中形成的，个体对他人给予的积极和正面评价的倾向。每个人都有自己喜欢的人，并愿意与之交往；每个人也都有自己讨厌的人，不愿意和这些人交往。这种现象实际上反映的就是人际吸引。那么，大学生应该如何增强人际吸引力，做一个受欢迎的人呢？

（1）努力建立良好的第一印象　怎样表现才能给人留下良好的第一印象呢？心理学家卡耐基在其著作《如何赢得朋友及影响他人》一书中总结出给人留下良好的第一印象的六种途径：① 真诚地对别人感兴趣；② 微笑；③ 多提别人的名字；④ 做一个耐心的听者，鼓励别人谈他们自己；⑤ 说符合别人兴趣的话题；⑥ 以真诚的方式让别人感到他很重要。

（2）塑造个人的内外气质　追求美、欣赏美、塑造美是人的天性。美的外貌、风度能使人感到轻松愉快，并且在心理上构成一种精神的欣赏。所以，大学生应恰当地修饰自己的容貌，扬长避短，注意在不同场合下，选择样式和色彩符合自己的服装，形成自己独特的气质和风度。同时，应注意追求外在美和内在美的协调一致，即秀外慧中。但随着时间的推移、交往的加深，外在美的作用会逐渐减弱，对他人的吸引会逐渐由外及内，从相貌、仪表转为道德、才能。

（3）培养良好的个性特征　良好的个性特征对建立良好的人际关系有吸引作用，不良的个性特征对建立良好的人际关系有阻碍作用。生活中，大家都愿意与性格良好的人交往，没有人愿意与自私、虚伪、狡猾、性情粗暴、心胸狭隘的人打交道。因此，要不断形成良好的个性特征，克服性格上的弱点。

（4）加强交往，密切关系　心理学研究表明，人与人空间距离上的接近，是促进人相互吸引的重要因素，因为人与人空间位置上越接近，彼此交往的频率就越高，越有助于相互了解、沟通情感、密切关系。即使两个人的人际关系比较紧张，通过交往，也有可能逐步消除猜疑、误会。反之，即使两人关系很好，但如果长期不交往，彼此了解不多，其关系也会逐渐淡薄。大学生同住在一起，接触密切，这是建立友情的良好的客观条件，应充分利用这一条件，与同学保持适度的接触频率，才能使人际关系不至于淡化甚至消失，切忌"有事有人，无事无人"。

人际交往关系到一生的成败、幸福，不能不重视它。如何正确处理好人与人之间的关系是一门学问，更是一种艺术。但是，掌握这门艺术的关键是我们对人性的了解和掌握，了解自己的长处和短处，并不断地完善自己，我们就能减少防卫，更坦然地走向他人，更自信地与他人交往。

心理测试：人际交往能力测试

请结合自身情况考虑下面的问题，回答"是"或"否"。

1. 你喜欢参加社交活动吗？
2. 你喜欢结交各行各业的朋友吗？
3. 你常常主动向陌生人作自我介绍吗？
4. 你喜欢发现陌生人的兴趣吗？
5. 你在回答有关自己的背景与兴趣的问题时感到为难吗？
6. 你喜欢做大型公共活动的组织者吗？
7. 你愿意做会议主持人吗？
8. 你与有地方口音的人交流有困难吗？

9. 你喜欢在正式场合穿庄重的服装吗？
10. 你喜欢在宴会上致祝酒词吗？
11. 你喜欢与不相识的人聊天吗？
12. 你在父母的朋友面前交谈自如吗？
13. 你在院系集体活动中介意扮演逗人笑的丑角吗？
14. 你喜欢成为院系联欢会上的核心人物吗？
15. 你曾否为自己的演讲水平不佳而苦恼？
16. 你与语言不通的外国人在一起时感到乏味吗？
17. 你与人谈话时喜欢掌握话题的主动权吗？
18. 你与地位低于自己的人谈话时是否轻松自然？
19. 你希望地位低于自己的人对你毕恭毕敬吗？
20. 你在酒水供应充足的宴会上是否借机开怀畅饮？
21. 你曾因饮酒过度而失态？
22. 你喜欢倡议共同举杯吗？

评分与解释：本测验的答案并无正误之分。只是一般情况下，擅长于社交的人会倾向于以下答案：

1. 是　　2. 是　　3. 是　　4. 是　　5. 否　　6. 是　　7. 是　　8. 否
9. 是　　10. 是　　11. 是　　12. 是　　13. 否　　14. 是　　15. 否　　16. 否
17. 是　　18. 是　　19. 否　　20. 否　　21. 否　　22. 是

检查你在每一题上的答案，若与上述相应答案符合得 1 分，否则得 0 分。计算你的得分。

17~22 分：你在各种各样的社交场合都表现得大方得体，从不拒绝广交朋友的机会。你待人真诚友善，不狂妄虚伪，是社交活动中备受欢迎的人物，也是公共事业的好使者。

11~16 分：你在大多数社交流动中表现出色，只是有时缺乏自信心，今后要特别注意主动结交朋友。

5~10 分：也许是由于羞怯或少言寡语的性格，你没有表现出足够的自信。当你应该以轻松、热情的面貌出现时，你却常常显得过于局促不安。

4 分或以下：你是一个孤独的人，不喜欢任何形式的社交活动。你难免被人视为古怪之人。

自测后提醒：此问卷仅作为了解自己的参考，如有疑问，请咨询专业人员。

心理故事：地狱和天堂的长勺

上帝派使者视察地狱和天堂，使者来到地狱，看见地狱里的人手里拿着一只一米长的勺子，勺子里有很可口的食物，可是地狱里的人却饿得面黄肌瘦，不成人样。原因就是勺子太长，饿得发疯的人们怎么也不能把食物送到嘴里，总是够不着而洒到地上，食物马上就不见了，于是地狱里的人就始终重复舀食物——够不着——洒到地上——食物消失的悲惨生活，忍不住的人就去抢、骗、偷……导致整个地狱乌烟瘴气，血腥弥漫。

使者又来到天堂，发现天堂里的人也是拿着一米长的勺子，也是同样可口的食物，但是天堂里的人却个个容光焕发，神采飞扬！天堂里，人与人之间友好和善，非常快乐和谐地生活在一起，如此天壤之别，唯一不同的就是天堂里的人不是将勺子里的食物喂给自己，而是彼此给对方喂吃的，一米的距离就变成了人与人之间的零距离。

心理一点通

与有肝胆人共事，从无字句处读书。

——周恩来

和太强的人在一起，我会感觉不到自己的存在。交朋友不是让我们用眼睛去挑选那十全十美的，而是让我们用心去吸引那些志同道合的。

——罗兰

酒食上得来的朋友，等到酒尽樽空，转眼成为路人。

——莎士比亚

越读越开心

据美国心理学家保罗·艾克曼的研究，面部表情可分为最基本的六种：惊奇、高兴、愤怒、悲伤、藐视、害怕。他发现不管生活在世界上哪个角落的人，表达这最基本的六种感情的面部表情都是相同的。1966年，他曾把一些白人的照片拿到新几内亚一个处于石器时代的部落中，那里的岛民与世隔绝，以前从未见过白人，但他们都能正确无误地说出照片上白人的各种表情是什么意思。他还发现，生来就双目失明的人，虽然从未见过别人的面部表情，却能以同样的面部表情来表情达意。科学证明，面部表情是由7000多块肌肉控制的。这些肌肉的不同组合，甚至能使人同时表达两种感情，如生气和藐视，愤怒加厌恶等。

可见，容貌只告诉人们你长什么样，而唯有表情才说明你是谁，你是个什么样的人。因为表情后面是你的生活经历、学识修养、心态人格。

延伸阅读

1.《人性的弱点全集》，戴尔·卡耐基著

导读：该书是帮助你解决你所面临的最大问题：如何在日常生活、商务活动与社会交往中与人打交道，并有效地影响他人；如何击败人类的生存之敌——忧虑，以创造一种幸福美好的人生。当你通过该书解决好这一问题之后，其他问题也就迎刃而解。

2.《人际交往必懂的100个心理学定律》，杨甫德著

导读：每个人都可能在人际交往中遇到问题，该书将带给你不一样的关系视角，为你进行有深度、有智慧的剖析，帮助你迅速成长为人际高手。你一定会存在第101个人际问题，这并不代表该书不能涵盖，因为该书致力于教会你一种解决问题的思维，相信你一定能够学以致用，以"渔"捕"鱼"。同时，通过掌握这100条定律，你也将最终得出一种见解，一种方法，或是一个结论。这将是该书所带给你的最大收获，也是你成为人际高手的必备技法。

第八章　走进爱情伊甸园

> 从踏入大学校门的那刻起,绝大多数同学升学的压力瞬间消失。随着社会的影响、大学空闲时间的增多以及我们自身生理及心理的不断成熟,不少同学憧憬着在大学能够有一段美好的"邂逅"。因此,成双入对已经成为大学校园里一道靓丽的风景线。然而,心理的不成熟、认知上的错误以及性教育的缺失等因素,导致大学校园里因恋爱而发生的危机事件层出不穷。因此,掌握有关恋爱心理及性心理方面的知识是很有必要的。

第一节　透视爱情魔力

几乎每个人都想拥有一份美好的爱情。然而,并不是每个人都知道爱情到底是什么。现实生活中,不少同学匆匆忙忙地踏上了驶向爱情的列车。在列车行驶的过程中,由于自己的懵懂无知,导致列车走走停停,甚至脱轨,进而导致悲剧的产生。因此,在上车前,我们要了解有关爱情的基本知识,做好充分准备,这样才能在保护自己的同时,避免对他人造成伤害。

青春那些事

案例一　为了爱情

高中的时候,同学们忙着学习,没有多少时间和精力来想爱情这个主题。很多人以为到了大学就可以放心大胆地谈恋爱了。更有甚者认为大学如果不谈场恋爱,大学就白读了。小 A 就是这样想的。他准备从班上的女同学入手。因此,刚来到学校,小 A 就积极关注班上的女孩子,打听谁没有男朋友。当他对小 B 有感觉的时候,他就主动出击,加小 B QQ 跟微信,时不时就嘘寒问暖,约着小 B 一起上教室、逛街以及看电影等。小 B 过生日的时候,小 A 主动给她庆祝。等他以为时机成熟,向小 B 表白时,小 B 才恍然大悟,告诉他误会了,她现在还不想谈恋爱。这个时候小 A 感到很伤心……

案例二　静等花开

小 C 和小 D 在高中的时候就开始谈恋爱了。高考的时候,小 C 因为发挥不好,没有与小 D 一起考入大学,并且选择了复读。功夫不负有心人,第二年小 C 不仅考进了小 D 所在的大学,还上了同一个专业。

在小 C 复读的那一年里,小 D 看上了本班同学小 E,并对小 E "穷追猛打"。然而,事与愿违,小 D 的付出并没有得到回报,这让小 D 内心产生了极大的挫折感。在大一下学期，小D的学习受到了较大影响，人际交往方面也不例外。这在小C进入大学之后也没有发生多少变化。更令人想不到的是，小D开始对小C不温不火，似乎曾经的山盟海誓早已消失得无影无踪。

解读

爱情到底是什么？看完上述两个案例，我们似乎能明白些什么。为什么小A会很受伤？小C和小D的爱情会结出硕果吗？究竟是什么原因引起了这些烦恼？也许，只有真正理解爱情的内涵，才能搞清楚他们之间的区别。

心理知识吧

一、爱情是什么

随着大学校园内因恋爱而发生的心理危机事件不断增多，我们不禁要问：爱情到底是什么？当代大学生真的懂得爱情吗？

1. 爱情具有内在驱力

爱情是异性之间最强烈的人际吸引，是人际交往的升级版。人们之所以迷恋爱情，是因为爱情具有内发的性驱力，包括异性之间身体容貌特征的吸引等，这就是爱情的动机成分。换句话说，爱情不仅仅是精神之恋，它还包含性的成分。这也说明只有当个体生理与心理达到一定成熟度的时候，才有可能产生爱情。幼儿园小朋友之间的过家家是不能称为爱情的。

2. 爱情是高级情感

爱情的魅力之一在于，它既能让人们体验到酸甜苦辣，也能让人们不由自主地表现出喜怒哀乐。这就是爱情的情绪成分。然而，爱情并不是一种低级情绪。它是两性在一起时所感受到的复杂的情感体验，往往还难以用言语表达。这种情感体验只有恋爱中的人才能明白。

3. 爱情是理智的

有人说恋爱中的人智商为零，这句话在一定程度上是有道理的。然而，这并不代表恋爱中的人自始至终是晕晕乎乎、糊里糊涂的。因为在恋爱的过程中，人们会对双方的情感进行评价，会对恋爱行为进行调控，这是爱情行为中理智层面的体现，是爱情的认知成分。因此，在现实生活中，我们看到恋爱中的大学生的亲密行为是适可而止的。

二、大学生爱情的特点

毋庸置疑，大学生谈恋爱已经成为大学校园中一种普遍存在的现象。然而，从恋爱的成功率来说，最后只有极少的情侣能步入婚姻的殿堂。这是由大学生爱情所具有的特点决定的。

1. 物质性较弱

众所周知,大学生爱情比较单纯,功利性较弱。换句话说,大学生爱情较少涉及物质。即使涉及物质,所需要的花费也较少。一般而言,大学生用于恋爱的费用较低。然而,当参加工作后,生活成本直线上升,生存压力骤增,这给原本单纯的爱情提出巨大的挑战。

2. 阶段性较强

很多大学生的爱情止于毕业季。即使毕业的时候没有分手,毕业后一两年分手的比例也很高。所以,很多人又把毕业季称为分手季,这表明大学生爱情具有很强的阶段性。究其原因,主要在于很多时候双方毕业后为了解决生存问题,不得不选择异地工作。这是大学生爱情面临的最大挑战。

3. 利弊性共存

大学生谈恋爱究竟是利大于弊,还是弊大于利,至今没有一个绝对的定论。这主要取决于恋爱双方自己的选择。如果双方选择了共同奋斗,为了理想一起拼搏,那么恋爱有助于各方面的提升。相反,则会浪费大量宝贵的时间。

三、大学生爱情的类型

虽然大学生的爱情相对简单且单纯,但是由于个体的差异性较大,导致大学生的爱情存在一定的差异性。简单来说,大学生的爱情有以下类型:

1. 积极进取型

这类爱情的双方彼此互为动力,以共同的理想为目标,相互激励,相互支持,共同创造属于彼此的明天。在学习方面,恋爱双方因为爱情而更加努力,计划性更强,对于未来的规划也更加清晰。自修室、图书馆可能是他们经常出入的地方。

2. 消极打发型

这类爱情的基础比较薄弱,容易发生危机。例如,有的学生感觉空闲时间太多,想以恋爱来打发时间;有的学生看到别人都恋爱了,自己不找个恋爱对象好像都落伍了;有的学生想借助恋爱而达到某些目的等。所有这些都是消极的,恋爱的动机有待考究,自然结果可想而知。

 权衡利弊

1. 将全班学生分为若干组。
2. 学生独自填写表 8-1。

表 8-1 大学生谈恋爱的利和弊

大学生谈恋爱的利	大学生谈恋爱的弊

3. 小组讨论后，每个小组推荐一名代表阐述本组的意见。
4. 教师进行总结。

心理游戏二　　　　　勾勒我的另一半

填写表 8-2，看看自己心目中的他（她）是什么模样。

表 8-2 理想中的另一半

外貌特征				
身高	体重	年龄	发型	体型
心理特征				
性格	气质	兴趣	爱好	品德

心理游戏三　　　　　恋爱态度自测

每个人在恋爱过程中所持有的态度和所表现出的行为是千差万别的。请对下列问题作出"是"或"否"的回答，以便从中发现自己在恋爱中的态度。

1. 相对于冷色系的颜色来说，更喜欢暖色系。
2. 是急性子的人。
3. 不爱听别人的意见。
4. 经常换发型。
5. 过去有过"脚踏两只船"的情况，或现在正是这样。
6. 喜欢追求刺激。
7. 到现在为止交往过的男（女）朋友不超过 3 个人。
8. 即使失恋了也恢复得很快。
9. 食欲经常很旺盛。
10. 上学时，就算是没有把握，也积极回答问题。

11. 有恋人后，就会以恋人为生活的中心。
12. 即使有不高兴的事，睡一觉就会忘掉。
13. 能较多地考虑对方的心情。
14. 虽然机会很小，但是喜欢上了也没有办法。
15. 认为友情发展为爱情的几率很小。
16. 认为在与恋人的交往中，性生活是否和谐很重要。
17. 几乎都是我向异性进行表白。
18. 认为"恋爱是没有理智的"。
19. 在四个季节中最喜欢夏天。
20. 喜欢圣诞节、生日宴会等。

计分标准： 回答"是"的题目数的个数。

测试结果：

16个以上：在恋爱中你属于很积极的类型。只要喜欢就勇敢地去表白，认为首先要向对方表达自己的想法，然后才能了解对方并进一步交往，所以表现得很积极。

11~15个：在恋爱中比较积极。但只是思想积极，在行动上却常望而却步。这时朋友的支持是很重要的，因为本来就有积极性，所以在受到帮助和鼓励时会付诸行动。

6~10个：你对别人的恋爱能给出积极的、有效的建议，但是一到自己身上就变得很消极。例如，朋友向你说他的恋爱故事时，你能给他各种建议。但对自己的恋情，即使朋友给你提了建议，你往往也不能接受。

5个以下：过于消极。不会向对方表白自己的爱慕之情，即使开始交往也不会主动地给对方打电话，也不会表现出"喜欢"的样子。如果总是过于消极，对方讨厌你的可能性就很大。

自测后提醒： 测试结果仅供参考，如有疑问，请咨询专业人员。

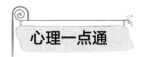

爱是深深的理解和接受。

——卡尔·罗杰斯

当两人之间有真爱情的时候，是不会考虑到年龄的问题、经济的条件、相貌的美丑、个子的高矮等外在的无关紧要的因素的。假如你们之间存在着这种问题，那你要先问问自己，是否真正在爱才好。

——罗曼·罗兰

爱是一种甜蜜的痛苦，真诚的爱情永不是走一条平坦的道路的。

——莎士比亚

第八章 走进爱情伊甸园

越读越开心

调侃：各行各业说爱情是什么

厨师说：爱情是一棵洋葱头，你一片一片剥下去，总有一片会让你流泪的。

气象学家说：爱情不怕黑暗，公园里越黑暗的角落恋人们越往那儿钻；爱情不怕热，气温即便40℃，恋人们还要往一块儿贴；爱情不怕冷，冰天雪地里恋人们照样户外约会。

历史学家说：原始社会的爱情以生育为宗旨；中世纪的爱情框架是骑士救美人；封建社会的爱情模式是才子多情，红颜薄命；现代爱情的标签是"勇敢去爱"。

第二节 正视恋爱，健康成长

大学生谈恋爱已经成为不争的事实。对于大学生谈恋爱，高校教师采取了既不支持，也不反对的态度。然而，众多大学生依然存在这样的困惑：大学期间到底要不要谈恋爱？当了解了大学生谈恋爱的动机、存在的困惑以及如何树立正确的恋爱观之后，相信要不要恋爱的问题也会迎刃而解。

青春那些事

案例一 不因寂寞而恋爱

进入大学后，小D发现比高中轻松了许多。除了每天不多的课程之外，还有大量的时间不知怎么打发。有一天，他突然灵机一动：我要是谈个恋爱不就什么都解决了吗？于是，小D将大部分精力放在寻找恋爱对象上。经过一段时间的努力，小D终于与小E走到了一起。小D觉得当初的决定是多么正确。有一天，小E问小D为什么跟自己在一起，喜欢自己什么。这个时候，小D不知道怎么回答。如果说自己因为空闲时间太多，想通过恋爱来打发时间，这样的回答肯定会让小E不高兴。如果说自己喜欢对方，明摆着是撒谎，良心上又过不去。一时间，小D不知道如何是好。沉默让小E觉得小D不是真心喜欢自己，生气地离开了。

案例二 小F的烦恼

在高中的时候，小F就听同学说到了大学可以谈恋爱了。进入大学后，他发现身边也有不少同学在谈恋爱，自己也想在大学期间谈一场刻骨铭心的恋爱。可是他听说不少大学生因为谈恋爱发生了很多问题，还有不少大学生在毕业时都分手了。另外，谈恋爱需要花费大量的时间、精力跟金钱，自己的家庭条件一般，父母希望自己毕业后能出人头地，找一份好的工作。如果谈恋爱的话，不仅可能会影响学习，还可能会让父母失望。可是看到别人谈恋爱时幸福的样子，小F内心又有些不甘。小F不知道应该怎么做才好。

> **解读**
>
> 虽然不少学生在大学期间开始谈恋爱，但是他们的动机不尽相同。另外，每个人对待恋爱的态度也不一样。因此，在恋爱的过程中，容易出现问题。那么，我们应该如何对待恋爱呢？当爱情来临时，我们应该怎么办呢？这是下面需要探讨的问题。

心理知识吧

一、大学生的恋爱动机

在校园的各个角落，我们都能看到恋人们的身影。似乎恋爱已经成为大学生活的一部分。然而，大学生究竟为什么而恋爱？他们又希望从恋爱中得到些什么呢？这在一定程度上决定了大学生的恋爱周期。

1. 积极动机

所谓积极动机，就是恋爱双方的出发点是符合正面的道德性评价的，这类动机驱使下的恋爱持续时间较长，最后能走到一起的可能性较大，如爱情驱动以及婚姻心理等。所谓爱情驱动就是恋爱双方在日常学习和交往中逐渐了解，友谊逐渐加深，彼此逐步产生倾慕之情。因为双方都非常珍惜这种感情，所以这种爱情基础比较牢固，持续时间也会更长。婚姻心理是恋爱双方受到家庭婚姻的影响，以结婚为目的而开始恋爱。这种恋爱基础同样较为牢固，恋爱的过程中遇到的问题可能较少，持续的时间也可能较长。

2. 消极动机

所谓消极动机，就是恋爱一方或双方以某种具有负面的道德性评价为目的动机，以这种动机驱动的恋爱往往面临诸多问题。在大学生群体中，这种动机性的恋爱占的比例较高。如为了打发时间而恋爱、为了某种功利而恋爱、为了虚荣而恋爱、为了"练手"而恋爱及从众型恋爱等。由于出发点存在问题，所以即使成功地开始了恋爱，在恋爱的过程中也会出现种种问题。

二、大学生的恋爱困惑

恋爱是一个充满魔力的词。无论是否决定在大学里谈一场恋爱，绝大多数大学生对恋爱都充满着期待与憧憬。但由于缺乏这方面的教育，他们也存在不少困惑。

1. 恋爱前的困惑

（1）大学生是否应该谈恋爱　由于大学强调自主学习，所以学生的课余时间较多。另外，大学不存在高中时的升学压力，氛围相对轻松。根据埃里克森的理论，在大学这个特定阶段，大学生要开始获得亲密感，防止孤独感。因此，谈恋爱的想法是正常的。然而，刚经历过高考的洗礼，再加上父母的殷切希望，导致大学生存在这样的双趋冲突，即谈恋爱与好好学习两者的冲突。适应能力强的学生能够在短时间内处理好这种冲突，在不耽误学习的情况下进行恋爱。相反，适应能力较弱的学生就会陷入"鱼和熊掌"的痛苦抉择中。

（2）爱和好感以及喜欢是否一样　很多大学生存在这样的困惑：好感、喜欢是否就是爱呢？很显然，三者之间还是有区别的。其中最显著的区别就是爱具有强烈的排他性。换句话说，爱是具有很强的针对性，它有特定的对象。而好感和喜欢则不是。我们可以喜欢很多人或者对很多人有好感，但是我们一般只会爱一个人。理解了这一点，我们就不难看出它们的区别了。

2. 恋爱中的困惑

（1）对方对自己是否真心　这种困惑的存在主要是大学生恋爱动机的问题。这在前面已经进行过阐述。那么，如何才能解决这样的困惑呢？这就需要恋爱双方在交往过程中进行开诚布公的交流，可能这种交流需要进行多次。另外，在交往的过程中，我们也可以通过观察对方的言行举止来获得有关线索。这里需要提醒的是，首先自己要抱着一颗真诚的心。另外，不能因为怀疑而"草木皆兵"。

（2）缺乏恋爱技巧怎么办　不少学生有这样的困惑，虽然恋爱开始了，但是不知道怎么去谈。因为恋爱技巧的缺乏导致最后分手的案例不胜枚举。面对这样的情况，大学生应该怎么处理？这里提供一个思路：恋爱的过程中，首先要学会尊重对方。很多时候，可能因为我们的"独断专行"或者忽视对方的感受，导致问题频发。其次，要学会换位思考。例如，有时候对方没时间陪你，是不是真的像你想的那样，是对方故意找借口不出来呢？你喜欢吃的东西，对方就一定喜欢吃吗？等等。因此，多从对方角度看待问题，遇到问题多商量，这可能会让我们的恋爱之路更加平坦。

（3）该将亲密关系进行到什么程度　在大学这个特定的阶段，大学生的生理及心理发展相对成熟。在恋爱的过程中，容易产生性方面的幻想及冲动。然而，他们并没有接受过性方面的教育。因此，当这种想法及行为产生时，不知道该如何应对，特别是女生面对男生提出这方面要求时更是不知所措。这里要强调的是，恋爱当中可以出现一些亲密行为，如亲吻、牵手、拥抱等，但是性行为一般不要发生。因为这不仅涉及道德层面的问题，还涉及因为性教育知识的缺乏而导致一系列问题的产生。因此，男生要尊重另一半的意见。同时，女生要学会说"不"。

3. 恋爱结束后的困惑

这里所说的困惑主要是指失恋后的困惑。一般而言，不管以何种方式结束恋爱关系，有一方或者双方会经历一段恢复期。在这期间，失恋者可能会产生痛苦、绝望、迷茫、自卑甚至报复等心理状态，不知道如何面对一个人的生活。这时候，当事人该如何处理？一个原则就是如果自己无法应付因失恋而出现的状况，就要及时寻求亲朋好友、教师或者心理咨询老师的帮助。

三、大学生健康的恋爱观

大学校园内出现诸多因恋爱而引发的心理危机事件，其本质原因在于大学生没有树立健康的恋爱观。下面与大家一起探讨健康的恋爱观包含哪些内容。

1. 理解爱情的本质

（1）爱情的本质是责任　爱情能给我们带来快乐，同时也能带来悲伤。我们在共同分享欢乐与成功的同时，更要学会共同承担困难与不幸。这就需要我们有强烈的责任意识。既然最终选择了彼此，那么就有责任、有义务去承担由此带来的痛苦、寂寞和失落，甚至是失败。恋爱过程中需要的是多一些理解、信任以及宽容。责任让我们学会倾听、懂得包容、人格完善。我们因责任而为别人努力奋斗，为我们的另一半不断拼搏。

（2）爱情的倾向是奉献　爱情是一种奉献，而不是一种索取。一个人对异性是否有爱情，可以通过他（她）是否真心真意帮助所爱的人做其所期待的事情来衡量。这就是爱情的利他性。另外，奉献的前提是相互尊重，在相互尊重的基础上共同进步。所有这些要素的实现需要恋爱双方畅通的交流渠道、良好的素养。正因为许多大学生对于爱情的错误认知，所以虽然有了一个良好的开端，却避免不了分手的结局。谈恋爱不像小朋友过家家，不想玩了就可以解散。一旦分手，就可能给双方带来无法挽回的重要影响。

（3）爱情需要意志力　恋爱之路不可能一帆风顺。当爱情经历风雨时，除了相互守望之外，更需要坚强的意志力。不放弃、不抛弃是恋爱过程中始终要坚守的原则。当然，如果到了感情实在经营不下去时，也不能硬撑下去。这时候需要大家共同协商解决。然而，当彼此都觉得还有感情存在时，再坚持一下，可能就能挽救即将崩溃的爱情。

2. 学会爱自己及他人

如今不少大学生谈恋爱一段时间后，可能就会发生性行为。有调查表明，每到开学前一个星期，医院的妇产科里学生的比例显著提高。因为性知识的缺乏，导致意外怀孕的现象呈高发态势。另外，每到周末及节假日，高校周边的旅馆也频现大学生情侣的身影。如何减少这类现象的发生？根本上还是要靠学生自己。如果大学生能够学会爱自己及另一半，那么就不会轻易去尝试"禁果"，自然也不会发生前面所讲的种种事情，避免对双方身心产生伤害。

3. 摆正恋爱的位置

众所周知，学生的主业是学习，大学生也不例外。相对而言，大学生的课余时间较多，学习压力及升学压力较小。但是，这并不代表大学生可以因为恋爱而忽视学习。大学阶段是绝大多数大学生踏入社会之前所接受的最后一段正规教育，其重要性不言而喻。因此，即使开始一段恋情，也是在不影响学习的前提下。另外，大学是综合素质全面提高的阶段，学习只是其中一部分。大学生还需要提高自己的人际交往能力、协调能力、抗挫折能力、管理能力、团队合作能力等。这就需要大学生正确处理恋爱与这些能力提高之间的关系。

快乐向前冲

心理游戏一　　恋爱优缺点大比拼

有人说,恋爱是大学的必修课,有人却认为恋爱只是大学中的选修课。那么大学里恋爱到底是优点多还是缺点多呢?我们自己来列举一下。

优点　　　　　　　　　　　　　　　缺点

心理游戏二　　解疑答惑

下面是一些大学生关于恋爱的想法,这些想法对吗?为什么?

1. 没有爱情的大学生活是失败的。
2. 爱情是可以靠努力争取到的。
3. 爱情需要理由。
4. 因为相爱而发生的性关系无可非议。
5. 恋人是完美的,爱情是至高无上的。
6. 爱是缘分也是感觉。
7. 不在乎天长地久,只在乎曾经拥有。
8. 爱情重在过程不在结果。
9. 爱情能够改变对方。
10. 失恋是人生重大的失败。

心理游戏三　　恋爱心理自测

人的心理是非常复杂的。在恋爱过程中,大学生的心理会发生许多变化。那么,如何才能了解他们的心理呢?如何从他们的心理判断恋爱的成功与否呢?恋爱要有一个正常的心理状态,否则就不能成功。就算勉强在一起,也不会有好的结局。所以,一个正常的恋爱心理是恋爱的基础。你的恋爱心理正常吗?

1. 恋爱是人生一个极其重要的环节,你追求它最终所要达到的主要目的是什么?(　　)

   A. 找到一个情投意合的爱侣
   B. 居家过日子,养儿育女
   C. 满足性的需要
   D. 看见大家都在谈,觉得好玩也就谈了,没什么特殊的目的

2. 你对未来妻子最主要的要求是（男性选择）（　　）

   A. 善于料理家务　　　　　　　　　B. 漂亮美丽，有个好身材

   C. 人品好，懂得关心照顾自己　　　D. 无所谓，没有过多的要求

3. 你对未来丈夫最主要的要求是（女性选择）（　　）

   A. 高大威猛，有男子汉气概　　　　B. 有钱有势

   C. 为人诚恳，有上进心　　　　　　D. 没有特殊的要求

4. 你要和对方谈恋爱的时候，是怎么考虑双方的条件的？（　　）

   A. 各有所长，都差不多　　　　　　B. 我比对方优越

   C. 对方比我优越　　　　　　　　　D. 没想过

5. 你认为什么时候是谈恋爱的最佳时机？（　　）

   A. 自己已经成熟，懂得人生的意义和爱情的内涵，并且确定了事业上的主攻方向

   B. 随着年龄的增大，会有那么一天的

   C. 先下手为强，越早越主动

   D. 还没想过

6. 你希望如何认识自己的恋人？（　　）

   A. 青梅竹马，从小就有感情基础　　B. 一见钟情，相信缘分

   C. 在工作和学习中逐渐产生恋情　　D. 经熟人介绍

7. 你认为怎么样才能更有效地增进自己的恋情呢？（　　）

   A. 极力讨好、取悦对方　　　　　　B. 尽力使自己变得更完美

   C. 对对方百依百顺，言听计从　　　D. 不知道怎么办

8. 你认为恋爱应该用多长时间？（　　）

   A. 越短越好　　　　　　　　　　　B. 时间依进展而定

   C. 时间要拖长些　　　　　　　　　D. 自己无主张，全听对方的

9. 你觉得全面了解对方的途径应该是什么？（　　）

   A. 精心设置各种场景，对对方进行多次考验

   B. 和对方坦诚相待地交谈，在平时的交往中细心观察

   C. 通过各种途径打听

   D. 从来没想过这个问题

10. 在长期的交往中，你发现自己的恋人有着这样那样的缺点和毛病，对于这些，你会怎么做？（　　）

   A. 采取婉转的方式告知并帮助对方改进

   B. 很伤脑筋

   C. 不满意对方，想分手

   D. 不知道怎么办才好

11. 你已经有恋人了，但是又有一位更优秀的人向你表达爱意，你会怎么做？（　　）

   A. 向对方说明实情，钟情于自己的恋人

   B. 对其冷淡

   C. 瞒着自己的恋人与其来往

   D. 感到手足无措，不知怎么办

12. 当你把自己的求爱信交给了自己心仪的对象时，却发现对方已经有恋人了，这时，你会怎么做？（ ）

　　A. 静静地等待，看对方的意思　　　B. 仍然穷追不舍

　　C. 赶紧退出　　　　　　　　　　　D. 不知道

13. 你怎么看待在恋爱过程中的挫折？（ ）

　　A. 是件好事，双方正好借此了解和考验对方

　　B. 感到伤心难过，认为自己很不幸

　　C. 一有问题就分手

　　D. 没对策

14. 由于感情不和或其他原因，对方提出分手，你会怎么办？（ ）

　　A. 缠住对方，不让对方离开自己　　B. 到处散播对方的谣言

　　C. 说声拜拜，然后各奔东西　　　　D. 不知道怎么办才好

15. 当你的恋人喜新厌旧而选择了别人，你会怎么办？（ ）

　　A. 当自己眼瞎认错了人

　　B. 你不仁，我不义，我要报复

　　C. 吸取教训，从此慎重一些，再重新开始

　　D. 感觉很痛苦而且难以自拔

计分方法见表8-3。

表8-3　计分方法

题号	选项			
	A	B	C	D
1	3	2	1	1
2	2	1	3	1
3	3	2	1	0
4	3	2	1	0
5	3	2	1	0
6	2	1	3	1
7	1	3	2	0
8	1	3	2	0
9	3	2	1	0
10	3	2	1	0
11	2	1	3	0
12	3	2	1	0
13	2	1	3	0
14	2	1	3	0
15	2	1	3	0

结果分析：

0~14分：你的恋爱心理还很懵懂。爱情对于你来说，是一个恐怖的世界，你受不了一次次不成功的打击。对于你来说，应该多读一些婚姻恋爱方面的指导书籍。等你的思想和心理明确一点儿的时候，再去谈恋爱也不晚。

15~24分：你的恋爱心理还有些不健康的地方。和那些有着纯真爱情的人来比，你的恋爱观念还存在一些问题。现在的你最好不要谈恋爱。如果你突然闯入爱河，会觉得很受伤。

25~34分：你的恋爱心理还算可以。你向往纯真美好的爱情，但总是不能如愿。建议你多和那些恋爱成功的朋友谈谈，看他们是如何获得芳心的。同时，也把爱情当作你不变的追求，这样你与幸福的恋爱就很近了。

35~45分：你的恋爱心理科学正确。你是一个成熟的人，你知道自己在干什么，知道自己为什么爱，也知道怎么去爱。爱情道路上的某些挫折对于你来说只是一些小小的考验，没有什么大不了的。放心大胆地去追求你的梦中情人吧，你一定能得到你的真爱的，而且你以后的生活会很幸福。

自测后提醒：结果仅供参考，如有疑问，请咨询专业人员。

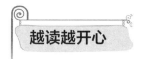

心理一点通

真正的爱情表现为恋人对他的偶像采取含蓄、谦恭甚至羞涩的态度，而绝不是表现在随意流露热情的过早的亲昵。如果你在爱别人，但却没唤起他人的爱，也就是你的爱作为一种爱情并不能使对方产生爱情，如果作为一个正在爱的人你不能把自己变成一个被人爱的人，那么你的爱情是软弱无力的，是一种不幸。

——马克思

真正的爱情，这意味着不仅是欣赏美，而且要培植美、创造美。在生活中还有别的事情的时候，爱情才会是美好的，如果没有崇高的社会目标将人们联结在一起，爱情就会变成地狱。

——苏霍姆林斯基

越读越开心

爱的信仰（节选）

美丽的邂逅一如美丽的诗，可遇而不可求。

遇见，似一场花开，刹那便是永恒，永不老去的是初见的明媚与温柔。

初相见，惊鸿一瞥，瞬间凝结。仅须一次对望，便足以令我一生眷恋，倾尽今生美好。你的青春，我不想缺席。

……

我会一直在你身后，倾听你的内心，默默地关注着你，或风或雨，不放弃不远离。

再馥郁芬芳的玫瑰，终会枯萎；再浓酽香醇的清茶，总会冷却；再深刻的回忆，也将淡去。碎了一地的诺言，拼凑不回昨天。而爱的信仰，却永远都不会凋零！心若不动，风又奈何？不降落的滑翔翼在歌声中幻化为永恒，于咖啡中平静，所有守候只换与你相遇的季节。

……

人会老去，风景也会逐渐苍老，爱的信仰，却可以永不凋零，那才是镌刻在我心中的、最美的风景！

……

第三节　穿越爱情的神秘禁区

说起大学生谈恋爱，不得不谈论有关性的话题。此时，大学生的性意识已经觉醒，性生理与性心理逐渐成熟，渴求与异性交往。在恋爱过程中，男女双方都会出现正常的性冲动以及性要求。然而，由于性教育的缺失以及性心理的不完全成熟，导致大学生对性的认知出现一定的偏差，进而产生一些性心理方面的问题。

青春那些事

案例一　小M的困惑

小M今年上大学二年级。大一的时候，她与本班一个男生小N谈恋爱了。经过近一年的经营，他们的爱情之树茁壮成长，枝繁叶茂。但是，最近小M非常苦恼，原因是小N希望与她发生性行为。而小M认为没有结婚就不应该发生关系，她不能接受。但男友却跟她说现在恋人之间发生性关系很正常。他身边的几个谈恋爱的同学都经历了这个阶段，而且关系越来越紧密了。男友一再的要求让小M感到无所适从。一方面她非常爱男友，希望他永远开心、满意；另一方面她又不能答应男友的要求，因为她不能违背自己的意愿去满足男友的需求。但是如果她拒绝了男友的要求，男友肯定认为她不爱他。难道一定要发生性行为才是真爱吗？小M觉得很苦恼、很沉重，内心非常矛盾。

案例二　大学建督查队劝导学生情侣校园内亲密行为

某日上午，某大学教学楼、图书馆、实验室等公共场合，不少戴小红帽、红袖标的学生在巡逻。他们就是校园文明督查员。

"您好，请不要将食物带进教室""同学，请不要乱扔垃圾""请不要践踏草坪"……"小红帽"的职责就是在自己的"责任田"搜寻不文明行为，一旦发现目标立即上前劝导、阻止。

除了以上不文明现象，他们还要给当众亲密的学生情侣泼一瓢"冷水"："同学，周围有很多同学看着呢，请注意一下影响。"

该校学生处学生事务管理科科长杨静介绍，督查员由在校学生自愿担任，以学生管学生的方式，督查的不文明行为有七类，其中的第二类是"公共场所男女拥抱接吻等不文明行为"。督查队的工作时间是周一至周五，每天4个时间段，每个时间段分布10个督查点，每个点安排2名督查员。

"我们主要采取劝导方式，并非强制禁止，也不会跟毕业证、学位证挂钩。"如果

"不文明"学生不听劝导甚至屡教不改,学校每学期开办了学生素质培训班,让这些学生前往培训。

> **解读**
>
> 大学生谈恋爱已经成为大学校园里非常普遍的现象,随之出现的亲密行为在大学校园内随处可见。对于这种现象,绝大部分人不赞成。然而,一些当事者却不以为然,认为恋爱及恋爱行为是两个人的事情,与其他人无关。另一个现象就是大学生婚前性行为呈上升趋势。这种现象同样引发一系列的问题。由于性认知的偏差,导致部分大学生的性心理产生一些问题。因此,了解有关大学生性心理方面的知识是必要的。

心理知识吧

一、性心理的发展

弗洛伊德将个体的性心理发展划分为五个阶段,分别是口腔期、肛门期、性器期、潜伏期以及生殖器期,每个阶段都有其特点和特定的问题。弗洛伊德认为,这五个阶段是由低级到高级,且每个阶段都存在主要矛盾和冲突。如果没有顺利解决每个阶段的矛盾和冲突,就有可能发生严重的心理障碍。而心理障碍的产生则可能导致任何阶段的发展停顿或延缓。

按照弗洛伊德的理论,大学生的性心理处于生殖器期。经历了青春期,大学生的性冲动被唤醒。但是他们必须学会以社会许可的方式来表达这种冲动。由于性教育的缺失以及中国传统文化的影响,绝大多数大学生对性及性心理充满朦胧感和神秘感。然而,由于性意识的觉醒,加上西方"性解放"以及"性自由"思想的影响,使得大学生内心充满冲突,即既要压抑自己的性冲动,又想以社会许可的方式表达这种冲动。所以,不少大学生选择恋爱来解决这种冲突。其实,这样的方式是不正确的。

一般而言,弗洛伊德认为童年的经验和冲突能够影响个体以后的兴趣和性格,这是有一定借鉴意义的。然而,弗洛伊德关于性心理发展的有关论述,却存在诸多异议。就大学生性心理发展而言,在经历了异性疏远期、异性接近期之后,逐步过渡到异性爱恋期。这就可以解释为什么大学生谈恋爱的比例相对较高。就行为上来说,大学生主要表现为对性知识的渴求、对异性的关注与爱慕、性欲望与性冲动和性行为的冲突以及自慰行为的产生等。

二、大学生性心理的特点

由于社会、家庭以及自身因素的影响,大学生性心理特点鲜明。主要表现在以下几个方面:

1. 对性的态度保守与开放并存

由于传统文化的影响深远,绝大部分大学生的性开放程度深受传统性道德观的制约。另外,社会对于大学生群体的高度关注,也使得大学生不得不注意自身的言行举止,进而让自己的性行为符合社会规范。这些因素使得大学生对于性的态度总体上是保守的。然而，"性自由"以及"性开放"思想逐渐向高校渗透，加上大学生思想前卫，接受新事物能力强以及模仿因素的存在，导致部分大学生对性的态度比较开放。一般而言，男生的开放程度要高于女生。

2. 对性的要求和愿望比较强烈

这种情况是正常的。一方面，大学生的生理发育已经成熟，对性的需求是一种本能。另一方面，随着社会的发展，大家对性已不再像过去那样神秘和讳莫如深。而电影、电视、网络也大量充斥着对性的描写，这就大大增强了大学生对性的好奇心和需求。但是由于高校特殊的环境，绝大部分大学生难以满足这种需求。如果没有进行合理的释放，如体育运动、社团活动等，就必然使大学生产生性压抑感。久而久之，则可能产生心理方面的问题。

3. 大学生的性心理基本健康

虽然存在以上种种冲突，但是大学生的性心理基本上是健康的，主要表现在他们对性的认识上基本是正确的，在性行为上基本是理性的。虽然受到一些不良思想的影响，但是大学生基本能够按照中国传统性道德的要求来对待性，能够自觉抵制不良视频、涉黄小说等作品，坚守基本的道德底线。

4. 大学生的性行为公开化

虽然绝大部分大学生能够按照社会道德规范自己的行为，但是仍有部分大学生由于对恋爱与性关系存在错误的认识，导致性行为缺乏应有的严肃性。在高校的校园里，性行为呈现公开化的趋势。如一些大学生在校园公共场合搂搂抱抱，过分亲昵，还有少数女大学生出现未婚先孕的情况等。这在一定程度上影响到大学生的后续发展。

三、大学生性心理问题

目前，大学生对于性的态度出现两个极端，一种认为性是难以启齿的，另一种对性持认可与开放态度。其实，这两者都是对性的认知问题。如果性认知长期出现偏差，就有可能出现以下性心理问题。

1. 性自卑和性嫉妒

这两种心理问题的出现源于关注的对象不同。性自卑主要是由于当个体过于关注自身的外形特征或者是生理特征时，发现可以比较的对象在某些方面优于自己，进而产生自卑心理。而性嫉妒则是由于自己喜欢的对象被竞争对手所占有或者抢夺后产生的心理反应。与性自卑相比，性嫉妒更有可能出现指向他人的暴力或自残、自虐行为。这就需要大学生对自己及恋爱有一个正确的认知，能够正确对待人际交往及恋爱中的失败与挫折，这样可能会减少这种问题的产生。

2. 性幻想的困扰

所谓性幻想，就是大学生关于性方面的白日梦。一般性幻想的出现源于特定因素的诱导，如看到影视剧中男女演员的亲昵行为等。其实，这是一种正常的、普遍的性心理反应，是由大学生性生理的成熟所诱发的。然而，由于大学生过于用道德性来评价自己的这种性幻想行为，进而产生困扰，最终导致心理出现沉重的负担。针对这种问题，我们首先要接受"性幻想是正常的"这种观念。其次,性幻想要有个度。最后,尽量减少诱发性幻想的因素。

3. 性梦的不安

性梦是指个体在睡梦中与异性发生性行为的梦境。按照弗洛伊德的理论,性梦是潜意识的行为,是不受人意志所控制的。其发生的主要原因是性欲在现实中得不到释放,进而转入梦中来实现。这种自然宣泄有利于缓解压力,促进身心健康。据调查,几乎每个人都做过与性有关的梦。因此,性梦的出现与个人道德品质没有任何关系,不存在道德性评价问题。当然,外界不良因素能增加性梦出现的频率,这需要引起警惕。

4. 性自慰的焦虑

除了性梦能够缓解性欲压力外,性自慰也是解决性冲动的合理行为,一般称之为"手淫"。对于性自慰,多数人持有怀疑与批评的态度,甚至有恐惧成分在里面。其实,适度的性自慰对身心健康无害,但过度的性自慰则会不利于身心健康。当然,也有大学生性自慰时生怕被别人知道,进而产生恐慌、紧张的心理反应。这里需要强调的是,性自慰具有较强的私密性,上述心理反应的出现是正常的。

5. 边缘性行为的公开化

性行为是一个比较宽泛的概念,它并不特指性交行为,情侣之间的拥抱、接吻、抚摸等也是性行为。我们把后面的这些行为称为边缘性行为。边缘性行为的出现可以给我们带来愉悦感,有助于恋情的促进,并能够缓解性压抑。边缘性行为同样具有一定的私密性。然而,现在不少大学生为了满足自己的一时冲动,不分场合发生上述行为,让人产生"道德沦丧"的感觉。因此,大学生需要提升自身的道德修养。

6. 婚前性行为的常态化

这里的性行为指的是男女双方在恋爱期间自愿发生的性交行为。这种行为正呈现快速上升趋势。对于婚前性行为的发生,绝大多数大学生觉得非常正常,因为它是恋爱双方感情深厚的重要证明。另外,他们也认为因为恋爱而发生性关系无可厚非。然而,婚前性行为的频发容易引起一系列的问题。例如,由于性教育的缺失,导致意外怀孕的现象频发,甚至是染上性方面的疾病等。因此,恋爱过程中要尊重对方、理解对方,不要轻易跨越那一道"红线"。

7. 性倒错

性倒错就是性心理障碍,即平常所说的性变态。性倒错的主要特征是采取与常人不一样的方法或者采取常人无法理解的性行为来满足对性的需求。性倒错的表现形式有多种,主要表现为恋物症、异装症、露阴症、窥阴症等。性倒错可能需要到专业机构进行治疗。

快乐向前冲

我的视角

目前,大学生校外同居现象呈现上升趋势。对于这种现象,你是如何看待的?应如何解决这一问题？

心理游戏二　　　　　　　　**恋爱心理成熟度自测**

很多人在谈恋爱，但并不是每个人的恋爱心理都成熟。成熟的恋爱心理会成就美满的爱情，不成熟的恋爱心理可能会造成青涩的困苦。你的恋爱心理成熟吗？

1. 在你的内心里，你是否喜欢比较传统的人？
   A. 是的　　　　　　　　　　B. 不一定
2. 你会不会把你父母作为你择偶的最佳标准？
   A. 是的　　　　　　　　　　B. 不一定
3. 在你和对方约会之前，是否会先读一点杂志报纸？
   A. 是的　　　　　　　　　　B. 不一定
4. 你是否认为只要双方接过吻就是情人？
   A. 是的　　　　　　　　　　B. 不一定
5. 在送给对方礼物的时候，你是否会用心形状的东西包装？
   A. 是的　　　　　　　　　　B. 不一定
6. 你是否认为对方的性格都写在脸上？
   A. 是的　　　　　　　　　　B. 不一定
7. 你是否陪伴自己的情人买东西？
   A. 是的　　　　　　　　　　B. 不一定
8. 结婚时，你是否会考虑对方会不会做饭？
   A. 是的　　　　　　　　　　B. 不一定
9. 你是否认为只要双方发生亲密的关系，感情会更加稳固？
   A. 是的　　　　　　　　　　B. 不一定

记分方法： 选择 A 得 1 分，选择 B 得 2 分。

结果分析：

9～11 分：你的恋爱心理还不成熟。你还处于爱的朦胧阶段，你对爱情还是一知半解。如果你想拥有甜蜜的爱情生活，就得在这方面多下一点工夫，多看一下爱情理论方面的书，也许你的恋爱心理会逐渐成熟起来。

12～15 分：你的恋爱心理已经成熟。你不会再有什么不切合实际的想法，你对待爱情也不会像小男生、小女生们那样幼稚可笑。如果可能，你完全可以现在结婚。

16～18 分：你的恋爱心理非常成熟。你懂得如何读懂爱情，你也知道如何让爱情更幸福，如何让爱情充满情调。你能很容易获得快乐的爱情。

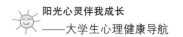

自测后提醒： 结果仅供参考，如有疑问，请咨询专业人员。

如果把金钱当作爱情的化身，无疑是把爱情推向绞架。不要在别人的痛苦泪水中去驾驶自己的快乐之舟吧。当你在行使"恋爱自由"权利的时候，请不要忘记遵守起码的社会公德。

——陈玉蜀

假如你记不住你为了爱情而做出来的一件最傻的事，你就不算真正恋爱过；假如你不曾絮絮地讲你恋人的好处，使听的人不耐烦，你就不算真正恋爱过。

——罗兰

一个人在恋爱时最能表现出天性中崇高的品质。这就是为什么爱情小说永远受人欢迎——无论古今中外都一样。

——张爱玲

爱情就像在银行里存一笔钱：能欣赏对方的优点，就像补充收入；容忍对方的缺点，就是节制支出。所谓永恒的爱，是从红颜爱到白发，从花开爱到花残。

——培根

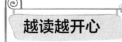

解读爱情

爱情不可避免地伴随着伤害，要学会宽容，一个不具备宽容心的人是没有资格去爱和被爱的。宽容却是有限度的，一个不理解别人的宽容、无理取闹的人同样是不值得去宽容和爱的。

在爱情面前没有尊严可言，爱情是两个人的事，他（她）爱你便是最好的尊严。比如有的女人喜欢让老公跪搓板，不见得这个男人在外面就没有尊严。如果尊严已经显得很重要，必然是双方或某一方出现了问题。

爱情需要保持彼此的独立和尊重，在爱的面前大家是平等的。不要让你的爱人总是按照你的意志去思考，去做事。干涉别人的行动，是一件很糟糕、很愚蠢的事情。

爱情需要保持彼此的隐私，不要对你的爱人刨根问底，这样刨去的是相爱的根基——诚。

爱情是一项艺术。爱情的艺术是一些心机和小技巧的组合，但是心机不可滥用，要把握好度。一些女性跟踪、刺探老公而导致爱情破裂的事例比比皆是，男性也不乏其例。

爱情的建立是艰难的，但是破裂却可以在一瞬间，所以一定要懂得珍惜和呵护。

爱情是纯洁、自然、无私奉献的。

爱情一定要乐观、积极、大胆地去表白，要懂得去争取，不要只是消极地等待。

爱情之路是漫长的，爱情是需要细细品位的，一定要耐心、细心地去对待。爱情过了，不要给自己留下恨。

爱情的另类：因为寂寞无聊而去爱，因为心底空虚而去爱，因为失恋、需要抚平心灵的创伤而去爱，因为"报复"过去的所爱而去爱，因为财富而去爱，因为对方的美色而去爱，因为性而去爱，因为报恩而去爱，因为屈服于某种压力而去爱，因为生活缺乏支持而去爱，因为好奇而去爱，因为为了玩玩而去爱……这些另类的爱，只是失了真而已。

不管面对什么样的爱情，一定要有一个良好的心态，这样才能常在、常乐。

延伸阅读

1.《爱情心理学（第3版）》，莎伦·布雷姆（Sharon S. Brehm）等著

导读：作为芸芸众生中的一员，我们应该如何去应对"爱情"所面临的挑战？这个世界上到底还有没有真正的爱？关于爱情，他（她）的心里到底是如何想的？爱需要品味，爱需要思考，爱更需要运用智慧。从内容来看，该书就是一本典型的"关于爱情"的心理学著作。作者综合了社会心理学、进化心理学、发展心理学和临床心理学以及社会学、传播学、家政学等学科近几十年爆炸式的研究所取得的一系列丰硕成果，因此突破了通俗心理学中将男女看作"男人来自火星，女人来自金星"的观点和见解。

2.《大学生恋爱与婚姻》，季辉、赖芳编著

导读：该书主要围绕爱情和婚姻两大主题展开阐述。首先对爱情、婚姻以及爱情与婚姻之间的关系进行了解读，接着围绕第一主题"爱情"展开论述，着重从生物学、心理学和社会学三个角度阐述了婚恋情感产生的基础，从恋爱的含义、特点和影响因素，大学生恋爱的类型和方式，大学生恋爱中的误区，大学生恋爱问题的调适，大学生恋爱中的人际交往等方面阐明了大学生恋爱成功的影响因素。接着围绕第二主题"婚姻"展开论述，通过对大学生的择偶、学习爱的表达、储备婚姻知识三方面的论述告诉大学生如何做好婚姻准备，通过对婚姻与家庭的关系和对美满婚姻和不幸婚姻之间的对比，指出了婚姻和家庭和谐的重要性，并提出了经营婚姻与家庭的艺术。

3.《恋爱、婚姻与职业：大学生心理学16讲》，李颜、程晓玲编著

导读：该书以浅显的英文编写，各章以中文提要开篇，既可作为提高英语水平的读物，又可以帮助当代大学生更好地掌握及了解有关恋爱与婚姻的心理知识，通过心理学理论指导大学生处理校园内以及步入社会后可能遇到的情感难题，培养他们树立正确的、积极向上的恋爱与婚姻观念，全面提高综合素质。全书每章讲述一个主题，由两篇观点接近或相反的课文组成，辅以营养鸡汤、新闻报道、小贴士以及现实案例等栏目，颇有趣味，值得一读。

4.《大学生心理咨询实录之恋爱心理：爱是青春的舞蹈》，段鑫星、孟利著

导读：该书选取了大学生关于爱情困惑的代表性咨询案例60篇，内容涵盖恋爱与自我、恋爱与他人、恋爱与集体、恋爱与学习、恋爱危机等。作者对每个案例都进行了全面细致的分析，并提出了心理学指导方案，同时配以名言警句及哲理小故事、温馨小美文，读来轻松、不枯燥。该书最大的特点是从大学生的角度看待和理解他们的爱情问题，没有教条、说教的内容。

第九章　学习，一种生命状态

> 如果让我们选出大学中最重要的事情是什么，学习、恋爱、交友、游戏娱乐、参加社团活动、参加社会实践……我们会选择哪个呢？一千个人心中有一千个哈姆雷特，相信每个人的心中都有自己的答案。但是有一件事非常特殊，不管我们如何定位它，它的重要性都是毋庸置疑的，甚至可以说是大学生活的主要任务，那就是学习。这里的学习不仅仅是指学习书本知识，更重要的是学会学习。为了能够更好地在这个时代生存，我们应该养成终身学习的习惯。

第一节　什么是学习

从高中踏入大学，对很多人而言意味着从一种生活状态跨越到另外一种全新的生活状态。相信大多数同学在这段旅程开始之前都憧憬过如何度过大学时光才不会虚度美好年华。有人觉得大学是个休息站，应该放松，享受生活；有人认为大学是个加油站，应该更加努力奋进，博取美好未来。无论我们计划以怎样的方式度过大学生活，有一件事却是每个人必须要做好的，那就是学习。对于很多人来说，学习是个被动的选择，然而不管是主动还是被动，学习都是我们必须承担的责任，甚至是我们一生的工作。

案例一　我怎么了？

小李从偏远农村考到城市里的高校，经过一学期的学习，他觉得同学们的能力都比他强，使用电脑比他熟练，英语发音比他标准，甚至普通话都比他说得好。小李感觉很自卑，不能静下心来看书，上课也听不进去，看到同学看书学习就比较紧张，会强迫自己也跟其他同学一样看书学习，但是效率低下，学习效果差。一个学期下来，差距和同学们也越来越大，小李每天都很焦虑，越来越不爱跟同学们交流，担心别人会看不起自己，成绩也越来越不理想，甚至有时候连作业都没办法完成。小李内心非常痛苦，怎么办呢？

案例二　我的自控力去哪儿了？

小敏在高中时生活和学习都非常有规律，学习强度和学习压力都很大。升入大学后，小敏一下子觉得轻松了不少，课余时间明显增加，家长、老师也不像高中时期那样严格了，小敏非常开心，课余时间就是追剧、玩手机、逛街等，刚开始觉得这样的生活很美好，可是一个学期过去了，小敏感觉自己越来越空虚，学习成绩毫无亮点，生活上也浑浑噩噩，感觉很多时候都在浪费时间。小敏决定不能再这样下去了，要求自己每天按时学习，可是很快就发现，自己没办法像高中时期那样集中注意力学习了，一会儿想看看手机，一会儿想看下新剧更新了没有，学习计划总是进行不下去。小敏觉得自己的自控能力变差了，心里很着急，怎么办呢？

解读

进入大学后，部分学生不能很快适应新的学习方式与环境，缺乏明确的学习目标，又受到其他人的不良影响，导致学习动机下降。还有部分学生没有对自己形成正确的认识，不能忍受差距。当发现自己某些方面不如他人时，常以嫉妒来表达自己的不满。我们一定要知道人与人在各方面都是有不同的，你有你的优点，他有他的长处，不可能事事都比别人做得好。只要找到自己的方向，确定适合自己的目标，将自己的潜力发挥出来，就问心无愧了。

心理知识吧

一、学习的概念

学习是我们每天都要进行的事情，从婴儿时期我们就开始了这项终生的事业。一路走到大学阶段，学习甚至成为我们生活的主旋律。对于这项我们每天都在从事的工作，你理解了多少？到底什么是学习？有人可能会说学习就是记忆，记住那些经验知识；也有人会说学习就是模仿，老师怎么做我们怎么学；有人可能会说学习就是大脑输入输出信息的过程。每个人对学习都有自己独特的见解，心理学上对学习问题的讨论由来已久。美国行为主义学派认为学习就是条件反射的建立，即人类的所有行为都可以由刺激（S）—反射（R）来解释，学习行为也不例外；认知心理学派则认为学习过程是内部认知的变化，是大脑中认知机构的形成与改变的过程；社会学习理论则认为学习是可以通过观察模仿而间接进行的。

一般认为，学习有广义、狭义之分。广义的学习是指人和动物在生活过程中通过获得经验而产生的行为或者行为潜能的相对持久的适应性变化。狭义的学习主要是在学校环境中，在教师的指导下，有目的、有计划、有组织地进行，是在较短的时间内系统地接受前人积累的文化经验，以发展个人的知识技能，形成符合社会期望的道德品质。在人的一生中，学习无处不在，有些学习过程是在不经意间完成的，而对于大多数的知识经验、生活技能来说，需要较强的意志力的参与，学校的学习过程正是这样的过程。

二、大学生学习的特点

大学生与高中生的学习状况不同，各有其自身的特点。高中阶段主要是对知识经验的理解、记忆、重现的过程，学习目标与升学密切相关。进入大学后学习目标发生了变化，如为了兴趣而学习、为了职业理想而学习等。总的来说，大学生的学习主要有以下特点：

1. 学习自主性增强，强调自我学习

进入大学后，大家首先发现的一个最大的变化就是课表的安排。高中阶段每天都安排得满满的，每节课都有规定好的学习科目与学习内容。大学课表则明显不同，学习时间安排上有更大的自主性，对自律与个人意志力的要求增强。换句话说，就是要学生自己做时间的主人，安排好生活学习。除了时间自主性增强外，大学学习内容的自主性也明显增强。除了专业课外，大学还会开设多种选修课，鼓励学生涉猎不同的知识领域，希望学生能不断拓展知识面，培养良好的兴趣爱好，提高自身修养。此外，图书馆大量的藏书、丰富的课外实践课程、学生活动等为广大学生提供了良好的学习平台。这个过程中，学生学习自主性不断加强，这是大学学习的一个显著特点。

2. 学习专业性增强

大学学习的另外一个显著特点就是专业性增强，直接与未来就业相关。专业程度较高，这是对现代社会发展的顺应。在分工越来越细的现代社会，每个人的社会分工都有所不同，学习一门专业技能是每个社会人必须做到的事情。高等教育顺应时代潮流，为学习者提供这样一个学习平台。高校专业课与社会实践紧密衔接，实用性很强，既有理论课教学，又有大量的实践课程，帮助学生掌握扎实的理论知识与操作技能。对于每一位大学生而言，学习内容细化，操作性增强，学习内容与未来就业息息相关，具有很强的实用性。

3. 学习探索性增强

大学阶段的学习除了基础理论及基本操作技能的掌握外，对学生的创新要求也在不断增强，强调知识技能的应用及延伸运用，对本专业本领域的工艺过程的思索、创新、提升要求明显，从国家级别的技能大赛到学院层面的技能比试，无一不在彰显着高等职业教育应用创新要求，这是高等职业教育的显著特点。

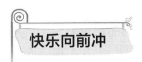

快乐向前冲

心理游戏一　　　　　记忆力测试

1）随机拿出9样物品。

2）将9个物品放在一个3×3的方格中，给大家一分钟的时间记住物品摆放的位置。

3）将这9个物品拿走，然后请一个同学自告奋勇上来用最短的时间恢复物品摆放的次序。

4）重复几次，变化摆放的次序，看谁的正确率最高。

游戏分享：本游戏的关键点是训练记忆力。记住这些物品摆放的位置使用了哪些技巧？重复地进行训练，正确率有提高吗？

心理游戏二　　　　　头脑风暴（黑板擦的用途）

在生活学习中，思维定势是经常出现的一种思维模式。在环境不变的条件下，定势使人能够应用已掌握的方法迅速解决问题。而当情境发生变化时，它会妨碍人采用新的方法，影响创新能力的发挥。创造性可以通过简单实际的练习培养出来，我们可以进行头脑风暴的演练，参与者可以异想天开并且不会被批评嘲笑。

1）全体学生分为若干组，每组 4~6 人，每组指定一人做记录。任务是在 60 秒内尽可能多地想出黑板擦的用途。

2）60 秒后，各组汇报所想到的主意的数量（而非想法本身），然后举出其中"疯狂的"主意。

游戏分享： 当你在进行头脑风暴时存在哪些困难？你觉得是什么束缚了你的想法？什么推动了你的"创新"？

失踪了的 10 元钱

有三个"驴友"去旅游，途中投宿在一家旅店中。这间旅店的房价是每间 450 元，三人决定合住一个房间，于是每人向店老板支付了 150 元。后来，老板又优惠了 50 元，让服务员拿着还给三人。服务员心想：50 元三个人如何分？于是自己拿走 20 元，将剩余的 30 元还给了三个人。问题出来了：每个人实际上各支付了 140 元，合计 420 元。加上服务员私吞的 20 元，等于 440 元。那么，还有 10 元钱去了哪里？

游戏分享： 钱并没有丢，只是计算的方法错误。服务员拿去的 20 元就是三个人总共支付的 420 元中的一部分。420 元减去 20 元等于 400 元，正好是旅店入账的金额。420 元加上退回的 30 元，正好是 450 元，这才是三个人一开始支付的房费总数。

一件简单的事情，如果思考的方向出了问题，就会弄得大伤脑筋。

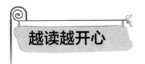

读书三境界

王国维在《人间词话》中说，古今之成大事业、大学问者，必经过三种之境界："昨夜西风凋碧树。独上高楼，望尽天涯路"，此第一境也；"衣带渐宽终不悔，为伊消得人憔悴"，此第二境也；"众里寻她千百度，蓦然回首，那人却在灯火阑珊处"，此第三境也。

不读哪家书，不知哪家理

明朝万历年间，有个名叫马绍良的人在朝中做官。他年轻气盛，自以为博学多才，满腹文章，经常在同僚面前卖弄自己，因此得罪不少人，皇帝对他的所作所为也时有耳闻。

这天，皇上把马绍良召进后殿，闲聊几句后拿出一首诗对他说："听说爱卿才学出众，且看这首诗写得怎样?"

马绍良不知道这是皇上的诗作,只草草看了一眼,见其中有两句是:"明月上竿叫,黄犬宿花蕊",他不假思索地说:"这诗不通!明月怎么会上竿叫,黄犬怎么能宿在花蕊中呢?"

"那么,以爱卿高见,这句诗该如何改呢?"皇上不露声色地问。

马绍良说:"就改为'明月上竿照,黄犬宿花荫'。"

皇上听了,微微一笑,说:"爱卿才学疏浅,不配在京为官。"于是,马绍良被贬三级,发落到福建漳州做太守去了。

马绍良自认晦气,但也满肚子不服气,无奈圣命难违,只好带着家眷到漳州去赴任。

一天,他来到闽南一座山岭下休息,忽然看见山道旁野花团簇,争奇斗艳,便随手折了一枝花。他往花蕊中一看只见一条毛茸茸的小黄虫儿在花蕊中蠕动,便问身边的轿夫:"这是什么虫子?"

轿夫一瞧,笑着说:"它叫黄犬虫,专爱往花蕊中钻。"马绍良一听,一下子目瞪口呆,半天说不出话来。天很快黑了,马绍良心事重重,无心赶路,便找了一个小店歇了下来。回想起白天的事情,他久久不能入睡,就到窗口赏月。这天晚上,碧空如洗,只见一轮明月照着在晚风中摇曳的翠竹,缓缓升上了天,正当月儿挂在半空的时候,不断传来鸟儿悦耳的叫声。他听了好长时间,似有所悟,叫来店主,问道:"这是什么鸟在叫?"店主回答说:"这是明月鸟。它只有在月亮当空时才叫,所以人们叫它'明月鸟'。"

马绍良听了,心里惭愧万分,这才明白皇上为什么把自己贬到闽南做官。

马绍良年逾古稀后,辞官回乡,他特别后悔自己年轻时的狂妄浅薄,便时常对人们说:"不读哪家书,不知哪家理。我生在北方,不知南方事,到了南方,才知天之高,地之厚,自己所知道的,不过是九牛一毛罢了!一个人最大的过错,莫过于自以为是啊!"

第二节 谁扰乱了我的学习

在生活中,我们会发现这样一种现象,在同等环境下,有些人的学习效率高且学习效果好,而有些人却截然相反。有人认为这是智力因素,是由智力水平不同造成的;也有人认为这是非智力因素,是由学习方式、学习习惯、兴趣、爱好、个人性格等方面的原因造成的,你觉得呢?

青春那些事

案例一 我就是学不进去,怎么办?

小张父母对他一直抱着很高的期待,小张的学习一直都是在父母的督促下完成的。高考后来到外地上大学,小张觉得专业课学习枯燥、无聊,又认为自己将来也未必会从事这个专业,反正父母也管不了自己,于是开始放任自己,经常旷课打网络游戏。第一学期期末考试,小张好几门功课亮红灯,辅导员找他谈话,希望他能认真对待学习,提高成绩,如果再这样下去，可能会要求留级或者退学。小张一下子紧张起来，他想要改变现状，可是每当他想要认真学习时，就会觉得专业课非常无趣，学不进去，小张内心开始焦虑，该怎么办呢？

案例二　我只想考出好成绩

小明入学后就立志要拿到一等奖学金，这样既能减轻家庭负担，又能让父母感到自豪。眼看着马上就要期末考试了，小明整天都泡在教室里复习，但是最近小明却感觉越来越不对劲了，他发现自己没有办法静下心来学习，经常会担心万一自己没考好，不能拿到奖学金，甚至考得还很差，怎么办？明明知道要复习功课，但是在看书的过程中，总会想到这些坏结果，小明心里很焦虑，感觉不知所措。小明知道这样肯定是考不出好成绩的，怎么对得起辛苦供自己读书的父母呢？

解读

在大学生关于学习的问题中，考试焦虑和对专业的不满意占了很大比例。虽然考试对学生来说如同家常便饭，但仍有不少学生对此焦虑不已。由于迫切希望自己在考试中取得好成绩，自我期望值过高，造成了内心的矛盾和冲突，出现焦虑的情绪。中等程度的焦虑可以促进知识的学习，完全没有焦虑或者过度焦虑都会影响考试中的发挥，把注意力放在学习本身而不是考试结果，做最好的准备就是对考试结果最大的保证。有些同学则是因为对专业的不满意导致学习不认真。很多人在进入大学之前其实并不太了解自己所填报的专业，只是因为其他各种原因选择了这些专业，有些人在学习的过程中发现自己确实喜欢本专业，而有些学生则相反。其实很多人没有选择自己喜欢的专业，但是这并不妨碍他们做出一番事业。

心理知识吧

一、智力因素与学习行为的关系

智力是个性心理特征，代表着人类完成某种任务的潜能，是先天遗传与后天发掘共同的产物。一般认为，智力因素由观察能力、记忆能力、思维能力、想象能力和创新思维等几个主要因素构成。研究者对大规模的样本研究发现，人类的智力水平发展并不一致，可以将人类的智力分为超常智力、正常智力、低下智力三种，其中超常智力与低下智力在人群中只有较少部分，正常智力占大部分，这三种智力呈现"倒U"型的正态分布。对于大部分人而言，智力水平相差无几甚至没有显著性差异，智力与人类学习有密切关系，却不是唯一的决定因素。有研究者认为智力水平与学习效果之间只有中等程度的相关。在现实生活中我们发现在大部分人群中，学习效果确实千差万别，如果学习效果明显低于智力水平，一般认为这是由非智力因素造成的。

二、非智力因素与学习行为的关系

非智力因素包括智力因素以外的所有因素，它蕴含在一个人的个性特征中。一般认为，非智力因素包括动机、兴趣、意志力、性格、情感等。有人认为非智力因素对学习行为的影响是间接进行的，学习效果既制约于智力因素，又制约于非智力因素。没有智力因素，学习行为无法进行；没有非智力因素，学习行为无法维持。只有智力因素与非智力因素共同作用，学习行为才能高质量地完成。

1. 学习动机与学习行为

动机是推动个人从事学习行为的内在因素，对个体维持某种行为具有积极意义。中学阶段大多数学生的学习动机在于"高考"，虽然学习动机强烈，但是却属于近景性学习动机。跨入大学校门后，"高考"动机随即解除，不少学生进入"动力真空带"，出现厌学和松劲情绪。大学流传着"及格万岁、多一分浪费"等顺口溜，其实就是这种动机缺失状态的写照，这种心态非常不利于学习活动的开展。心理学认为在学习行为中保持适当的动机水平是非常必要的，耶克斯—多德森定律发现在不同难度任务中最佳动机水平是不一样的，具体如图9-1所示。

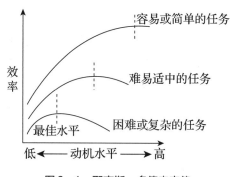

图9-1 耶克斯—多德森定律

2. 学习兴趣与学习行为

兴趣是指人们对事物喜好或关切的情绪。兴趣是最好的老师，培养良好的学习兴趣，对学习行为和学业成绩有直接影响。学习兴趣大体上可以分为直接学习兴趣与间接学习兴趣两种。前者是由所学材料或学习活动——学习过程本身直接引起的。后者是由学习活动的结果引起的。直接学习兴趣与间接学习兴趣常常是融合在一起的，即既有直接学习兴趣的成分，又有间接学习兴趣的成分，其中，或以直接学习兴趣为主，或以间接学习兴趣为主，或两者难分主次。开始时对学习的间接兴趣在学习过程中很有可能逐渐转化为直接兴趣。

在现实生活中，很多学生在填报高考志愿时对各种专业的了解很有限，甚至有家长直接代替学生填报志愿的。在学习过程中，有些人对专业有着浓厚的兴趣，学习的自律性及学习效果都很好。有些学生对专业缺乏兴趣，导致学习动机不足，学习效果不理想。对专业怀有高度兴趣的学生总是能保持对学习的热情度及高度的自律感，而兴趣低的学生刚好相反。对于兴趣度低的学生如果能适当地将间接学习兴趣引导为直接学习兴趣，学习效果将会好很多。

3. 意志力与学习行为

意志是指人在有意识的行动中，同克服内在和外在的困难相联系，而坚持实现行动的目的的心理过程。在学习过程中，意志力的参与是非常重要的，一个意志力强的人学习行为会更好调理，效率更高。这些人总是知道自己什么时间要做什么事情，并且能够很好地坚持下去，对学习计划的具体实施能不折不扣地进行，对自己的行为有很强的约束力。现实中一般会发现意志力强的学生，其学习生活总是井井有条，同样的时间做的事情更多、更有效。而意志力是需要培养的，坚定的意志力会大大提高成功的概率。

4. 生活习惯与学习行为

生活习惯与学习行为的关系也非常密切。这里所说的生活习惯包括生物钟、起居规律、学习环境的选择等。生物钟对学习计划的制订具有基础意义，只有了解自己的生物钟才能在精力最充沛的时候做最有效率的事情。选择合适的学习场所也很重要，安静舒适的学习环境能让注意力更加集中，不为外物所扰，学习效果会更好。此外，自身的其他生活习惯都会影响学习行为，顺应自身的生理生活习惯，以此提升学习效率很有必要。

快乐向前冲

心理游戏一 　　　　　　　　　**留住我的心**

不少人经历过上课开小差，不能专心听课，复习功课时不能集中注意力等情况，那么不妨来做一下关于集中注意力的游戏训练吧。

1）首先在空中描绘出一个点，将全部注意力集中在这个点上，并凝想此点。

2）慢慢将此点延伸为一条直线，继续关注此直线，并将凝想的时间拉长。

3）之后描绘出较复杂的星形或涡形，并凝想该图形一段时间，继续将图形复杂化，并保持凝想，同时拉长凝想的时间。

4）分享练习的感受，分享之后再练两次或三次。

5）每天做练习，并提醒学生每天练习时尽量避免受到外在声音的干扰。

游戏分享：该方法是由瑞士洛山权精神医院设计出来的关于集中注意力的训练。

心理游戏二 　　　　　　　　　**一张卷子**

考试答卷子，对于身经百战的同学们而言已经很熟练了，下面就来做个关于答卷子的游戏吧。

1）答卷之前请通读全部资料。

2）请将你的名字写在本卷子的右上角。

3）请将上面第二个要求中的"名字"二字用黑色圆珠笔圈起来。

4）轻轻捏着鼻子大声叫三遍你自己的名字。

5）拍打你的桌子三下。

6）在卷子的反面用红色圆珠笔再写一遍你自己的名字。

7）在卷子的左下角写上你所在的学校的名称。

8）在卷子的右下角写上你所在的年级和班级的名称。

9）当你完成以上要求后，站起来再坐下，大声地说"我做到了"。

10）既然你已按照第一个要求做了，又认真读完了全篇的内容，你只需要按照第二个要求完成第二道题目，就算答完了本张卷子。

11）完成后请不要出声，看到别人的举动也不要笑，静候全体同学完成卷子。准备闹钟一个，红色、黑色、蓝色的圆珠笔各一支。拿好蓝色圆珠笔，开始答卷。（如果是集体做，老师事先打印好卷子，届时每人发一张，然后要求大家要用最快的速度答完卷子；如果是你一个人答卷子，在阅读题目的时候，就请开始计时）你完成了吗？你用了多少时间呢？

游戏分享： 忍耐对于年轻人来说，的确是很不容易做到的，但对于成就一桩事业、完成一项工作来说，又是那样必不可少。

心理一点通

读书使人充实，讨论使人机智，笔记使人准确，读史使人明智，读诗使人灵秀，数学使人周密，科学使人深刻，伦理使人庄重，逻辑修辞使人善辩。凡有所学，皆成性格。

——培根

在寻求真理的长河中，唯有学习，不断地学习，勤奋地学习，有创造性地学习，才能越重山跨峻岭。

——华罗庚

读书和学习是在别人思想和知识的帮助下，建立起自己的思想和知识。

——普希金

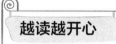

10公里的距离

心理学家做了一个十分有趣的实验：组织三组人，让他们分别向10公里以外的三个村子进发。

第一组的人既不知道村庄的名字，也不知道路程有多远，只告诉他们跟着向导走就行了。刚走出两三公里，就有人开始叫苦；走到一半的时候，有人几乎愤怒了，他们抱怨为什么要走这么远，何时才能走到头，有人甚至坐在路边不愿前进，越往后走，他们的情绪也就越低落。

第二组的人知道村庄的名字和路程，但路边没有里程碑，只能凭经验来估计行程的时间和距离。走到一半的时候，大多数人想知道已经走了多远，比较有经验的人说："大概走了一半的路程。"于是，大家又簇拥着继续向前走。当走到全程的四分之三的时候，人们情绪开始低落，觉得疲惫不堪，而路程似乎还很长。此时有人说："快到了！"大家重新振作起来，从而加快了行进步伐。

第三组的人不仅知道村庄的名字、路程，而且公路旁每一公里处就有一块里程碑，人们边走边看里程碑，每缩短一公里大家便有一小阵的欢乐，行进中他们用歌声和笑声来消除疲劳，情绪一直很高涨，所以很快就到达终点。

心理学家得出了这样的结论：当人们的行动有了明确目标的时候，并能把自己的行动与目标不断地加以对照，进而清楚地知道自己的行进速度和与目标之间的距离，人们行动的动机就会得到维持和加强，就能够自觉地克服一切困难，努力实现目标。

第三节　我的学习我做主

进入信息时代以后，每天大量的新的信息、新的知识让我们应接不暇，学习的重要性日益凸显。对大学生来说，提升学习能力显得更重要，并且学习行为应该是贯穿我们一生的内容。那么，关于大学学习同学们应该做哪些准备工作呢？

青春那些事

案例一　这么拖拉，怎么办？

小李是大学二年级学生，一直为自己拖拉懒散的毛病而苦恼，明明计划好要做的事情，迫在眉睫了才赶紧去做，匆匆忙忙做完之后，结果也很不理想。小李计划每天早上6:30起床，先去跑步半小时，然后吃早餐，再朗读英语半个小时，接着去上课，下午如果没课就去图书馆多读一些书籍，晚上保证两个小时的学习时间。计划很好，实际情况却并非如此。小李每天早上起床已经接近10点，磨磨蹭蹭洗脸刷牙，然后吃午饭，午饭后再休息一下，经常一觉睡到16点，整理好后出门就快到晚饭时间了。晚饭后小李喜欢上网看看电影，每次都跟自己说上网到20点就必须去学习，但大部分时候都上网到了22点以后，每次都告诉自己再等一分钟就关机，可是很多个一分钟过去了，还是没能做到。拖拉磨蹭的习惯让小李很烦恼，他很讨厌这种生活状态，羡慕那些风风火火、每天生活井井有条的同学。

案例二　未来，我不想从事我的专业

小王现在大学二年级了，他越来越清晰地感觉到自己不适合这个专业。当时高考报志愿时，他并没有对专业情况进行详细了解。现在的专业大部分时候是跟机器打交道，需要严谨细致、一丝不苟的精神，但是小王觉得自己更喜欢跟人接触。小王在大学社团里非常活跃，还组织过不少有趣的活动，小王觉得自己乐在其中，并且有成就感。小王不喜欢现在的专业，自己的专业成绩只能算是一般，可是又不可以调换专业了，想要再回去重新高考，又觉得自己承受不了这样的压力。想到未来自己可能要从事不喜欢的职业，小王就觉得心灰意冷，该怎样才能平衡好专业学习与职业选择呢？小王感觉很迷茫。

> **解读**
>
> 西方哲学家怀特海说:"一定要等到你把课本都丢了,笔记都烧了,为了准备考试而记在心中的各种细目全部忘记时,剩下的东西,才是你所学到的。"大学里所学的知识也许80%是用不到的,但是你具备了学习的能力,获得了思考问题和解决问题的方法,这些是大学学习给我们最宝贵的财富。在大学学习中,养成好的学习习惯会让我们受益终生,但是在实际生活中相信不少人都有过拖拉懒散的时候,明明制订好了计划,却实施不起来。说到底还是对计划要做的事情重视度不够。如果能够重新审视生活的重点,有明确的生活学习目标,并能做好合理的可行的计划,这样对行动才会有更大的帮助。另外,意志力很重要,很多拖拉懒散的毛病都伴随着意志力不强的特点,那么不妨从生活中的小事情开始锻炼自己的意志力吧。
>
> 很多人可能会质疑大学中的学习到底能给自己的未来带来什么。其实,大学里很多时候是关于专业的基础学习,正如盖房子一样,打地基的过程难道不是盖房子的一部分吗?在现在这个信息爆炸的时代,学习已经不只是在学校里进行,而应该是贯穿在我们的一生中。正如怀特海所言,大学里真正的学习是学会学习,一个人只有具备了这样的能力,才不会惧怕任何挑战。

心理知识吧

一、设置合适的学习目标

美国的一份统计结果显示,一个人退休后,特别是那些独居老人,每天只是刻板地吃饭和睡觉,虽然生活无忧,但他们后来的寿命一般不会超过七年。可见,合适的目标对正常的生活学习来说意义重大。踏入大学校园的那一天起,我们就必须思考,大学将如何度过,希望收获什么,目标是什么。在正确目标的引导下,生活学习才会井井有条,才不会虚度年华。

如何制定合适的目标是个大学问,总的来说,在制定目标时,既不能好高骛远又不宜妄自菲薄。一个好的目标首先是非常合理的,符合自身能力的,通过努力可以达到的;其次,好的目标是非常明确的,包含着非常鲜明的方向性和目的性;最后,好的目标是可以测量的,可以分解为几个小目标分阶段完成,可以通过一些标准来考察是否按时完成。

有了合理的目标之后就要接着对大学三年的生活进行规划,一年级要做什么,达到什么目标,二年级、三年级以此类推,为了达到这些目标,每个学期甚至每个月要如何安排等。有的同学可能会说刚入学就做些规划,是不是太早了呢?我们似乎有大把的时间、大把的青春可以挥霍,但是时间总是过得飞快,在日复一日的生活中,大学没有我们想象中那么漫长,甚至非常短暂。在这段旅程开始之初就做好规划是对大学生活最好的礼物。

二、合理分配学习时间

大学生活比高中更加丰富多彩，几乎每个人都会面对上课、自习、课外活动、社会实践、休闲娱乐等生活内容。有些人把这些内容安排得很合理，同样的时间做的事情很多，而有些人则不然，这就涉及对时间的安排合理与否。首先，要安排好每日的作息时间表，安排时要根据自己的身体和用脑习惯，做到既能让大脑得到休息，又能参加一些其他的文体活动。一旦安排好时间表，就要严格执行，切忌拖拉和随意改变，养成今日事今日毕的习惯，千万不要等明日。其次，要珍惜零星时间，大学生活越丰富多彩，时间切割得就越细，零星时间越多。最后，要安排任务时间和娱乐时间，每天的工作都要安排一些机动时间以备不时之需，学习间隙要有娱乐休闲时间，劳逸结合学习效果才好。

三、掌握一定的学习策略

学习行为是一个系统过程，在这个过程中有很多策略可以帮助我们提高学习效果。现代心理学对学习策略有很多研究，下面举几个常见的例子：

1. 系统学习

知识本身就是一个系统，各部分的知识是有密切联系的，学习者不能将其完全分割来学习，这样容易"只见树木不见森林"。只有在整体的高度上看待这些知识，才能深刻理解并牢固掌握。

2. 多种感官共同参与

有研究表明，人的学习80%通过视觉进行，10%通过听觉进行，其他的通过嗅觉、触觉等其他感官进行。而且人们完成记忆的内容中，通过视觉完成的占20%，通过听觉完成的占10%，通过听觉和视觉共同完成的占50%以上，说明通过多种感官参与的学习效果更好。

3. 采用一定的记忆术

比如过度学习策略，有研究表明，人的学习达到150%时，效果最好。再比如精细加工策略，通过做笔记、提问、利用背景知识、对材料进行意义识记等方法提高学习效果。

4. 实践演练

学习到的知识如果能和实践活动结合起来，所学即所用，学用结合，在实际中灵活运用，这样的学习效果最好。

好的学习方法和学习策略对学习效果有事半功倍的效果。每个人的情况不同，适合自己的学习策略自然也有差异，重要的是寻找到最适合自己的方法。

四、学会正确地归因

归因是人们寻求问题产生的原因的一种心理倾向。笼统来讲，根据人们的归因倾向可以将归因分为两种，即内控型、外控型。内控型的人喜欢首先将经验教训归结为自身内部的因素，如动机、能力、努力程度等；外控型的人喜欢首先将经验教训归结为外部的因素，如运气、任务难度等。内控者相信自己能发挥作用，面对可能的失败也不怀疑未来可能会有所改善，面对困难情境，能付出更大努力，加大工作投入；而外控者看不到个人努力与行为结果的积极关系，面对失败与困难，往往推卸责任于外部原因，不去寻找解决问题的办法，而是企图寻求救援或是赌博式的碰运气，他们倾向于以无助、被动的方式面对生活。心理学研究表明，遇到愉快或成功的事，进行内归因能增强自信，有利于心理健康；遇到不愉快的事，外归因则能缓解压力。

五、树立终身学习的理念

"终身教育"这一术语自1965年在联合国教科文组织主持召开的成人教育促进国际会议期间，由前联合国教科文组织成人教育局局长保罗·朗格朗（Paul Lengrand）正式提出以后，联合国教科文组织1996年发表的"国际21世纪教育委员会"的报告《教育——财富蕴藏其中》进一步论述了终身教育的思想，认为"今后，整个一生都是学习的时间，而每一类知识都能影响和丰富其他知识，终身教育的目的就是促进人的全面发展。学习的四大主题为学会认知、学会做事、学会共同生活、学会生存，这四种'知识支柱'中每一种应得到同等重视，使教育成为受教育者个人和社会成员在认识和实践方面的一种全面的、终生持续不断的经历。"在新世纪知识大爆炸的年代，学习已然成为一种生活方式，学习不仅是学生时代的主题，而应该成为生命的主题，只有学会学习、持续学习才能赶上时代的发展。我们不能故步自封，每个人都应该让他人有"士别三日，当刮目相待"的新认识，这样的生命才能充满活力，厚重一生。

快乐向前冲

神奇的大脑

人类的大脑是人们至今没有探寻清楚的领域之一，它就像一台计算机，存储着很多我们曾经经历过和学习过的东西，有些事你以为自己已经遗忘，却会突然在某些时候想起它。

1）请问你一年级班主任的名字是什么？
2）请问你一年级的班长叫什么？

讨论：
1）你最后一次想到你一年级班主任的姓名是什么时候？为什么这个姓名会那么快地钻进你的脑海里面？
2）为什么有很多事情会一直在脑海里停留？而有些东西却很快被我们忘记？
3）鉴于记忆的这些特性，如果想要记住某些东西的话，应该怎么做？

游戏分享：人的大脑的存量应该是有限的，只有那些能够给我们留下深刻印象的人或物能够长时间地占据我们的脑容量。一旦我们想要记住某些比较重要的东西，便可以采取各种方法，如联想法，然后不断地重复联想，以达到记住它的目的。

| 心理游戏二 | **掌声响起来** |

每个人先准备一张纸、一支笔，放在桌子上，讲台上准备秒表一个（老师用）。

1）请你预计一下，假如你用最快的速度双手鼓掌一分钟，你能鼓多少下。不要进行太多的思考，把第一个进入你脑海的数字写在纸的左上角。

2）老师喊口令"开始"，请同学们用最大的力气和最快的速度鼓掌（鼓掌时双手的距离不必过大，大约3~5厘米就可以了）。

3）当时间到10秒时，老师喊"停"。然后请大家把自己鼓掌的数字乘以6，就得出了自己一分钟鼓掌的数字，把这个数字写在纸的正中央。

4）请同学报告自己的结果。

游戏分享：为什么你对自己的估计要比实际你能做到的低？请每个同学讲一个自己亲身经历的小故事，说明自己的能力比预料的要大得多。

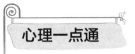

必须记住我们学习的时间是有限的。时间有限，不只由于人生短促，更由于人事纷繁。

——斯宾塞

学习和研究好比爬梯子，要一步一步地往上爬，企图一脚跨上四五步，平地登天，那就必然会摔跤。

——华罗庚

人不光是靠他生来就拥有的一切，而是靠他从学习中所得到的一切来造就自己。

——歌德

越读越开心

时间管理四象限法

时间是非常宝贵的，对每个人来说既是公平的又是不公平的，公平的是每天都是24h，不公平的是同样的时间每个人做事的效率及效果都是不一样的，这就涉及一个重要的问题——时间管理。关于时间管理的方法有很多，下面介绍一种"四象限"法。

时间"四象限"法是美国的管理学家科维提出的一个时间管理的理论，把工作按照重要和紧急两个不同的程度进行了划分，基本上可以分为四个"象限"：既紧急又重要（如即将到期的任务、马上要进行的考试等）、重要但不紧急（如建立人际关系、参加某种培训等）、紧急但不重要（如电话铃声、不速之客等）、既不紧急也不重要（如上网、闲谈、邮件、写博客等），如图9-2所示。

按处理顺序划分：先是既紧急又重要的，接着是重要但不紧急的，再到紧急但不重要的，最后才是既不紧急也不重要的。"四象限"法的关键

图9-2 时间管理四象限

在于第二和第三类的顺序必须认真区分，有些事情是非常紧急的但并不重要。另外，也要注意划分好第一和第三类事，两者都是紧急的，区别就在于前者能带来价值，实现某种重要目标，而后者不能。

人们学习工作中的主要压力来自于第一象限，其实第一象限大部分事务来自于第二象限（重要但不紧急）没有被处理好的事情，也就是说，这个压力和危机是自己给自己的，这个象限的事务大概要花费我们20%的时间。对于第二象限中的事情，应该有计划、分时间段按时完成，以减少第一象限的压力，在规定时间内完不成就变成了第一象限的压力，建议我们的大部分时间都用来解决第二象限的事务。第三象限的事务是我们焦头烂额的源泉，并且很容易被我们认为是重要的事情，其实不然，建议可以委婉地拒绝这类事务。当我们感到身心疲惫时可以做第四象限的事务，但是注意不要浪费过多的时间在这上面。

80/20法则是20世纪初意大利统计学家、经济学家维尔弗雷多·帕累托提出的，他指出：在任何特定群体中，重要的因子通常只占少数，而不重要的因子则占多数，因此只要能控制具有重要性的少数因子即能控制全局。这个原理经过多年的演化，已变成当今管理学界所熟知的二八法则，即"帕累托定律"（Pareto Principle），又称"二八定律"。后来很多领域的人发现，这个80/20法则套在自己的日常工作中是可行的。例如，银行业发现80%的存款来自于20%的大客户；销售人员发现80%的销售额来自20%的大客户；一些企业发现其80%的利润来自于20%的主要产品线；也有一些管理人员发现，工作中80%的问题产生于20%的员工身上；20%的人际关系决定了80%的个人幸福等。同样的，在时间管理里面，有80%最佳效果的工作来自20%的时间，而20%较为次要的工作却花去了我们80%的时间。遵循80/20法则，我们就应该去寻找用20%的努力就可得到80%的效果的领域；集中精力解决少数重要问题，而不是解决所有问题。同时，把每天思维最活跃的时间留给最有挑战和创意的工作。

一、对于目标

每个人都有很多目标，但有20%的关键目标决定了80%的结果。人们可能要财富、要男女朋友、要有一个好的事业，要有一个很好的未来。但对一般人来讲，20%的目标就是努力学习，专注于某个领域。在一个领域内做到出类拔萃，然后其他不重要的目标自然就容易实现了！

二、对于时间

重新审视工作时间表，区分事情的轻重缓急，要毫不留情地抛弃低价值的活动，永远先做最重要的事情。

三、对于你的生活

20%的人认为行动才有结果——80%的人认为知识就是力量。
20%的人有目标——80%的人爱瞎想。
20%的人在放眼长远——80%的人只顾眼前。
20%的人做简单的事情——80%的人不愿意做简单的事情。
20%的人明天的事情今天做——80%的人今天的事情明天做。

20%的人能办到——80%的人不可能办到。
20%的人计划未来——80%的人早上起来才想今天干什么。
20%的人按成功经验行事——80%的人按自己的意愿行事。
20%的人受成功人的影响——80%的人受失败人的影响。
20%的人相信自己会成功——80%的人不愿改变环境。
20%的人永远赞美、鼓励他人或自己——80%的人永远漫骂、批评他人或自己。
20%的人会坚持——80%的人会放弃。
20%的人敢于面对困难——80%的人逃避现实。
20%的人成功——80%的人不成功。
20%的人用脖子以上赚钱——80%的人用脖子以下赚钱。
20%的人正面思考——80%的人负面思考。
20%的人买时间——80%的人卖时间。
20%的人重视经验——80%的人重视学历。

重要提示：找到你关键的20%。

延伸阅读

1. 《学习的革命》，珍妮特·沃斯、戈登·德莱顿著

导读：这个新时代充满残酷的替代选择。对于那些拥有新知识的人来说，新时代意味着一个充满机遇的世界；对于那些没有新知识的人来说，新时代则意味着，当旧工作消失、旧体制崩溃时，他们将面临失业、贫穷、绝望。这本书主要讲的是为让大多数人获益而迫切需要的一些新的学习方法。此书并不只为年轻一代而写，同样也适合早已成年的人们。但是，只有当学习能帮助我们每一个人直接与新时代的需要相连时，它才会是完全有效的。

2. 《时间管理——如何充分利用你的24小时》，吉姆·兰德尔著

导读：即使你的大脑一次能够容纳几大组信息群，你也难以在同一时间对多个信息群进行意识清晰的处理而却不产生不良影响……尽管从生理学角度来说，人们有时一次能够从事几种不同的脑力劳动，但其精确度和效果将很快会大打折扣。科学家哈罗德·帕施勒（Harold Pashler）表示：当人们同时在做两种认知任务时，他们的认知能力可能会从哈佛MBA的水平下降至一名八岁儿童。这种现象被称为双重任务干扰……教训很清楚：如果准确性很重要，那么，就不要分散你的注意力。

3. 《执行力是训练出来的》，吉恩·海登著

导读：执行力可以看成一条心路历程，虽然你不能完全确定它有哪些沟沟坎坎，但是仍然决心走下去。当你站在旅程的起点，漫漫长路看上去无休无止，心中不免闪过一丝忧虑，担心自己犯下致命的错误。如果你不能实现自己的目标，如果你有非常优秀的想法并计划付诸实施，但是刚刚走了三步之遥，很多人便议论纷纷，甚至在背后暗算，你该怎么办？当然，你完全可以放弃执行力，放弃自己的新目标，然后沿着无数人走过并证明可行的道路走下去；你也可以像过去那样对他人的劝告不予理睬，义无反顾地出发。那么，在这种情况下，什么动力才能让你越过这道障碍呢？只有自信和更多的自信。

第十章　网，让我欢喜让我忧

> 在信息时代，网络给我们的工作、生活和学习带来了前所未有的改变。网络知识绝不再是"专业人士"才应该掌握的本领，而应该成为大众的一项基本技能。对于正处于青春年华和富于创造力的大学生来说，网络早已不是什么新鲜事物，更不是谈虎色变的洪水猛兽，它是当代大学生不得不去面对的一个话题。

第一节　网事知多少

网络世界五光十色、纷繁复杂，当代大学生获取知识、了解时讯、沟通交流、休闲娱乐等都离不开网络，对网络的依赖性呈现出越来越强的趋势。如何全面认识网络、合理利用网络是目前不可逃避的问题。

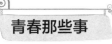
青春那些事

案例一　网络，我求学路上的"拦路虎"

小苏，男，大二学生。初高中时成绩名列前茅，因高考发挥失常，现就读一所高职院校。刚上大学时小苏适应得很快，每天上课、自习，课余时间打打球，大学生活积极而充实。他不敢让自己闲下来，因为大量的自由支配时间会让他无所适从。同学和室友们常常会讨论网络社会热点、游戏心得、流行语等，他都插不上话。但小苏一直坚持不上网，他怕自己在网络世界中迷失了自己，影响到自己的学习。他不知道在信息时代，网络也是一个重要的学习渠道，需要不断加强自身的信息素养。

案例二　没网络，生活好可怕

小童，女，大一新生。出生于沿海某地级市的一个小康家庭，父母共同经营着一家企业。由于忙于生意，父母陪伴小童成长的时间有限，好在她从小乖巧懂事，父母也一直就把她当做"小大人"，很早就给她配备了智能手机。高中时因学业紧张，升学压力大，小童还能合理使用手机，把玩手机的时间并不长。升入大一后，课程压力减轻，小童有更多自由时间，在人生地不熟的外地，手机就是其如影随形的"好朋友"，不仅极大方便了其出行、网购、支付等日常事宜，还能畅玩网络游戏。因不善言辞，缺乏人际交往经验，她一直没能融入身边的集体。好在手机社交软件，可以帮她结识更多的"朋友"。由于疏于跟周边同学的相处，她成了不折不扣的低头拇指一族。

第十章 网，让我欢喜让我忧

> **解读**
> 案例中主人公都有错误的认知，案例一中的小苏视网络为洪水猛兽，错误地认为网络会影响到生活、学习，对其避而远之，没有正确地认识网络，更没有感受网络给我们生活带来的便利。案例二中的小童沉迷网络，认为没有网络，生活都不知道如何正常进行，过度依赖使用网络，进而严重影响到学业，甚至未来的前途。

心理知识吧

一、网络的前世今生

1969年，国际互联网（Internet，音译为"因特网"），产生于美国，是全球性的公用信息载体，是继报刊、广播、电视之后的第四大传媒方式。互联网因其具有全球性、开放性、便捷性和高效性等特点，是当今最受欢迎的大众传媒方式之一。互联网是由一些使用公用语言互相通信的计算机连接而成的网络，即广域网、局域网及单机按照一定的通信协议组成的国际计算机网络。

21世纪是网络高速发展的时代，移动互联网快速发展，网络渗透政府、军事、科研、学习和生活中的各个领域。足不出户便知天下事，网上购物眼花缭乱，网络游戏层出不穷，情感倾诉可随时随地进行。互联网给人们的办公、生活和学习带来了极大的便利。

二、大学生网络使用的特点

1. 普遍性与开放性

随着社会的进步，经济的发展，物质条件的不断丰富，人们对生活质量的追求越来越高，网络已经进入到人们的日常生活。大学为大学生提供了极为便利的网络资源，不仅图书馆、教室等学习场所网络遍布校园，在学生宿舍、食堂等休息活动场所也都能联网"冲浪"，部分经济发达地区的高校更是实现无线网络遍布校园，让随时随地上网成为可能。互联网还具有开放性特点，也正是由于网络的开放性和便捷性，网友们有了一个广阔的学习和交流的空间。同时，资源的多样性和广泛性为大学生提供了一个了解世界、增长知识的平台，可以学到更多的知识。这不仅有助于大学生增长知识、促进学习，也更有利于他们开阔视野、了解社会。

2. 多样性与娱乐性

在众多传媒方式中，互联网是起步最晚，同时也是发展速度最快的媒体，被人们称为集图片、文本、视频、音频、动画等资源为一体的"超级媒体"，网络资源十分丰富。与此同时，网络技术的不断更新与发展，使上网可以满足人们购物、交朋友、玩游戏、找工作等多样化、个性化的不同需求。而且互联网的功能也逐渐从最初的科学研究、信息分享与查询逐渐过渡到休闲娱乐。一项关于网络用途的调查显示，大学生主要将网络用于社交、网络游戏、网络购物、信息查询、看电影、学习等,不少大学生是为了娱乐,如玩游戏、聊天、影音视频浏览等娱乐功能,总体来讲,大学生上网用于娱乐的时间多于用于学习的时间。

3. 频繁性与隐秘性

大学生活与过往学生生涯生活最大的不同就是自主性更高,可以自由支配的时间更多,再加上如今网络使用的便捷性,大学生拥有更多的生活选择权。而上网就是他们最喜欢的休闲方式之一。上网不仅可以实现跟朋友们的交流,还可以浏览校园资讯,查看工作通知。网络世界的丰富多彩对大学生有着强烈而又天然的吸引力。网络正逐渐成为大学生学习、生活、工作和交友沟通的多元化平台,成为大学生不可或缺的生活组成部分。但是网络世界还有虚拟性,虚拟的网络能够弥补现实生活的许多不足,它能让愿望在网络上实现,让不可能成为可能。在网络中你可以随意隐去身份、美化形象、尽情发表意见,宣泄情绪,虚拟网络世界可以满足生活中无法满足的需求和虚荣心,具有很强的隐蔽性。尤其是当你需要去面对一些难以启齿的话题时,你可以通过网络隐去真实身份,实现与他人的沟通交流,获取想要的答案。

三、网络对大学生的影响

1. 大学生使用网络的积极影响

(1) 开阔视野,丰富知识 网络就像超级百科全书,网络的高度发展和精细化分工,使得互联网上有几乎各个领域的各类知识和信息,资源无限且更新速度快,大学生只需轻点鼠标,即可获取想要的信息。因此,网络对大学生丰富知识、拓宽视野有着十分有益的帮助。

(2) 激发动机,调动欲望 网络这种"超级媒体"不仅内容丰富多彩,而且传输形式多样,充满着各种图片、文本、影音、视频和动漫等足以吸引人的东西,这种方式是通过课本难以实现的。知识融合于这种生动活泼、色彩丰富、内容丰富的组合中,无疑将有助于调动大学生的积极性,激发大学生的求知欲望,增加探索求知的动机。

(3) 拓宽渠道,提高效率 一项关于网络使用的调查统计结果表明,排名第一的就是国内第一搜索引擎"百度"。在网络信息爆炸的时代,搜索引擎以其操作便捷、快速定位的特点,顺利实现各种不同层次、不同结构、不同年龄和性别等网民的多元化需求。不仅如此,人们也热衷于在网络上主动寻找生活和商业信息,补充知识。这种可重复、好对照、易截取的学习方式为学习提供了极大的便利,也更容易激发大学生的参与热情,提高大学生的学习效率。

(4) 促进交往,加强互动 一项关于网民手机流量使用分布的调查结果显示,QQ、微博、微信、陌陌等社交软件高居榜首,使用率占到总流量的75%左右。该项数据表明,越来越多的大学生通过手机网络实现网络交流与沟通。而计算机终端社交类网站、软件等的下载使用率也排名靠前。甚至还有部分视频网站为大学生完成多媒体交友提供了平台。大学生可以利用网络平台,随时随地分享发生在自己身边的事物,这种方式不受时间、地域的限制,打破了国界、种族、性别的界限。这不仅增加了人际交往的方式、大大提高了交往效率，还降低了人际交往的成本。网络交流还具有现实交往不具有的间接性、平等性和互动性，更为那些现实生活中性格内向、不善于在公开场合发言的大学生提供了交往的便利。

（5）培养兴趣，挖掘潜能 网络对于刚迈入大学校门的学生有一种天然的吸引力，不仅因为网络中有广袤的信息资源、通达的知识宝库，还因为它为大学生深入研究自己感兴趣或者需要的某个领域提供了可能，这就让大学生有机会接触他原本不熟悉甚至是陌生的行业和领域。同时，网络更是一个适合自我表现和发展的平台，只要有意愿，就可以在网络空间中尽情地展示自己，充分挖掘自己的潜能，通过自身的努力和锻炼，成为某方面的网络达人。因此，大学生可以通过互联网补充学习、不断展示和完善自我，参与相关问题的讨论，拓展兴趣和知识空间，实现个人成长。

2. 大学生使用网络的消极影响

（1）脱离现实，生活空虚 由于网络空间的虚拟性，在网络上不仅可以隐蔽个人的真实身份和其他信息，许多在现实中无法做到的事情，在网络上就有可能实现，如在网络上把自己塑造为某种类型的偶像，在网上结婚、生子等，在暴力游戏中疯狂砍杀、进攻、获取所谓的胜利、不断升级、体验成功等，这些都容易激发大学生的好奇、好胜和好玩心理，使得他们脱离现实生活沉迷于虚拟空间，从而产生因不适应现实生活而引发的强烈冲突的各类心理问题。如果使用不当，就可能导致脱离现实生活的规则，并沉迷其中，难以自拔。

（2）缺乏独立，造成依赖 网络给生活带来便利的同时也给生活带来一些负面影响。如网络环境下人们的耐性更差，对于纯文本信息不感兴趣，书写能力特别是手写能力退化，常常出现提笔忘字等情况。网络资源的丰富和吸引力，容易造成大学生对网络的依赖性。在当代大学生看来，知识仅仅在需要时取而用之即可，不必劳心伤神。因而他们不管是在学业、生活还是工作中遇到什么困难，都依靠上网查询、快速获取，依赖网络寻求解决问题的方法。这很容易导致大学生缺乏主动思维，独立思考、主动判断以及解决问题的能力。

（3）混淆虚实，造成障碍 大学时期是个体自我意识高度发展的时期，是世界观、价值观、人生观确立的重要时期，大学生的自我意识在这一时期尚未完全形成，所以一些自我管理能力较差的大学生，常常会陷入虚拟网络，难以自拔。网络因其平等性、即时性、隐蔽性，有效缩小了人们交往的时空距离，让人际交往变得更容易，人们可以通过微博、QQ、微信等方式随时随地进行交流，不必遵循现实情境下的人际关系的规范与约束。许多大学生沉迷于网上交往而忽视现实中的实际交流，缺少了与他人培育合作关系的土壤，进而时常会使一些"网络达人"在现实中出现社交冷漠和交往障碍。同时，网络交际的隐蔽性容易导致人际交往的信任危机，经常会使大学生以实为虚，将虚当实，造成现实交往障碍。

（4）网络成瘾，身心受伤 对网络的过度依赖容易造成网络成瘾。成瘾者会沉迷于网络世界中，久坐计算机前，不停地敲打键盘、点击鼠标、易长时间紧盯着屏幕而不自知。在生理上，网络成瘾不仅会造成身体过度劳累，颈椎、脊椎变形，甚至会造成不知饥饱、不修边幅、身体发福等。长时间不睡觉，因成瘾而猝死的大学生个案并不鲜见。在心理上，网络成瘾者缺乏正常的人际互动而内心孤独、精神恍惚。与此同时，在虚拟的网络世界中，完全可以隐藏个人的一切信息，这就容易使大学生经常处于虚幻状态中，并且会对网络中的一切信息都持怀疑的态度，很难形成必要的人际信任。更有人因此而性格孤僻、情感淡漠等，严重者甚至会逐渐迷失现实中的自我，无法辨别虚实，进而引发人格异常。

（5）缺乏自控，引发事端　网络是信息的海洋，人们可以在网络时空自由翱翔。可一旦完全自由，一些黄恶势力就会将魔掌伸向无辜的大学生。而那些缺乏自知力、辨别力和自控力的大学生，进入网络世界后，在暴力游戏和黄色影片的影响下，容易扭曲价值观念，从而做出一些不道德甚至是违法犯罪的行为，违背社会准则、触犯法律法规。因而在网络上会出现一些诈骗、抢劫、敲诈、绑架、卖淫嫖娼等极端行为甚至暴力事件。同时，在一些不良媒体和别有用心的人的影响下，网络红人、达人也给辨别力和自我掌控能力弱的大学生带来不好的示范作用。

快乐向前冲

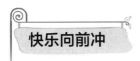

网络之殇

故事主人公是大学生小鱼，由于不知该如何来打发课余时间，他迷恋上了网络游戏。故事中还有另外两个主角："天使"和"恶魔"。他们与主人公小鱼进行正面与反面的对话，实际上这两个主角代表的是小鱼内心挣扎的声音，是小鱼内心心理变化的写照。将内心的两面幻化成具体的角色进行形象的对话，反映了主人公的整个心理过程。

演员角色：小鱼，天使，恶魔，父亲，旁白。

道具：桌子一张，方凳一把，笔记本电脑等。

旁白：秋高气爽，新学年开始了，美丽的校园又迎来了一批新生。看，这里就有一位大学生正向他憧憬的大学走来，他向往的大学生活即将从这里开始。

旁白：21世纪是网络的时代，网络丰富了我们的大学生活，但同时我们也要认识到，我们要采取正确的态度来对待网络，让网络成为我们学习上的良师益友，而不是精神鸦片。

心理一点通

电脑网线使我们彼此孤立，而不是将我们联系在一起。

——克利福特·斯托尔

互联网机会面前人人平等。

——刘兴亮

第十章
网，让我欢喜让我忧

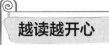

第43次中国互联网络发展状况统计报告（节选）

2019年2月28日，中国互联网络信息中心（CNNIC）在京发布第43次《中国互联网络发展状况统计报告》，报告从多个方面展示了2018年我国互联网发展状况，呈现出七个特点。

一是互联网普及率接近六成，入网门槛进一步降低。

截至2018年12月，我国网民规模达8.29亿，普及率达59.6%，较2017年底提升3.8个百分点，全年新增网民5653万。我国手机网民规模达8.17亿，网民通过手机接入互联网的比例高达98.6%。2018年，互联网覆盖范围进一步扩大，贫困地区网络基础设施"最后一公里"逐步打通，"数字鸿沟"加快弥合；移动流量资费大幅下降，跨省"漫游"成为历史，居民入网门槛进一步降低，信息交流效率得到提升。

二是基础资源保有量稳步提升，IPv6应用前景广阔。

截至2018年12月，我国IPv6地址数量为41079块/32，年增长率为75.3%；域名总数为3792.8万个，其中".CN"域名总数为2124.3万个，占域名总数的56.0%。在IPv6方面，我国正在持续推动IPv6大规模部署，进一步规范IPv6地址分配与追溯机制，有效提升IPv6安全保障能力，从而推动IPv6的全面应用；在域名方面，2018年我国域名高性能解析技术不断发展，自主知识产权软件研发取得新突破，域名服务安全策略本地化定制能力进一步增强，从而显著提升了我国域名服务系统的服务能力和安全保障能力。

三是电子商务领域首部法律出台，行业加速动能转换。

截至2018年12月，我国网络购物用户规模达6.10亿，年增长率为14.4%，网民使用率为73.6%。电子商务领域首部法律《电子商务法》正式出台，对促进行业持续健康发展具有重大意义。在经历多年高速发展后，网络消费市场逐步进入提质升级的发展阶段，供需两端"双升级"正成为行业增长新一轮驱动力。在供给侧，线上线下资源加速整合，社交电商、品质电商等新模式不断丰富消费场景，带动零售业转型升级；大数据、区块链等技术深入应用，有效提升了运营效率。在需求侧，消费升级趋势保持不变，消费分层特征日渐凸显，进一步推动市场多元化。

四是线下支付习惯持续巩固，国际支付市场加速开拓。

截至2018年12月，我国手机网络支付用户规模达5.83亿，年增长率为10.7%，手机网民使用率达71.4%。线下网络支付使用习惯持续巩固，网民在线下消费时使用手机网络支付的比例由2017年底的65.5%提升至67.2%。在跨境支付方面，支付宝和微信支付已分别在40个以上国家和地区合规接入；在境外本土化支付方面，我国企业已在亚洲9个国家和地区运营本土化数字钱包产品。

五是互联网娱乐进入规范发展轨道，短视频用户使用率近八成。

截至2018年12月，网络视频、网络音乐和网络游戏的用户规模分别为6.12亿、5.76亿和4.84亿，使用率分别为73.9%、69.5%和58.4%。各大网络视频平台注重节目内容质量提升,自制内容走向精品化。网络音乐企业版权合作不断加深,数字音乐版权的正版化进程显著加快。越来越多的游戏公司开始侧重海外业务,国产游戏在海外市场的影响力进一步扩大。短视频用户规模达6.48亿,用户使用率为78.2%,随着众多互联网企业布局短视频,市场成熟度逐渐提高,内容生产的专业度与垂直度不断加深,优质内容成为各平台的核心竞争力。

六是在线政务服务效能得到提升,践行以民为本的发展理念。

截至2018年12月,我国在线政务服务用户规模达3.94亿,占整体网民的47.5%。2018年,我国"互联网+政务服务"深化发展,各级政府依托网上政务服务平台,推动线上线下集成融合,实时汇入网上申报、排队预约、审批审查结果等信息,加强建设全国统一、多级互联的数据共享交换平台,通过"数据多跑路",实现"群众少跑腿"。同时,各地相继开展县级融媒体中心建设,将县广播电视台、县党报、县属网站等媒体单位全部纳入,负责全县所有信息发布服务,实现资源集中、统一管理、信息优质、服务规范,更好地传递政务信息,为当地群众服务。

七是新兴技术领域保持良好发展势头,开拓网络强国建设新局面。

2018年,我国在基础资源、5G、量子信息、人工智能、云计算、大数据、区块链、虚拟现实、物联网标识、超级计算等领域发展势头向好。在5G领域,核心技术研发取得突破性进展,政企合力推动产业稳步发展;在人工智能领域,科技创新能力得到加强,各地规划及政策相继颁布,有效推动人工智能与经济社会发展深度融合;在云计算领域,我国政府高度重视以其为代表的新一代信息产业发展,企业积极推动战略布局,云计算服务已逐渐被国内市场认可和接受。

第二节 认识网络心理,正视网络诱惑

网络的出现以及快速发展使得昔日还是"旧时王谢堂前燕"的互联网,如今迅速飞入寻常百姓家。互联网是一把双刃剑,在给现代生活带来便捷的同时,也给人们带来许多危害。在影响生活的同时,也改变着人们的心理状态,进而产生许多心理问题。在这种情形下,如何去适应这一重大的改变,是需要我们不懈努力来解决的问题。

青春那些事

案例一 只有在网络世界中,才是"真实"的我

张某,男,大二学生,父母均为医务工作者,家庭经济条件优越。从小虽与父母一起居住在城市,但主要由爷爷奶奶照顾,父母工作繁忙与其沟通较少。从小学到高中一直接触网络,但因为有家人在身边监督,对其有一定的约束力,所以对网络的依赖程度表现得不是很明显。进入大学后,父母强制要求其学医学专业,张某对所学专业不感兴趣,性格又较内向和过于自负,进入新环境后与同学互动较少,因此喜欢进入虚拟的网络世界宣泄

自己的情绪，长期沉溺在其中不可自拔。

案例二　网络，你是一剂良药还是一副毒剂？

林某，女，20岁，来自小城镇，父母在当地经营餐饮生意，十分辛苦，虽文化程度不高，但一直重视女儿的教育问题，希望她能好好读书，将来出人头地。所以对林某管教严厉，投入了大量的精力财力给她上各种补习班，除了学习，其他方面关心甚少。林某也不负众望成绩一直不错，但高考时因压力较大没能考上理想的学校。初入大学，林某积极上进希望自己可以在大学继续深造完成自己的目标。但很快她就发现自己很难融入丰富多彩的大学生活，因为除了学习，她没有其他兴趣爱好，同学与她的共同话题较少。在没有家人的陪伴下，林某心中常感自卑和孤单。一次偶然的机会林某通过网络认识了一位网友，很快发展成恋人。两人常常互诉心肠，爱得如痴如醉。男友还带她一起打网游，林某的生活再也不是只有"死气沉沉"的学习。她无限制的上网，每天在线聊天、视频、游戏，学业受到极大影响。

解读

现实生活中由于各方面原因导致很多大学生依赖网络，这种对网络的过度依赖又反作用于他们的生活，影响到大学生的人际关系、亲子关系、学习等。当前，大学生因网络导致的心理问题已经成为高校新形势下面临的严峻课题，它如同一只拦路虎横亘在大学生成长的道路上，影响着大学生的快乐成长。

心理知识吧

一、大学生常见网络心理问题

1. 一般性网络心理问题

一般性网络心理问题对大学生危害程度较轻，通过科学教育、规范化管理和严格的自我控制即能够自行解决。这类问题包含网络情绪、网络人际、网络情感、社会角色功能退化等问题。

（1）网络情绪问题　正处在青春后期、青年初期的大学生群体生理发育基本成熟，然而心理仍处在高速发展的时期，心理成熟度落后于生理成熟度，情绪表达不够稳定。因而一旦在网络中遇到不良刺激，就容易出现各种网络情绪问题，主要表现为网络孤独、网络抑郁、网络焦虑。

1）网络孤独。网络孤独是指大学生因长时间沉迷于网络，内心闭锁，不愿面对现实而出现的无法融入现实情境与普通同学关系中、内心孤独的一种情绪体验。在大学生网络交往热乎、游戏战绩卓越的背后往往多是情感的淡漠和孤独。

2）网络焦虑。大学生一方面毫无节制地上网，另一方面又出现对自己过度上网行为而产生的担心、紧张、害怕、内疚等复杂情绪体验，这种体验就是网络焦虑。一般大学生有较强的自省能力，他们明白过度使用网络带来的危害，但同时对自身的行为缺乏控制，他们一边疯狂上网，一边又陷入对不理性的上网行为的过度自责之中。这种自责往往会产生焦虑、紧张等负面情绪体验。情绪具有弥散性，还可以泛化到其他方面，如网络上的人际交往、信息安全等方面的焦虑。

3）网络抑郁。焦虑、抑郁是大学生经常出现的情绪体验。临床经验发现，那些在现实生活中难以获得认同、难以证明自身价值或长期缺乏现实生活中人际互动的人更容易沉迷于网络世界。而他们往往都是那些亲子关系不良、学业成绩较差、同学关系不佳、挫折感强，对现实、社会和学校满意度低的大学生。这就难免会形成自我评价不高、对现实不满的抑郁情绪。这些学生渴望通过网络世界来逃避现实的烦扰，现实却是困惑与忧愁并未消除，回到现实还得继续面对这些问题，结果产生不愉快的网络情绪体验。

（2）网络人际问题　对大学生网络使用的调查发现，网络人际交往是一项重要用途。人际交往的虚拟性会给人际交往提供更多的可能性，带来许多便利。比如大学生可以通过微博、博客、QQ、微信等方式隐藏自己的真实身份，扮演各种角色，展现自身的潜能来进行沟通交流。长此以往，虚拟的人际交往终究会脱离现实世界，与现实的人际交往产生距离，导致大学生产生强烈的心理冲突，丧失真实情境下人际关系真诚的可贵品质，造成严重的网络人际问题而不自知。

（3）网络情感问题　不少大学生寄情于互联网，希望通过网络文字、网络媒体与同样不明身份的网友在网络上交友、恋爱、同居、结婚、生子，这种在虚拟世界中的网络婚恋，情感闪结闪离，缺乏必要的感情基础和生活基础。一旦受挫，对于单纯的大学生来说容易导致情感受伤、内心痛苦，甚至会影响他们今后的感情生活和婚恋观。

（4）社会功能退化　长时间沉迷于网络世界的大学生，与现实世界脱离，很难融入现实生活，容易逃避现实生活，导致情感淡漠、生活不适应、人际关系困扰、颠倒黑白等社会功能退化问题与行为。

2. 网络成瘾综合征

网络成瘾综合征是指网民过分沉迷于网络世界，社会功能退化或严重受损，身心受到伤害，影响个人正常工作、学习和生活等，通常会伴随身体发育不良和健康受损，出现各种异常行为和情绪障碍等问题，还会造成现实人际关系（包括亲子关系）恶化，与周围人交往困难、出现不合群的成瘾综合性行为。

调查表明，我国大学生网络成瘾主要表现在网络聊天成瘾、网络游戏成瘾、网络恋情成瘾、信息收集成瘾、网络交易成瘾、网络色情成瘾几个方面。

（1）网络聊天成瘾　网络聊天成瘾是指上网时间毫无节制，沉迷于网络聊天中。一些大学生无节制地花费大量的时间上网聊天，这类学生通常会活跃在多种聊天软件上，从一个网站转战到另一个软件，不聊天就十分难受，难以克制，以至于无法专注于其他事情，影响正常的生活和学习，损害身心健康，并因此出现各种心理障碍、人格障碍等症状。

（2）网络游戏成瘾　网络游戏成瘾是指过分沉迷于网络游戏，影响其生活、学习和工作的行为。随着互联网技术的不断发展，游戏的制作也越来越精细，剧情、画面感和故事感都很强，精细化制作容易唤起网民的参与欲望。一些大学生在网络游戏中流连忘返、无法自拔。这不仅会消耗巨大的财力物力，还会严重影响参与者的身心健康和正常的学习、生活。

（3）网络恋情成瘾　网络恋情成瘾是指参与者沉迷于互联网上的爱情，寄情于用网上的关系取代现实生活中的恋情关系的一系列行为。不少大学生不能摆正网络交往与现实人际关系的位置，少数大学生甚至在网上玩多种恋情，扮演多种恋爱角色，形成了错综复杂的互联网恋情，做出害人害己、贻误青春的行为。值得注意的是，当今网络恋情虚拟成分较多，存在不对称信息交换，单纯的大学生容易误入歧途而使自己的身心受到伤害。

（4）信息收集成瘾　互联网是信息的海洋，汇集着各种各样的信息，能够满足人们生活、工作、学习等多样化的需求。信息收集成瘾是指网民过分沉迷于网上信息搜索的行为。一些大学生每天狂热上网、不能停歇，难以控制地疯狂浏览或搜索一切可读之物，甚至浏览或搜索一些对现实生活没有意义的信息或资料，造成信息负载，超出吸收和消化的信息量。值得关注的是，这种搜索压力与过度的信息刺激容易导致信息焦虑症。

（5）网络交易成瘾　网络购物是上网行为的重要走向。近年来，电子商贸交易量也屡创新高。网络交易成瘾是指使用者过分沉迷于网上交易的行为。网络购物因其操作便捷、商品丰富、价位合理、便于挑选、发货及时等特点，逐渐成为人们网络生活的一个重要部分。不少大学生更是把网络购物当成一种生活时尚，热衷于网上购物。不少大学生逐渐发展到脱离交易本身而沉迷于交易形式的一种依赖行为。

（6）网络色情成瘾　互联网的开放性造就了网络价值观的多元化和交互影响。网络色情常常被一些不法分子利用，施加到社会经验严重不足的大学生身上。网络色情成瘾是指网民过分沉溺于网络上的色情内容的一系列行为，包括浏览、下载、发布、传播和交易色情等行为。目前，互联网色情是我国法律法规明令禁止的行为，然而各类色情网站仍然屡禁不止，不少大学生热衷于网络色情，常通过色情聊天、色情视频、色情文字等形式进行色情浏览、传播、下载和分享等行为，甚至会有色情犯罪的行为。

二、影响大学生网络心理问题的因素

沉迷于网络会给大学生的情感、人际、恋爱、亲子关系等带来很大的伤害，而这种危害不仅是由某一方面的因素造成的，而是由社会、学校、家庭以及学生个人等综合因素导致的。

1. 社会因素

现如今社会正处于转型期，对物质利益的不合理追求就难免会产生急功近利的思想，这种不良的社会风气会使大学生受到此影响。此外，互联网对人们的生活影响越来越大，网络技术也正高速发展，而有关网络的法律制度尚不完善，有关部门无执法标准，监管难度大。网络内容鱼龙混杂、信息质量参差不齐，色情网站、暴力游戏、赌博、欺诈等网络违法犯罪行为得不到及时有效的打击，有关部门对网络行为规范不足，监管之心有余而力不足。

2. 学校因素

在应试教育的大背景下，学校对于"网络"教育起步较晚，另外学校对于这一非考试科目的教育重视不够，缺少网络教育的专业人才。在遇到学生网络行为问题时，家庭、学校教育缺乏行之有效的联动机制，未能及时捕捉大学生的思想和行为动态，造成网络使用缺乏监管等，直到学生身心受损才会有所发觉，却已为时过晚。部分高校已尝试在大学生入学教育中对大学生进行网络使用教育，但还存在长效机制不够健全、人才资源欠缺、教学方式单调生硬、教学内容陈旧过时、教学效果不容乐观等问题。

3. 家庭因素

网络时代，关于网络的教育也面临许多新的问题，如内容在不断更新、年龄在不断提前、难度在逐渐增大等。总而言之，网络的发展对家庭、父母的要求也越来越高。与此相对应的是，父母对网络的认识不到位，缺乏科学管理和引导等问题凸显，出现要求与现实之间的矛盾。一些父母文化程度不高，对网络世界也是一无所知，以为孩子考上大学后，在使用网络上就没有多大问题；也有一些父母对网络世界过于极端，认为凡是有关网络的就是不好的，不支持孩子使用网络，认为网络不是好东西，不能接触，要求孩子对网络敬而远之，对孩子上网设限或明令禁止，容易造成孩子的逆反心理，反而助长了孩子的上网行为。此外，相当一部分家庭还存在教养方式的问题，这类家庭教养方式不当、亲子关系不良、过度宠爱、放任或过于严格管教、包办都易导致孩子身心受损、人格缺陷、行为偏差等。

4. 个人因素

首先，大学生情感奔放、思维活跃，有强烈的求知欲望和猎奇心理，他们渴望通过互联网来获取新知识以拓宽自己的视野。其次，大学阶段竞争激烈，面临生活、学习、就业等不同方面的压力，他们在遇到各种困难时，不仅会在网络中寻找解决问题的方法，还常常会把网络当作释放情绪、逃避现实生活的主要方式。再次，网络资源丰富，更新快速，可以满足大学生爱与归属、尊重和自我实现等的多样化需求。再次，大学生空余时间多，不少大学生缺乏科学的人生目标和有效的时间管理，上网可以排解孤独，缓解忧愁。最后，大学生自我管理意识不强，自我控制能力较差，他们在面临网络花花世界的诱惑时，缺乏毅力。而这也是大学生网络心理问题产生的主要原因。大学生群体正处于青年初期，生理发育已经成熟，但心理发展还比较滞后，他们不大善于管理和控制自己，容易沉迷于网络世界中。在使用网络的过程中，容易沾染上各种各样的恶习，若缺乏正确的引导和规范，自身又不具备一定的辨别能力，就容易形成网络心理问题。

5. 网络因素

首先，网络是新生事物，与现实生活不同，其本身具有虚拟性和隐秘性等特点。其次，网络是开放的平台，具有易得性特征，大学生通过计算机、手机等终端上网变得十分容易。再次，网络世界精彩纷繁，具有很强的吸引力和诱惑力，严重考验大学生的意志力。再次，网络交流的平等性、互动性、便捷性，可以满足大学生沟通交流的多样化需求，有效弥补了面对面的交流的很多不足，这就使得大学生越来越"宅"。最后，网络内容的多样性、质量参差不齐、动机鱼龙混杂，容易使大学生迷失方向，失去理智。

第十章
网,让我欢喜让我忧

心理自测

看看你是不是网虫

下面是一些有关个人使用网络情况的描述,请评估你目前的实际情形是否与句子描述的一致。请依照自己的看法来选择。1代表最不符合,2代表不符合,3代表不知道,4代表符合,5代表最符合。请在你认为最符合您目前情况的选项所对应的数字下面打"√"。

1. 你觉得上网的时间比你预期的长吗?
   1　　2　　3　　4　　5

2. 你会因为上网而忽略自己要做的事情吗?
   1　　2　　3　　4　　5

3. 你更愿意上网而不是和亲密的朋友待在一起吗?
   1　　2　　3　　4　　5

4. 你经常在网上结交新朋友吗?
   1　　2　　3　　4　　5

5. 生活中朋友、家人会抱怨你上网时间太长吗?
   1　　2　　3　　4　　5

6. 你因为上网影响学习了吗?
   1　　2　　3　　4　　5

7. 你是否会不顾身边需要解决的一些问题而上网查E-mail或看留言?
   1　　2　　3　　4　　5

8. 你因为上网影响到你的日常生活了吗?
   1　　2　　3　　4　　5

9. 你是否担心网上的隐私被人知道?
   1　　2　　3　　4　　5

10. 你会因为心情不好去上网吗?
    1　　2　　3　　4　　5

11. 你在一次上网后会渴望下一次上网吗?
    1　　2　　3　　4　　5

12. 如果无法上网你会觉得生活空虚无聊吗?
    1　　2　　3　　4　　5

13. 你会因为别人打搅你上网发脾气吗?
    1　　2　　3　　4　　5

14. 你会上网到深夜不去睡觉吗?
    1　　2　　3　　4　　5

15. 你在离开网络后会想着网上的事情吗?
    1　　2　　3　　4　　5

16. 你在上网时会对自己说"就再玩一会"吗？
　　1　2　3　4　5
17. 你会想方设法减少上网时间而最终失败吗？
　　1　2　3　4　5
18. 你会对人隐瞒你上网了多长时间吗？
　　1　2　3　4　5
19. 你宁愿上网而不愿意和朋友们出去玩吗？
　　1　2　3　4　5
20. 你会因为不能上网变得烦躁不安、喜怒无常，而一旦能上网就不会这样吗？
　　1　2　3　4　5

评分标准：
将自己每道题目的得分相加，算出总分。
40 分以下：表示你目前没有对网络上瘾。
40～60 分：轻度，表示你目前对网络已有轻度的上瘾。
60～80 分：中度，表示你目前对网络已有中度的上瘾。
80～100 分：重度，表示你目前对网络已产生严重的上瘾。

自测后提醒：此问卷仅作为了解自己的参考，如有疑问，请咨询专业人员。

心理一点通

这世界除了心理上的失败，实际上并不存在什么失败，只要不是一败涂地，你一定会取得胜利的。

——亨·奥斯汀

一个懒惰心理的危险，比懒惰的手足，不知道要超过多少倍。而且医治懒惰的心理，比医治懒惰的手足还要难。

——戴尔·卡耐基

越读越开心

网瘾为何"偏爱"中国青少年

国内曾盛行各类亲子真人秀的综艺娱乐节目，收视率持高不下，韩国也有很多类似这样的节目。从中我们可以看到中韩两国小朋友在日常休闲时光中有很大区别。中国小朋友热衷于电子产品，家长也常常用智能手机里的游戏安抚小朋友的情绪，韩国小朋友却把更多的时间用在看书学习上，看书成为他们生活的一部分。这仅是中韩两国小朋友成长环境的差异，这种差异在青少年时期逐渐就凸显出来，特别是在对网络的依赖性上。国外网络成瘾的内容比较分散，而在中国 80% 以上都集中在网络游戏；国外网络成瘾人数较少，属于极端案例，而在中国 20 岁左右的青年人网络成瘾的人数远远超过国外。

国内知名专家中科院高文斌博士在研究网络成瘾心理治疗与预防问题领域有卓越成

就。当很多家长揪心地说"网络带给孩子更多的是伤害"时,高博士对国内外网络成瘾现象所作的比较引起了我们的思考:为什么网瘾会找上中国孩子?为什么有这么多中国青年会如此迷恋网络?如何帮助这些网络成瘾的孩子?

高博士说,研究发现,中国青少年在成长过程中存在三个不同程度的缺失,三大缺失促使网络成为替代品。

第一是父亲功能的缺失。网络成瘾中主要是游戏成瘾,这也就决定了受害的人群更多的是男孩子。在家庭结构中父亲的角色很重要,特别是对于成长中的青春期男孩来说,父亲角色往往代表着秩序和规则,这些对于孩子自控能力的形成有很大关系。但是当今很多家庭结构中,父亲与子女的互动并不多,他们为了生存与发展总是在外面忙自己的事,导致其父亲功能缺失。从现实家庭结构状况的角度就能解释为什么网络成瘾的群体大多数是男孩。

第二个是游戏环节的重大缺失。学前期孩子通过游戏学会很多生存的基本技能,但到了青少年时期,很多家长忽略了游戏对子女成长的重要性,甚至认为在中学阶段孩子已经不需要游戏了。高博士认为,青春期的孩子实际上仍然需要游戏,但是这些游戏会有更加丰富的社会角色,这些具有某种象征意义的游戏可以帮助他们健康成长。但在我国,目前中学阶段学习压力较大,课业任务繁重,孩子甚至很少参加体育活动,特别是男生,他们可能需要在游戏中有一定的肢体接触。但是在现实生活基本无法正常满足,这时孩子就会去找替代品。而网络游戏很多都是竞技类战斗游戏,正好满足他们的需求,所以男生很容易对网络游戏产生迷恋。这就造就了我国网络成瘾中以青少年网络游戏成瘾为主的重要原因。

第三个是同伴的缺失。在我国特别是城市中的孩子大部分都是独生子女,家庭结构中孩子的成长同伴为零。而且还存在着因为安全问题,很多家长从孩子入学到高中毕业一直坚持不懈地接送孩子上学,这剥夺了孩子本可以在路上与同学互动交流的机会。所以现在的孩子很难发展友谊较深的高质量同伴关系。但对于青春期的孩子来说,同伴关系特别重要,它关系着一个孩子能否正常地从家庭走向社会。当现实生活中出现同伴缺失时,青少年就容易在网络填补这个空缺。

在网络虚拟世界中,中国的青少年通过网络游戏,既获得了同伴交往和支持,又能体会到成就感,正好弥补了现实生活中的三方面的缺失。自然,网瘾就"偏爱"中国青少年。

与此同时,高博士把我国青少年网络使用者分为四类:

第一类是健康绿色使用者,他们善于利用网络资源,不会因为上网而过度依赖网络,以致影响正常的社会功能发挥。

第二类是需要特别关注的高危人群。高博士认为,某些学生往往是大家心目中的"好好学生"。但这些学生往往对学习的投入并非发自内在的兴趣和对知识的渴望,他们更多的是依赖较好的成绩来证明自己以获得各种心理需求,他们的学习动力更多的是外在诱因,如家长的奖励、老师的表扬、同学的钦佩等。如果这些孩子在生活中除学业以外没有其他的特长和爱好,也缺少正常的同伴互动,当他们进入大学后,学习压力没那么大,外在刺激也很难发挥作用时,成绩已不是评价一个人的单一标准,这时很容易出现懈怠,甚至出现成长的垮塌。网络环境的优化,很容易让这些孩子一头扑到网络上,希望能从网络填补生活的空白。

第三类是网络使用障碍者。这些同学对网络依赖性较强，上网时间很长，几乎每天都要上网，但在特殊时期如考试前，他们还是能控制使用网络的极限度，停止上网去学习。

第四类是网络成瘾者。他们因为长期上网，社会功能已严重受损，身体、心理都出现了问题。但这类人群仅仅占2%左右，他们需要进行系统的心理危机干预。

高博士认为，目前我国青少年属于第四类的不多，大部分都是第三类。对他们上网行为的矫治，需要家庭、学校和青少年自己共同参与，这样更有利于状况的全面改善。尤其是青少年自己要有这样的意识，并且具有一定的行为调控能力，在专业人员的指导下，帮助自己走出网络迷途。

第三节　远离网络忧愁，警惕网瘾泥沼

现代人越来越清晰地认识到网络是一把锋利的双刃剑，使用不当就必然会带来不可估量的恶劣后果。对于正处在"象牙塔"里的大学生就更是如此。互联网使得虚拟与现实、真诚与信任之间的区别变得越来越模糊。网络世界给大学生生活、学习、思想观念、心理与行为带来了革命性的影响。青年大学生须远离网络忧愁，警惕网瘾泥沼。

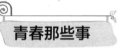

案例一　知网识网，开发利用

森森，女，25岁。高职毕业后就职于一家私营企业，跟大多数年轻人一样，按部就班的上下班，闲暇时也是"拇指"一族，喜欢用手机拍照、网购、刷抖音、微信等社交媒体，谈不上网络成瘾，却也离不开手机。时间一长，她也觉得无聊，觉得纯粹在荒废时间，但也实在不知道该如何使用手机。一次偶然的机会，她在微信上看到大学同学发在社交媒体上的微商广告，起初她也没太在意，毕竟这样的广告并不鲜见。几次过后，森森发现同学的微店不太一样，经过私下交流发现，同学响应国家号召，秉持"互联网+"企业理念，不仅有实体工厂，还通过网络平台经营拓展。对此，森森十分佩服，去同学工厂参观学习，在同学的鼓励邀约下，森森加入了同学的团队，借助互联网平台发展自己的事业。

案例二　曾经的网瘾少年，如今的时代弄潮儿

王锐旭，男，90后，出生于广东汕头一小城镇，成长于互联网发展兴起之时，家里经营着一家作坊企业。初中时，父母忙于工厂无暇顾及家庭，王锐旭成了网吧常客，天天上网，一上就是几个小时，为了通关甚至通宵打游戏，是不折不扣的网瘾少年。家中工厂欠债破产，王锐旭中考失利。父母的鞭策鼓励让他正视网络，重整旗鼓，复读后他考上重点高中，然后上大学，大学期间他自主创业，曾以青年企业家身份参加了中央政府组织的教科文卫体座谈会，就大学生自主创业问题建言献策，现为国内某知名科技公司CEO。

解读

案例中两位主人公虽然都与网络有不解之缘，但都可以说是成功应用网络的典范，他们在使用网络时都有一个共同特征，就是知道利用网络资源丰富和发展自己，甚至借助网络载体拓展自己的职业，将网络资源应用得淋漓尽致。

心理知识吧

随着互联网和网络技术的不断发展，网络给生活、工作和学习带来了极大的帮助，但同时也引发了许多新问题。一方面大学生网络心理问题日益凸显，另一方面是教育、管理、引导的缺失。这应该引起社会、有关部门、学校和个人的重视。下面就大学生网络心理问题介绍几种调适方法。

一、强化自身修养，树立理性网络观

大学生要树立理性的网络观，要学会从容、合理、科学地使用网络，在认识到网络使用带来好处的同时，认识到网络的弊端，要培养自己良好的网络使用习惯，自觉抵制不良信息，拒绝登录不健康网站，尤其不可沉湎于网上娱乐及接触网上的赌博、暴力、色情等内容。

二、强化心理素质，增强自制力

大学生心理素质的好坏是个人综合能力的重要表现，在大学生学习、生活和工作方面起到重要作用。大学生要有意识地将个人心理素质修养作为人生的必修课，通过自身努力迎接挑战，克服困难，承受挫折，磨炼自身的意志品质。大学生要提升适应能力，应对生活中的各种变化和挑战，理性看待上网的利弊，合理安排上网时间，注重健康人格的养成，不断挖掘自己的潜能，注重对自我控制和自我管理能力的培养。

三、树立规划意识，确定奋斗目标

大学学习不仅会决定个人大学阶段的成长，更重要的是影响自身将来的发展。大学学习不仅限于课堂学习和专业学习，也在于在实践中锻炼和提升。初入校园的大学生要树立理想信念，强化成长、成才意识，加强学业和职业生涯规划，合理安排大学生活，进行积极的自我探索，设置合理的奋斗目标，有效避免因为缺乏奋斗目标和动力导致的空虚感和无力感，不给网络心理问题乘虚而入的空间。

四、增强时间观念，合理安排时间

大学生的课余时间较多，自主性较强。大学生要增强时间观念，合理安排学习、生活与娱乐的时间，制定科学的作息时间表，明确时间管理的重要性，加强对时间的有效管理，丰富自己的课余生活，增长知识。大学生也可以利用空闲时间选修相关课程，强化规划意识和提升自身综合素质。

五、主动参加活动，提升综合能力

大学生不仅要加强专业学习，也要注重在实践中提升自己。近年来，就业形势不容乐观，每年都有大量的毕业生找不到工作，就业能力的竞争就是综合素质的竞争。应试教育熏陶下的大学新生要有在活动和实践中锻炼和提升自己的意识，认识到"网络世界"和"现实世界"的差异，回归现实，主动参加学校的各种活动，加强与老师、同学之间的交流，培养积极健康的交友观。对于确实有人际交往困惑或是交往障碍的同学，可以寻求专业心理咨询与帮助。

六、培养兴趣爱好，端正生活态度

兴趣是最好的老师，是个人内心快乐的源泉，是人们行为活动的快乐源泉和不竭动力。有广泛兴趣爱好的大学生有较强的行为目标，不容易沉迷网络。因此，兴趣爱好是大学生克服网络心理问题的重要法宝，同时也是陶冶个人情操，培养综合能力的重要方式。大学生社团活动是大学生培养广泛兴趣的重要载体，大学生可以通过参加各种社团活动，结识志同道合的同学，培养自己广泛的兴趣爱好。

七、端正学习动机，激发学习动力

学习是大学生的天职，学习仍然是大学生活的主业，只不过学习的内容不再仅限于课本知识，大学生要理性看待学习问题，要加强学习动机的培养，不仅知道学什么，还要知道为什么学。变"我必须学"为"我要学"。进一步明确学习目标，全力以赴地处理好专业学习与实践学习的关系，远离对虚拟的网络世界的迷恋。

八、注重心理调节，促进身心健康

大学生遇到网络心理问题困扰时，关键是不要逃避，也不要自暴自弃，而是要敢于直接面对，选择适合自己的方法来进行自我调适。以下是自我调适的几个重要方法。

1. 转移注意法

网络世界无限精彩，在面对无法克制的网络诱惑时，应停止对网络世界的一切想象，把注意力转移到其他感兴趣的事情上。例如，做些自己感兴趣的、有意义的事情来终止关于上网的不良念头，把自己从烦躁、焦虑、不安和冲动上网的念头中拉回来。

2. 合理宣泄法

网络成瘾多是网民由于在生活中遇到暂时难以克服的烦恼困惑时所展现出的一种迷茫状态，他们需要寻找生活的目标、学习的意义，正确对待内心压力。大学生可以选择合适的时间、地点，用合适的方法将不良情绪宣泄出来，而不应该采用滥用网络的方式来逃避现实中的困扰。合理宣泄压力的方式有很多，如体育运动、文娱表演、唱歌、远足爬山、写日记等，也可以在专业心理咨询师的指导下采用科学的宣泄方法。

3. 自我暗示法

在心理学上，自我暗示是指通过内心对话，主观想象某种特殊的人与事物的存在来进行自我刺激，达到改变行为和主观经验的目的。暗示分为积极暗示和消极暗示两种。积极暗示能提升心理能量，甚至可以改变不良行为，让生活变得更加美好；消极暗示容易产生不良情绪体验，产生消极情绪。大学生面对网络心理问题困扰时，要多运用积极暗示，肯定自己的长处，增强自信心，告诉自己有能力战胜问题，相信自己可以挑战困难。

4. 升华法

升华法是指面对困境和挫折，改变不为社会接受的动机与欲望，使之符合社会规范和要求，能够化挫折为动力，从困境中奋起，做生活的强者，实现对心理困扰的一种高水平宣泄。网络成瘾者中不乏那些对现实不满而自暴自弃者。升华法可以实现化失败为力量，将原本看似无法改变的困境通过心理升华的方式突破障碍、实现成长。使个人的价值得到实现，使内心获得力量。

5. 放松法

放松法是指按一定的练习程序，学习有意识地控制或调节自身的心理、生理活动，以达到降低机体唤醒水平，调整那些因紧张刺激而紊乱了的功能。研究表明，放松法可以唤起令人愉快的情绪体验，因此放松适用于因网络使用而产生的紧张、焦虑等症状。放松法可以有很多种，如肌肉放松法、呼吸放松法、想象放松法等。如呼吸放松法是通过控制呼吸从而使身心得到放松的方法。练习呼吸放松法尽量找一个安静的地方，以舒适的姿势坐着或躺着。

6. 冥想法

冥想法主要是通过深度的宁静来增强自我认知和培养。心理冥想法的操作时间一般是7分钟，也称为"万能"冥想法，一般都配合放松法一起进行。其中，放松3分钟，冥想3分钟，想想回顾1分钟。大学生在遇到网络心理困扰时，可以集中注意力在自己的呼吸上，并采用前文介绍的方法调节呼吸，采取某些身体姿势（如瑜伽姿势）使外部刺激减至最小，产生特定的心理表象，或什么都不想，直至达到冥想放松的目的。

7. 自然陶冶法

让身心在绿色环绕的大自然中得以放松，陶冶情操，不失为一种理想的放松方法，比较适合网络心理困扰者，这种方法不仅可以帮助大学生充分感受自然界的美景中陶冶情操，还有助于他们领略自然的无穷魅力，彻底从网络心理的困扰中摆脱出来。

健康上网心理训练营

步骤：

1）列举上网要做的三件最重要的事情，并且按照重要程度依次排列，预估可能需要花费的时间。再列举上网最常做的事情，记录平时上网花费的时间，按照所耗时间多少排序。

2）小组讨论分享：将必须要干的事和常干的事逐一比较，找出不一致的地方，相互分析原因，谈感受。

3) 小组协商制定健康上网心理训练营计划,共同监督执行。
4) 定期在小组内检查执行结果,最好一周一次,如发现问题,及时调整修正。

人类本质中最殷切的需求是渴望被肯定。

——威廉·詹姆斯

电脑不是洪水猛兽,简单粗暴地反对孩子上网,容易引起他们的反感。我们要告诉孩子,说到底,电脑是一种工具,是给我们用的,而不是玩的;学会用的人是聪明人,只会玩的人则是愚蠢的。

——陶宏开

从社交网站看性格百态

经验说:人们喜欢在网上伪装自己。

实验说:从社交网站上可以比较准确地洞察一个人性格的某些方面。

要想放心地从社交网站窥探人性,首先得问问,人们在网络上展露的性格是否是他们真实的一面。德国美因茨大学和美国圣路易斯华盛顿大学的研究者,招募了本国社交网站上的236名网民,试图探讨他们在社交网站上的形象究竟有几分真实。

心理学家认为,人们错综复杂的性格可分为5个相互独立的维度。这样的人格理论被称为"大五人格"。

研究者将参与者本人及其熟人对他们用"大五人格量表"(见表10-1)作出的评价进行了汇总并加权,作为实际人格。参与者还对理想中的自我进行描述,作为理想人格。此外,一些研究助理通过对参与者的社交网站主页的分析对他们的人格作出判断。

表10-1 大五人格量表

分 类	高分者特点	低分者特点
神经质	烦恼、紧张、情绪化、不安全、不准确、忧郁	平静、放松、不情绪化、果敢、安全、自我陶醉
外向性	好社交、活跃、健谈、乐群、乐观、好玩乐、重感情	谨慎、冷静、无精打采、冷淡、厌于做事、退让、话少
开放性	好奇、兴趣广泛、有创造力、有创新性、富于想象、非传统的	习俗化、讲实际、兴趣少、无艺术性、非分析性
宜人性	心肠软、脾气好、信任人、助人、宽宏大量、易轻信、直率	愤世嫉俗、粗鲁、多疑、不合作、报复心重、残忍、易怒、好控制别人
责任感	条理、可靠、勤奋、自律、准时、细心、整洁、有抱负、有毅力	无目标、不可靠、懒惰、粗心、松懈、不检点、意志弱、享乐

研究者比对三种结果发现，研究助理推断出的人格与参与者实际的人格高度一致，但不能反映参与者伪装的理想人格。也就是说，社交网站的确能反映人们的真实性格。他们的推测在外向性、开放性这两方面尤为准确，但对神经质不尽如人意。

为了了解社交网站的使用人群及其特点，墨尔本皇家理工大学的研究者对澳大利亚网友的情况进行了在线调查。调查范围不仅有使用者的"大五人格"、自恋、害羞和寂寞程度，还包括他们使用社交网站的频率和习惯。

研究者首先对比了使用和不使用社交网站的用户，发现经常使用 Facebook 的人，更加外向、自恋、更爱展露自己，但是家庭生活却比较寂寞。而那些对 Facebook 不感兴趣的人，相对而言更加尽责、害羞，也不擅长社交。

在使用频率方面，那些神经质或寂寞的人，更加流连忘返于社交网站。对于网站上的不同功能，外向的人几乎热衷于所有的交流功能，自恋的人则沉浸在上传照片和更新状态中不能自拔。（请勿对号入座）

马里兰大学人机交互实验室的研究者试图走得更远。他们在 Facebook 上设计了一个应用程序，让参与者进行"大五人格"测试，并自动收集用户在网站上公开的信息。

数据显示，外向性高的人通常拥有更多的好友，好友的分布也更加广泛，来源更多。开放性高的人的社交圈子同样散布更广。除此之外，这两类人还都喜欢透露他们的兴趣爱好。在填写喜欢的活动和书籍等资料时，他们列出的项目更多，字符长度也更长。

语言风格也是重要的推测线索。责任感高的人较少使用粗口，也不常用"看见""听见"等感觉性词汇。但他们尤其着迷于诸如"配偶""说""孩子"等社会活动的词语，也经常出现"宝贝""男人"等描述人类的词汇。看来他们并不喜欢记录他们的所见所闻，但却热衷于关注周围的人。宜人性高的人的话语中，常常出现"快乐""爱""甜蜜"这样阳光正面的词汇，而神经质高的人，总是把"担心""紧张""害怕"挂在嘴边。

研究还得出一些奇怪的相关现象。姓氏更长的人神经质也更高。难道是由于他们的名字太长，总是被别人拼错，因此让他们更加紧张焦虑？开放性的人很少使用"现金""欠"等有关金钱的词汇。是不是他们忙着探索世界，对金钱这些身外之物提不起兴趣？外向性的人的状态总是保持为"非单身"，也许对于他们来说，孤独永远是可耻的。

社交网站的推荐系统或许能从人格研究中获益。你是否常常觉得"××猜你也喜欢"不太讨喜？其实人的兴趣爱好同性格息息相关。以音乐为例，醉心于古典音乐、布鲁斯、爵士乐等较复杂音乐的人，通常具有较高的开放性和智力；热衷于说唱、嘻哈、舞曲等有着强烈节奏音乐的人更加外向；而喜欢乡村音乐、宗教音乐、电影配乐的人，责任感和宜人性都较高。

性格还能指导商业策略和广告的投放。这暗示我们，品牌个性与消费者的性格之间有紧密的联系。针对玩具和游戏市场的调查表明，外向性高的人偏爱令人兴奋的品牌。宜人性高的人则选择真诚、有能力的品牌。同时，开放性和宜人性高的消费者，品牌忠诚度也更高。

这样的前景似乎非常美好。也许有一天，洞悉人性的社交网站，能为每个人都准备一套独一无二的交互界面。精准投放的广告则在屏幕的角落里等候多时，正策划一场漂亮的攻心战。不过，如此个性化的贴心服务，究竟是一次美妙的邂逅，还是一场未知的劫难？

延伸阅读

1. 《网络行为心理学：虚拟世界与真实生活》，亚当·乔伊森著

导读：计算机网络的发展正改变着整个社会，这种改变影响了人们的工作、生活和受教育的方式，甚至渗透到我们每个人的行为中。网络已成为人们生活中不可或缺的一部分，对网络社会中人的行为的研究也日渐成为人们关注的焦点。在这本书中，作者亚当·乔伊森博士从心理学的视角出发，对网络社会中人的行为进行了全面的阐释。本书是世界上最早的网络行为心理学研究的鼎力之作，能够帮助人们更深入地理解网络社会中人的行为，更充分地利用网络并认识虚拟世界与现实生活。

2. 《大学生网络心理》，陶国富、王祥兴主编

导读：提高大学生的现实交流沟通能力，使其重塑自信，是摆脱"瘾症"的治本之途。首先，我们应积极引导大学生理性地认识网络，科学地使用网络，合理安排上网时间，鼓励他们积极参加校园文化及其他积极向上、健康有益的活动，多与人交往，注意与亲友、师生和同学的关系。其次，帮助大学生确立网络道德，自觉做到遵法守纪，文明上网。再次，给予大学生学习方法和生活方面的具体指导，给予其交流沟通技巧方面的指导，让其体验到真实人际交往的成功，从而帮助他们重建自信。总之，要让当代大学生融入和适应现实的社会生活。真正让大学生驾驭计算机这一科技的载体，扬长避短，奔跑在理想之路上，一往无前，迅速成长。

3. 电影《电子情书》，诺拉·艾芙隆执导

导视：该影片描述的是乔·福克斯和凯瑟琳·凯莉都生活和工作在纽约的西北区，同在一家商店购物，又同在一处买咖啡，而且还沿着同一条街道散步，却通过电子邮件认识并沟通，产生了爱情，到真正知道对方是谁后，如何接受对方，最后终成眷属的故事。

第十一章　我的未来我做主

> 大学生的未来不是听天由命，也不是由父母来决定，而是应该完全掌握在自己手中；确立人生目标，规划职业生涯，迎接就业、择业和创业的挑战，创造出精彩的未来。

第一节　成功人生始于正确的人生目标

每个人都渴望拥有成功的人生——或者是事业有成、家庭幸福，或者是加官晋爵、腰缠万贯，或者是造福百姓、振兴民族……可是怎样才能拥有成功的人生？很多人都很茫然，尤其是大学生。结合自身状况与社会现实进行分析，树立清晰明确的人生目标，全面规划自己的未来，然后朝着既定目标努力奋斗，对于大学生当前的学业和未来的发展至关重要。

青春那些事

案例一　迷航的小舟

周舟高中学习成绩一直不甚理想，能考上高职已经让周舟心满意足，费心思的是报考专业，不知自己究竟适合干啥，没有文化的父母也给不了周舟中肯的建议。因为是文科，可选专业相对较少，看到当今社会物流行业发达，考虑到未来就业，周舟报考了物流管理专业。

待到高高兴兴地跨进高职校园，周舟很快就陷入茫然的状态：一是大学生活果真是丰富多彩，各种社团招新、学生干部竞选让他目不暇接；二是专升本培训、创业培训、校外兼职让他不知所从；三是校园里成双成对的恋人让他心驰神往；四是进校才听说物流专业学生就业大方向大多是物流公司，而物流公司又多是私企，似乎未来不那么有保障……

刚进入大学校园不到两个月的周舟看起来忙忙碌碌，实际上浑浑噩噩，找不到生活学习的重点，没有方向，看不到希望，甚至萌生了退学的念头。此刻的周舟，仿佛就像一艘迷航的小舟。

案例二　沉睡中的大学生

河南某职业学院学生王鹏知道找工作难，但没想到会这么难。半年来，王鹏已经数不清赶过多少场招聘会，记不得投过多少份简历，可除了遇到屈指可数的几次面试机会，多数都泥牛入海。毕业日益临近，王鹏开始反思就业为什么这么难。

与大多数人一样，王鹏一开始也把找工作难归咎于客观原因，诸如大学盲目扩招、企业用工制度不合理、社会人际关系盘根错节等等。然而，一次面试时，用人单位毫不留情地以他两门专业课为补考及格为由，将他拒之门外，这惊醒了他，原来更多的原因需要从自身去寻找。他认识到，大学没学到东西，是他求职失败的最大根源。

上网、看电影、谈恋爱、睡懒觉、逃课，这5个关键词概括了王鹏的大学生活。他说，一个学期中也就期末考试前学习一阵，且这段时间随着年级的递增而递减：大一用一周的时间复习考试，大二用一天，大三则都是考试前一天晚上临时抱抱佛脚。其余时间，日子过得轻松、自由、安逸、悠闲，"像是一段悠长的假期"。他自嘲说现在有点"不学无术"，专业知识薄弱、没有创新能力、缺乏社会实践经验、又还吃苦怕累……"这样水平的我，找不到工作正常，找到才奇怪呢！"难怪人民日报曾痛批"沉睡中的大学生：你不失业，天理难容！"

案例三　机遇只垂青于有准备的人

重庆某职业学院的小林是来自四川西充偏远山村的女孩，看起来很土，但是很自信。第一次在班上做自我介绍时，小林连普通话都说不明白，但她一个字一个字说得很认真。小林深知父母常年在外打工供自己和弟弟读书不容易，虽然高考失利，只得选择了高职专科，但小林却很珍惜这次继续学习的机会。当其他同学在打游戏、谈恋爱、逛街或者是嬉戏玩耍时，小林像苦行僧一样，坚持早上6点起床，跑步后就在湖边读英语或者练习普通话，7点半吃过早饭就去了教室，没课的时间都泡在图书馆，晚上不到22点不回宿舍。这份严苛的时间表她坚持了两年多，直到大三开始外出实习。

小林说她没有远大的理想，只有简单的目标，那就是毕业后留在城市找一份稳定的工作，把父母接过来，让他们过上安稳日子。但是小林深知，她想要在城市扎根比别人更难，只有靠自己的能力才行。因此，她从一进入大学就规划了自己的人生。

小林首先规划的就是大学3年后的就业，学工业设计的女生在就业中没有男生有优势，除非有出众的才华。小林在大学期间囊括了3年的一等奖学金，并且获得了国家技能大赛一等奖。待到大三实习后，小林顺利与某核工业物理研究所签约了。一个专科毕业生，能够与众多名校毕业的硕士、博士共事，小林成了学校的传奇。

> **解读**
>
> 周舟读大学的目的不明确，没有人生目标，缺少学习的热情和动力，导致他产生迷茫的心理，帮助周舟分析自我、树立恰当的人生目标，有助于其坚定学习的信心。
>
> 王鹏就业难的原因在于其虚度了大学年华，不具备行业所需的职业素养，缺乏专业技能，没做好就业的准备。俗话说："机遇只垂青于有准备的人。"
>
> 小林顺利就业源于她求学期间针对未来职业要求已做好了充分的准备，这对大学生如何进行职业生涯规划提供了启示。

一、成功人生的定义

每个人都渴望自己的人生成功,然而,由于价值观、人生观不同,对于成功的理解也会不同。此外,不同的条件与环境也会影响人们对于成功的理解。虽然成功没有固定的标准,却有一个多数人都认同的定义:成功就是确定一个目标并达成这个目标的过程及其最终结果。简而言之,成功是指达成目标,成就功业。

对于成功的评价有外在评价和内在评价之分。外在评价是他人的评价,即社会承认了个人价值,并赋予了个人相应的报酬。外在评价关注显性事实,如学生考入了理想的学校,行管人员担任了要职,专技人员评上了高级职称,科研人员研制出了新产品,创业人员创业成功等,大多都与名誉、地位、金钱有关。内在评价是对自我的评价,个人承认自己的价值,关注个人感受,如个人内心的快乐感、满足感、成就感。若外在评价与内在评价都是肯定性的评价,则其人生必定是成功的。

二、成功人生始于确立正确的人生目标

翻阅每一部成功人士的传记,追寻每一位成功人士的足迹,显而易见,所有成功人士的成功都绝非偶然,正确的人生目标犹如航标灯指引着他们的人生航程驶向成功彼岸。

曾经有位哲学博士在田野中漫步,发现水田中新插的秧苗排列得非常整齐,犹如用尺丈量过一样。他不禁好奇地问田中工作的老农是如何办到的。老农忙着插秧,头也不抬地要他自己取一把秧苗插插看。博士卷起裤脚,喜滋滋地插完一排秧苗,结果竟是参差不齐,惨不忍睹。他再次请教老农,老农告诉他,在弯腰插秧的同时,眼光要盯住一样东西。博士照他说的做了,不料这次插好的秧苗竟成了一道弯弯的弧线。老农问他:"你是否盯住了一样东西?""是呀,我盯住了那边吃草的水牛,那可是一个大目标啊!""水牛边走边吃草,而你插的秧苗也跟着移动,你想想这个弧形是怎么来的?"博士恍然大悟,这次,他选定远处的一棵大树。这棵大树才是正确的目标,博士终于插出整齐的秧苗。我们的人生也是如此,错误的人生目标让我们走不少弯路还难以成功,而正确的人生目标才是成功人生的基石。

1. 目标概述

目标是个人、部门或整个组织所期望的成果,它是前进的方向,强调理想的具体性和实践性。

个人目标通常指个体尽力要做的事,一般可以分为人生目标、长期目标、中期目标和短期目标。人生目标是指整个人生的发展目标,时间长至 40 年左右。长期目标一般指 5 年以上的目标,服从于人生目标,可能会随外界形势的变化而作修正。中期目标一般为 3~5 年内的目标,它相对长期目标要具体一些,如参加专门技能学习并获得资格证书等。短期目标通常是指 1~2 年内的目标,是中期目标和长期目标的具体化、现实化和可操作化的体现,是最清晰的目标。

2. 人生目标的作用

（1）人生目标的方向决定人生方向　在非洲撒哈拉沙漠中有一个叫比塞尔的村庄，村里人世世代代从未走出大漠，他们认为："无论从村子朝哪个方向走，最后结果总是回到村子。"

英国皇家学院院士肯·莱文于1926年来到比塞尔村，对比塞尔人走不出大漠深感奇怪。莱文尝试向北走，结果三天半就走出了大漠。

为了找到比塞尔人走不出大漠的原因，莱文雇了一个比塞尔人，请他带路走前面，自己收起指南针等设备跟随其后。在第11天的早晨，他俩果真回到了比塞尔村。至此，莱文终于明白：原来比塞尔人一直不认识北斗星，在茫茫大漠中，没有方向的他们只能凭感觉向前走。然而，在一望无际的沙漠中，一个人若是没有固定方向的指引，他会走出许许多多大小不一的圆圈，最终回到他起步的地方。

自从莱文把识别北斗星的方法教给了当地的居民，比塞尔人便相继走出了他们世代相守的沙漠。如今的比塞尔已经成了一个旅游胜地，每一个到达比塞尔的人都会看到一座纪念碑，碑上刻着一行醒目大字：新生活是从选定方向开始的。

沙漠中没有方向的人只能徒劳地转着一个又一个圈子，生活中没有目标的人只能无聊地重复着自己平庸的生活。同理，一个人要想成就一番事业，也应该有一个明确的奋斗方向。对沙漠中的人来说，新生活是从选定方向开始的；而对我们来说，新生活是从确定目标开始的。

（2）人生目标的高度决定人生高度　有这样一则寓言：三个工人一起在砌墙。有人过来问道："你们在干什么？"第一个工人没好气地说："没看见吗？砌墙。"第二个工人抬头笑笑说："我在建一幢漂亮的大楼。"第三个工人一边砌墙一边哼着歌曲，他开心地说："我在建一座美丽的城市！"10年之后，第一个工人还是在砌墙，第二个工人坐在办公室里画图纸，第三个工人则成为了他们的老板。

故事中三个工人的起点一样——砌墙，但10年后结局却截然不同。究其原因，与他们对待砌墙这一工作的态度不同有很大关系。第一个工人对工作颇不耐烦，因为他只有短期目标，砌墙只是一个可以挣钱养家的工作而已。第二个工人平静面对工作，因为有了中期目标——建大楼，砌墙成为他的专业。第三个工人开心地工作，因为有着长期目标——建城市，砌墙最终成就他的事业。由此可见，不同目标决定了不同的人生态度，导致了不同的人生高度。也正如某学者对职业生涯的追求概括："进入行业，修炼专业，终成事业。"

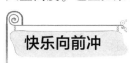

快乐向前冲

心理游戏一　　　　　认识自我，探索人生

步骤：

1）思考后填写下表：

当我念小学的时候，我的兴趣是_____，问题是_____，我希望_____；

现在的生活中，我的兴趣是_____，问题是_____，我希望_____；十年后，我的兴趣是_____，问题是_____，我希望_____。

2）在小组内交流。

3）各自谈谈自己实现未来目标的条件、能力有哪些，最核心的是什么。

总结：

美国耶鲁大学曾对应届毕业生做过一次研究。当时那些毕业生被询问是否有清楚明确的目标以及实现目标的书面计划，结果只有3%的学生有肯定的答复。20年后再次调查当年接受访问的人，发现那些有实现目标的书面计划的3%的学生，在财务状况上远高于其他97%的学生，并且在快乐和幸福的程度上也高于他们。

进一步分析，有明确目标和计划并且将其写下来的人，在他们一生中完成的工作量是那些有计划但留在大脑里的人的50～100倍！这就是设定目标的力量，这就是目标书面化的力量！

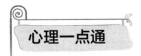 　　　　　　　　确定人生目标

步骤：

1）两分钟内尽可能多地写出自己能想到的人生目标，不需要对自己写下的目标负责，不要害怕写下那些似乎不可能实现的目标；再给自己两分钟，修改人生目标清单，达到让自己满意的水平。

2）两分钟内尽可能多地罗列出"我将如何度过今后三年"；再给自己两分钟，对写出的答案进行补充。

3）如果人生只剩下最后半年，两分钟内写出这最后半年要做的事情；再给自己两分钟修改自己的答案。

4）拿着这份清单，一分钟内选出3个最重要的人生目标，3件今后三年要做的事和3件人生最后半年要做的事。

5）重新拿出一张干净的纸，从3个目标6件事中选出最重要的3个目标按顺序写出。至此，我们已经完成了初步的人生目标设计，大致明确了自己到底希望从生活中得到什么。

心理一点通

如果你没有明确的目的地，你很可能走到不想去的地方。

——罗伯特 F. 梅杰

心向着自己目标前进的人，整个世界都会给他让路！

——爱默生

你怎样生活，完全由你自己决定。

——澳大利亚悉尼大学训言

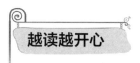

目标高度决定人生高度

1953年，哈佛大学开始了一项关于目标对人生影响的长达25年的跟踪调查。该调查的对象是一群智力、学历、环境等条件都差不多的年轻人，调查结果发现：27%的人没有目标，60%的人目标模糊，10%的人有比较清晰的短期目标，3%的人有十分清晰的长期目标。

25年的跟踪调查发现，他们的生活状况十分有意思。那3%的人，25年来几乎都不曾更改过自己的人生目标，他们始终朝着同一个方向不懈地努力。25年后，他们几乎都成了社会各界顶尖成功人士，他们中不乏创业者、行业领袖、社会精英。那10%的人，大都生活在社会的中上层。他们的共同特点是，那些短期目标不断地被达到，生活质量稳步上升。他们成为各行各业不可缺少的专业人士，如医生、律师、工程师、高级主管等。那60%的人，几乎都生活在社会的中下层。他们能安稳地生活与工作，但都没有什么特别的成绩。剩下的27%的人，他们几乎都生活在社会的最底层，他们的生活都过得很不如意，常常失业，靠社会救济，并且常常抱怨他人，抱怨社会。

调查者因此得出结论：目标对人生有巨大的导向性作用。成功在一开始仅仅是一个选择。你选择什么样的目标，就会有什么样的成就，就会有什么样的人生。

第二节 携手共绘人生蓝图

众所周知，任何一件成功的产品在问世之前都要经过精心策划，从调查市场需求，到了解消费者偏好，到收集产品市场现状、前景的相关信息，权衡本企业生产、销售条件，之后设计实施生产工艺流程，做好制造、包装、销售等一系列准备。

如果一个人在自己的职业生涯中漫无目的、"随大流""追热门"，到头来注定会两手空空。尤其在今天这个瞬息万变的时代里，曾经的年少梦想早已成为遥远的空中楼阁，曾经憧憬的有趣的工作、快乐的生活方式、诱人的成就感都埋没于流逝的岁月中。有必要及早做一份职业生涯规划。确定了人生目标之后，接下来就该认真描绘人生蓝图，也就是规划职业生涯了。

案例一 盲目的人生迷雾重重

王某，男，合肥某职业技术学院毕业，软件工程专业，出生于铜陵市枞阳县一户贫困家庭，父母离异，跟随爷爷、奶奶生活，毕业后一直在外打工，从事过销售、仓管、保安和体力劳动。为帮助其实现稳定就业，铜陵市公共就业服务机构的领导亲自协调，介绍并带领其到该市一家招商引资重点企业去应聘。该企业非常重视，行政经理和人力资源部经理亲自面试并给出两条职业发展路径：一是走专业技术道路，到研发部门；二是到企划部门，从事计划制订与分配管理工作。考虑到企业地处开发区，路途遥远，企业还可提供宿舍居住。王某表示考虑两天给予答复。一月后，该企业人力资源部经理反馈王某一直未与其联系。后经询问，才了解到王某已到合肥市与同学创业，由于市场竞争激烈，生意举步维艰。王某表示并不喜欢自己所学的软件专业，但是自己又不知道何去何从。

案例二　我的未来我做主

重庆某高职院校的学生小李从一开始就反感父母为自己选择的汽车整形专业。尽管父母认为汽车整形是一门技术含量高且前途广的专业，毕业后既能到4S店或者汽车维修厂上班，又可以自己开店创业，保证一生衣食无忧。可令小李痛苦的是，他属于天生动手能力很差的类型，不仅对汽车整形不感兴趣，而且很快在班上就沦为了差生。

小李非常苦恼，到学校心理健康中心寻求老师帮助。经过测试，小李发现自己的强项在语言表达和逻辑思维方面，且自己一直喜欢关注法律方面的知识和案例，喜欢与人打交道，故萌发了从事法律工作的念头，随即在老师的帮助下拟定了职业生涯规划并立马执行。小李继续汽车整形专业的学习，同时又报考了法律本科的自考，利用业余时间学习法律知识并参加一些律师事务所的实践锻炼。短短两年时间，小李顺利考完了法律本科的全部课程，大三上学期参加全国司法考试取得了律师资格证。大三毕业后的夏天，小李参加重庆市公务员考试，过五关斩六将，幸运地获取了重庆某县林业综合行政执法人员的岗位，很多老师和同学都觉得一个高职毕业生能考上公务员简直是不可思议。

> **解读**
>
> 王某与小李在专业学习上都上演了"上错花轿嫁错郎"的悲剧，但是他们在对待自己未来的方式上截然不同：王某是盲目型，没有考虑未来，得过且过，随遇而安，无法主宰自己的命运；小李是理智型，找到了未来的方向，有计划执行生涯规划，牢牢把握自己的命运。

心理知识吧

一、职业生涯规划概述

职业是人类社会发展到一定阶段的产物，是人的一种生活方式，也是一种经济行为。职业是指人们在社会生活中所从事的以获得物质报酬作为自己主要生活来源并能满足自己精神需求的、在社会分工中具有专门技能的工作。职业对于每个人都极为重要。

生涯则是美国生涯发展与辅导专家舒伯（Super）于1953年提出的"终其一生，不同时期不同角色的组合"，也就是说"一个人一生所扮演的一系列角色与职业"。

职业生涯是指一个人一生连续担负的工作职业和工作职务的发展道路。职业生涯规划则是指个人根据自我的兴趣、特点，将自己定位在一个最能发挥自己长处的位置，可以最大限度地实现自我价值。职业生涯规划实质上是追求最佳职业生涯的过程。职业生涯规划涉及两方面内容：一是个人对于人生理想、职业价值观、兴趣爱好、个性特征、能力状况等主体方面的认识；二是个人对其一生中职业发展、职位变迁及工作理想实现过程的设计。

二、职业生涯规划要素

我国著名职业生涯规划专家罗双平精辟地总结出职业生涯规划的三大要素,即"职业生涯规划＝知己＋知彼＋抉择"。

1. 知己

同一棵树上没有两片完全相同的树叶,世界上也不存在两个完全相同的人。每个人都有自己独特的个性,决定了每一个人都有适合于自己的职业生涯规划,因此,必须先认识自我。"知己"就是对自身条件的充分认识和全面了解,包含自己的性格、兴趣、特长、智能、情商、气质和价值观,甚至还有身体状况。

2. 知彼

"知彼"是对预从事职业的组织环境、组织发展战略、人力资源需求、晋升发展机会、政治环境、社会环境和经济环境等信息的有效掌握。

3. 抉择

"抉择"是在知己知彼的基础上,确定既是自己有浓厚兴趣的、能充分发挥自己专长和强项的,又是符合现实的,且与组织环境和社会环境相适应的职业目标。抉择包含职业抉择、路线抉择、目标抉择和行动抉择。

"择己所长"(选择自己擅长的领域,才能发挥自我优势)、"择己所爱"(只有对自己选择的职业有极大的热爱,才会全身心地投入,作出一番成绩)、"择世所需"(职业只有为社会所需,才会有发展的保障)和"受益最大"(适合自己,并有发展前景的职业)就是正确抉择的黄金准则。

三、职业生涯规划设计步骤

描绘职业人生蓝图即人们常说的职业生涯规划。真正科学的职业生涯规划是建立在我们对自己和环境的准确认识基础上的关于未来的一系列目标和行动方案,其规划设计步骤如下:

1. 自我评估

正确的自我评估是指对自己作出全面客观的评估,包括评估自己的兴趣、特长、性格、学识、技能、智商、情商、思维方式等。只有立足自身实际才有明确定位,才能对自己的职业生涯目标作出最佳选择。

2. 职业生涯机会的评估

职业生涯机会的评估主要分析环境因素对自己职业生涯发展的影响。环境因素主要包括家庭环境、学校环境、社会环境和职业环境。家庭环境包括家庭经济状况、家人期望、家族文化和家人性格等;学校环境包括学校特色、专业知识掌握情况、获奖情况、社会实践等;社会环境包括就业政策、就业形势、社会经济政治环境等;职业环境包括本行业的地位以及发展趋势、工作内容及要求、企业文化、工作氛围和工作地点的气候水土等。

3. 职业选择

职业选择正确与否关系着人生事业成功与否。正如俗话所说："女怕嫁错郎，男怕入错行。"调查显示，在选错职业的人当中，有80%以上在事业上是失败者。衡量职业选择是否正确的标准是看所选职业能否发挥自己的最大潜能，是否与自己的性格、兴趣和特长相匹配。

4. 职业生涯路线的确定

选定职业后，就要选择职业生涯路线。选择时应考虑三个问题：我想往哪一路线发展？我能往哪一路线发展？我可以往哪一路线发展？认真思考回答了这三个问题之后，进行综合分析，以此确定自己的最佳职业生涯路线。

5. 职业生涯目标的设定

设定职业生涯目标是生涯规划的关键，其设定是以自己的最佳才能、最好性格、最大兴趣、最有利的环境等信息为依据。通常目标分为短期目标、中期目标和长期目标。短期目标一般为1~2年，又分为日目标、周目标、月目标、年目标。中期目标一般为3~5年，长期目标一般5~10年。中短期目标要具体明确，有激励价值，现实可行，长期目标不一定要详细精确，但方向要明确，要有现实性、指导性和预见性。

6. 职业生涯计划的制订

职业生涯计划是指实现职业生涯目标的行动方案，是落实目标的具体措施，包括完成学业、工作、训练、教育等方面的措施。计划与措施一定要具体、明确，以便于定时检查。

7. 评估与调整

俗话说"计划赶不上变化"，因此职业人生蓝图也并非一幅呆板的图画，而是一幅蕴含动感元素、充满生命活力、与时俱进的图画。在实施计划的动态过程中，必须根据执行实际情况及效果进行评估和修正，及时检查生涯规划各个环节中的问题，找出相应对策，及时调整，确保生涯规划行之有效。修订内容包括职业的重新选择、职业生涯路线的重新制定、职业目标的重新确立、实施方案与计划的改进与完善等。

快乐向前冲

创造力倾向测试

职业兴趣测评最早由霍兰德提出，但并不完全符合中国国情，我国学者陈社育参照他的理论框架，研制了"RCCP通用人职匹配测试量表"，将职业兴趣类型分为六种：现实型（R）、研究型（I）、艺术型（A）、社会型（S）、管理型（E）、常规型（C）。一般来说，完全属于某一种典型类型的人并不多，大多数人除了主要地表现为某一种兴趣类型外，还可能同时具有另外一种兴趣类型的特点，这样两两交叉就形成了36种职业兴趣类型，见表11-1。

表 11-1 36 种职业兴趣类型表

职业兴趣类型 \ 职业兴趣类型	现实型（R）	研究型（I）	艺术型（A）	社会型（S）	管理型（E）	常规型（C）
现实型（R）	RR	IR	AR	SR	ER	CR
研究型（I）	RI	II	AI	SI	EI	CI
艺术型（A）	RA	IA	AA	SA	EA	CA
社会型（S）	RS	IS	AS	SS	ES	CS
管理型（E）	RE	IE	AE	SE	EE	CE
常规型（C）	RC	IC	AC	SC	EC	CC

表 11-1 中，RR、II、AA、SS、EE、CC 为典型类型，其余都是综合类型。各种类型及其相匹配的职业类型如下：

典型现实型（RR）：需要进行明确的、具体的、按一定程序要求的技术性、技能性工作，如机械操作、电工技术、技术。

研究现实型（IR）：具有一定科技含量的技术、技能性工作，如计算机编程、工程技术、质量检验。

艺术现实型（AR）：需要一定艺术表现的技术或技能性工作，如雕刻、手工刺绣、家具和服装制作。

社会现实型（SR）：与人打交道较多的技术或技能性工作，如出租汽车驾驶、家电维修。

管理现实型（ER）：需要一定管理能力的技术或技能性工作，如领航、动物管理。

常规现实型（CR）：常规性的技术或技能性工作，如计算机操作、机械维护。

典型研究型（II）：需要通过观察、科学分析而进行的系统的创造性活动的科学研究工作和理论性工作，如数学、物理等学科的研究、学术评论。

现实研究型（RI）：侧重于技术或技能性的科学研究工作，如机械、电子、化工行业的工程师、化学技师、研究室的实验工作。

艺术研究型（AI）：艺术研究方面的工作，如文艺评论、艺术作品编辑、艺术理论工作。

社会研究型（SI）：社会科学研究方面的工作，如社会学研究、心理学研究。

管理研究型（EI）：管理研究方面的工作，如管理学科研、管理类刊物编辑。

常规研究型（CI）：常规性的研究工作，如数据采集、资料搜集。

典型艺术型（AA）：需要通过非系统化的、自由的活动进行艺术表现的工作，如表演、作诗、作曲、绘画。

现实艺术型（RA）：运用现代科技较多的艺术工作，如电视摄影、录音、动画制作。

研究艺术型（IA）：具有探索性的艺术工作，如编剧、时装艺术、工艺产品设计。

社会艺术型（SA）：侧重于社会交流或社会问题的艺术工作，如写作、播音、广告设计、时装模特。

管理艺术型（EA）：须具备一定管理能力的艺术工作，如节目主持、艺术教师、音乐指挥、导演。

常规艺术型（CA）：常规性的艺术工作，如化妆师、花匠。

典型社会型（SS）：需要更多时间与人打交道的说服、教育和治疗工作，如教师、公关、供销、社会活动家。

现实社会型（RS）：具有一定技术或技能的社会性工作，如护士、职业学校教师。

研究社会型（IS）：需要作些分析研究的社会性工作，如医生、大学文科教师、心理咨询、市场调研、政治思想工作者。

艺术社会型（AS）：具有一定艺术性的社会工作，如记者、律师、翻译。

管理社会型（ES）：需要一定管理能力的社会工作，如工商行政人员、市场管理人员、公安交警。

常规社会型（CS）：常规性的公益事务工作，如环卫工作、工勤人员。

典型管理型（EE）：需要胆略，冒风险且承担责任的活动，主要指管理、决策方面的工作，如企业经理、金融投资。

现实管理型（RE）：具有一定技术或技能的管理工作，如技术经理、护士长、船长。

研究管理型（IE）：需侧重于分析研究的管理工作，如总工程师、总设计师、专利代理人。

艺术管理型（AE）：与艺术有关的管理工作，如广告经理、艺术领域的经纪人。

社会管理型（SE）：与社会有关的管理工作，如销售经理、公关经理。

常规管理型（CE）：常规性的管理工作，如办公室负责人、大堂经理、领班。

典型常规型（CC）：严格按照固定的规则、方法进行重复性、习惯性的劳动，并具有一定自控能力的相关工作，如出纳、行政办事员、图书管理员。

现实常规型（RC）：需要一定技术或技能的常规性工作，如档案资料管理、文印人员。

研究常规型（IC）：需要经常进行一些研究分析的常规性工作，如估价员、土地测量、报表制作、统计分析。

艺术常规型（AC）：与艺术有关的常规性工作，如美容师、包装人员。

社会常规型（SC）：需要更多时间与人打交道的常规性工作，如售票员、营业员、接待人员、宾馆服务员。

管理常规型（EC）：需要一定管理能力的常规性工作，如机关科员、文秘人员。

以下就是测试量表，请你根据对每一题的第一印象作答，不必仔细推敲，答案没有对错之分，根据与实际情况的符合程度来判断，与实际情况相符合的得2分，不符合的得0分，难以回答的得1分。对于有些你没有机会从事的工作，你可以在假设的情形下作出判断。在做完从现实型到常规型共108道题后，再分类统计各自总分，填入后面的成绩登入表（表11-2），并依次完成类型确定过程。

现实型问题：

1. 你曾经将钢笔全部拆散加以清洗并能独立地将其组装起来吗？
2. 你会用积木搭出许多造型吗？或小时候常拼七巧板吗？
3. 你在中学里喜欢做实验吗？

4. 你对一些动手较多的技术工（如电工、修钟表、印照片、织毛线、绣花、剪纸等）很感兴趣吗？

5. 当你家里有些东西需要小修小补时，常常是由你来做吗？

6. 你常常偷偷地去摸弄不让你摸弄的机器或机械（如打字机、摩托车、电梯、机床等）吗？

7. 你是否深深体会到身边有一把镊指钳或老虎钳等工具，会给你提供许多便利吗？

8. 看到老师傅在干活，你能很快地、准确地模仿吗？

9. 你喜欢把一件事做完后再做另一件事吗？

10. 做事情前，你经常害怕出错，而对工作安排反复检查吗？

11. 你喜欢亲自动手制作一些东西，从中得到乐趣吗？

12. 你喜欢使用锤子、斧头一类的工具吗？

13. 如果掌握一门手艺，并能以此为生，你会感到非常满意吗？

14. 你曾经渴望当一名汽车司机吗？

15. 小时候，你经常把玩具拆开，将里面看个究竟吗？

16. 你喜欢修理自行车、电器一类的工作吗？

17. 你喜欢跟各类机械打交道吗？

18. 你亲手制作或修理的东西经常令你的朋友满意吗？

研究型问题：

1. 你对电视或单位里的智力竞赛很有兴趣吗？

2. 你经常到新华书店或图书馆翻阅图书（文艺小说除外）吗？

3. 学生时代你常常会主动地去做一些有趣的习题吗？

4. 你对一件新产品或新事物的构造或工作原理感兴趣吗？

5. 当有人向你请教某事物如何做时，你总喜欢讲清内部原理，而不仅仅是操作步骤吗？

6. 你常常会对一件想知道但又无法详细知道的事物想象出它将是什么或将怎么变化吗？

7. 看到别人在为一个有趣的难题争论不休时，你会加入进去或者独自思考，直到解决为止吗？

8. 看推理小说或电影时，你常常分析推理谁是罪犯，并且这种分析时常与最后结果相吻合吗？

9. 你喜欢做一些需要运用智力的游戏吗？

10. 相比而言，你更喜欢独自一人思考问题吗？

11. 你的理想是当一名科学家吗？

12. 你经常不停地思考某一问题，直到想出正确的答案吗？

13. 你喜欢抽象思维的工作吗？

14. 你喜欢解答较难问题吗？

15. 你喜欢阅读自然科学方面的书籍和杂志吗？

16. 你能够做那种需要持续集中注意力的工作吗？

17. 你喜欢学数学吗？

18. 如果独自在实验室里做长时间的实验，你能坚持吗？

艺术型问题：

1. 你对戏剧、电影、文艺小说、音乐、美术等其中的一、两个方面较感兴趣吗？

2. 你常常喜欢对文艺界的明星品头论足吗？

3. 你参加过文艺演出、绘画训练或经常写写诗歌、短文吗？

4. 你的朋友经常赞扬你把自己的房间布置得比较优雅并有品位吗？

5. 你对别人的服装、外貌以及家具摆设等能作出比较准确的评价吗？

6. 你认为一个人的仪表美主要是为了表现一个人对美的追求，而不是为了得到别人的赞扬或羡慕吗？

7. 你觉得工作之余坐下来听听音乐、看看画册或欣赏戏剧等，是你最大的乐趣吗？

8. 遇到有美术展览会、歌星演唱会等活动，你常常去观赏吗？

9. 音乐能使你陶醉吗？

10. 你喜欢成为人们注意的焦点吗？

11. 你喜欢不时地夸耀一下自己取得的成就吗？

12. 你喜欢做戏剧、音乐、歌舞、摄影等方面的工作吗？

13. 你能较为准确地分析美术作品吗？

14. 你爱幻想吗？

15. 看情感影片或小说时，你常禁不住眼圈红润吗？

16. 当接受一项新任务后，你喜欢以自己独特的方法去完成它吗？

17. 你有文艺方面的天赋吗？

18. 与推理小说相比，你更喜欢言情小说吗？

社会型问题：

1. 你常常主动给朋友写信或打电话吗？

2. 你能列出五个你自认为够朋友的人吗？

3. 你很愿意参加学校、单位或社会团体组织的各种活动吗？

4. 你看到不相识的人遇到困难时，能主动去帮助他，或向他表示你同情与安慰的心情吗？

5. 你喜欢去新场所活动并结交新朋友吗？

6. 对一些令人讨厌的人，你常常会由于某种理由原谅他、同情他甚至帮助他吗？

7. 有些活动，虽然没有报酬，但你觉得这些活动对社会有好处，就积极参加吗？

8. 你很注意你的仪容风度，这主要是为了让人产生良好的印象吗？

9. 大家公认你是一名勤劳踏实、愿为大家服务的人吗？

10. 旅途中你喜欢与人交谈吗？

11. 你喜欢参加各种各样的聚会吗？

12. 你很容易结识同性朋友吗？

13. 你乐于解除别人的痛苦吗？

14. 对于社会问题，你很少持中庸的态度吗？

15. 听别人谈"家中被盗"一类的事,很容易引起你的同情吗?
16. 你通常不喜欢一个人独处吗?
17. 在工作中,你喜欢听取别人的意见吗?
18. 和一群人在一起的时候,你经常能找到恰当的话题吗?

管理型问题:
1. 当你有了钱后,你愿意用于投资吗?
2. 你常常能发现别人组织的活动的某些不足,并提出建议让他们改进吗?
3. 你相信如果让你去做一个个体户,一定会变富裕吗?
4. 你在上学时曾经担任过某些职务(如班干部、课代表等)并且自认为干得不错吗?
5. 你有信心说服别人接受你的观点吗?
6. 你对一大堆的数字感到头疼吗?
7. 做一件事情时,你常常事先仔细考虑它的利弊得失吗?
8. 在别人跟你算账或讲一套理由时,你常常换一个角度考虑,而发现其中的漏洞吗?
9. 你曾经渴望有机会参加探险活动吗?
10. 你认为在管理活动中以个人的意志影响别人的行为是很必要的吗?
11. 如果待遇相同,你宁愿当一名商品推销员,而不愿当一名机关办事员吗?
12. 当你开始做一件事后,即使碰到再多的困难,你也执著地干下去吗?
13. 你总是主动地向别人提出自己的建议吗?
14. 你更喜欢自己下了赌注的比赛或游戏吗?
15. 和不熟悉的人交谈对你来说毫不困难吗?
16. 和别人谈判时,你不愿放弃自己的观点,是吗?
17. 在集体讨论中,你不愿保持沉默,是吗?
18. 你不愿意从事虽然工资少,但是比较稳定的职业,是吗?

常规型问题:
1. 你能够用一两个小时坐下来抄写一份你不感兴趣的材料吗?
2. 你能按领导或老师的要求尽自己的能力做好每一件事吗?
3. 无论填报什么表格,你都非常认真吗?
4. 在讨论会上,如果不少人已经讲的观点与你的不同,你就不发表自己的观点了吗?
5. 你常常觉得在你周围有不少人比你更有才能吗?
6. 你喜欢重复别人已经做过的事情而不喜欢做那些要自己动脑筋摸索着干的事吗?
7. 你喜欢做那些已经很习惯了的工作,同时最好这种工作责任心小一些,工作时还能聊聊天、听听歌曲吗?
8. 你经常将非常琐碎的事情整理好吗?
9. 你总留有充裕的时间去赴约会吗?
10. 对别人借给你的和你借给别人的东西,你都能记得很清楚吗?
11. 你喜欢经常请示上级吗?
12. 你喜欢按部就班地完成要做的工作吗?

13. 对于急躁、爱发脾气的人，你仍能以礼相待吗？
14. 你是一个沉静而不易动感情的人吗？
15. 你喜欢把一切安排得整整齐齐、井井有条吗？
16. 你经常收拾房间，保持房间整洁吗？
17. 你办事常常思前想后吗？
18. 每次写信你都要好好考虑，写完后至少重复看一遍吗？

请你将上述六个部分答题结果的得分填入表11-2。

表11-2 成绩登入表

类　型	得　分
现实型	
研究型	
艺术型	
社会型	
管理型	
常规型	

如果你在某一部分的得分明显高出其他部分，说明你属于该种典型类型的人。一般来说，综合性的兴趣特征在生活中居多数。那么怎么确定自己的综合特征呢？

首先，列出得分较高的两个兴趣类型的代号（　　）（　　）。

其次，将得分最高的兴趣类型代号的字母填入第一个括号。例如，你是现实型，则为（R）（　　）。

最后，将得分较高的兴趣类型代号，从高到低依次填入空格。如果第二个特征是I，则为（R）（I）。

据此可知，这位测试者的兴趣特征是现实研究型。然后，就可以依据这个类型代号在前面所列的职业兴趣类型中进行查阅，从而得知自己的主要职业兴趣。

自测后提醒：此问卷仅作为了解自己的参考，如有疑问，请咨询专业人员。

心理游戏二　　制定"事业、职业与学业管理图"

步骤：

1) 思考：比塞尔人走不出大漠的启示。

2) 分享：分析自己事业的北斗星，畅谈如何确立自己的事业目标。

3) 制定"事业、职业与学业目标管理图"（见表11-3），尝试提出自己的事业目标，列举3个有助于成就事业的职业目标（按重要程度排序），制定相应的学业目标及完成学业目标的措施与规划，小组成员可相互提意见，帮助其完善。

4) 小组成员约定坚持执行，相互督促，定期检查总结，最好每月一次，发现问题及时解决。

表 11-3 事业、职业与学业目标管理图

事业目标	职业目标	学业目标	完成学业目标的措施与规划	检查与评估

三十而立,四十而不惑,五十而知天命,六十而耳顺,七十而从心所欲,不逾矩。

——孔子

凡事预则立,不预则废。

——孔子

人生就是一部作品,谁有生活理想和实现的计划,谁就有好的情节和结尾,谁便能写得十分精彩和引人注目。

——莎士比亚

越读越开心

不要把钥匙留在 20 楼

有两兄弟,他们一起住在一幢公寓里。一天,他们一起去郊外爬山。傍晚时分,等他们爬山回来,回到公寓楼的时候,发现大厦停电了!这真是一件令人沮丧的事情。因为,这两兄弟住在大厦的顶层。那么,顶层是几层呢?80 层。很恐怖吧?看来已别无选择。哥哥对弟弟说:"我们爬楼梯上去吧。"于是,他们背着一大包行李开始往上爬。

到了 20 层的时候,他们觉得累了。弟弟提议说:"哥哥,行李太重了,不如这样吧,把包放在 20 层,我们先上去,等大厦恢复了供电,我们再坐电梯下来拿吧。"哥哥一听,觉得这主意不错:"好啊,弟弟你真聪明呀!"于是,他们就把行李放在 20 层,继续往上爬。卸下沉重的包袱后,两人觉得轻松多了。他们一路有说有笑地往上爬。

好景不长,到了 40 层,两人又觉得累了。想到只爬了一半,往上一看,竟然还有 40 层要爬,两人就开始互相埋怨,指责对方不注意停电公告,才会落到如此下场。他们边吵边爬,就这样一路爬到了 60 层。

到了 60 层,两人筋疲力尽,累得连吵架的力气都没有了。哥哥对弟弟说:"算了,只剩下最后 20 层,我们就不要再吵了。"于是,他们一路无言,安静地继续往上爬。

终于,80 层到了。到了家门口,哥哥长吁一口气,摆了一个很酷的姿势:"弟弟,拿钥匙来!"弟弟说:"有没有搞错?钥匙不是在你那里吗?"

大家猜猜发生了什么事?钥匙还留在 20 层的登山包里!

其实这个故事反映的正是我们的人生。20 岁前,我们活在家人、老师的期望之下,背负着很多压力,不停地做功课、考试、升学,就好像是背着一个很重的登山包,加上自

己不够成熟、缺少能力，所以走得很辛苦。

20岁以后，从学校毕业出来，踏上工作岗位，开始自己的职业生涯，自己喜欢做什么就做什么，想怎么做就怎么做，就好像是卸下了那沉重的包袱。所以说，从20岁到40岁，是一生中最愉快的20年。到了40岁，人到中年，发现青春早已逝去，但又有很多遗憾，于是开始抱怨，就这样在抱怨、遗憾中又过了20年。

到了60岁，发现时光所剩不多，于是告诉自己，不要再埋怨了，就珍惜剩下的日子吧。于是，默默走完自己的最后岁月。到了生命的尽头，突然想起：好像有什么忘记了。是什么呢？是你的钥匙，你人生的关键。你把你的理想、抱负都留在了20岁，没有完成。

想一想，你是不是也要等到40年之后、60年之后才来追悔？你希望将来的自己和现在有些什么不同？你最在意什么？你是不是可以做些什么来阻止遗憾发生呢？那么，你要做什么呢？

认真做好自己的职业生涯计划、人生规划吧。

第三节　踏上舞台，走向未来

在当前严峻的就业形势下，"毕业即失业"是时下很多大学生都认同的一种说法。临近毕业，面对市场经济条件下的"自主择业""双向选择"和"自主创业"，很多同学心中充满了困惑、焦虑和忐忑。大学生应该如何自信地踏上社会舞台走向属于自己的辉煌未来呢？

案例一　找到好工作，难于上青天

会计专业的吴佳顺利毕业，但求职之路就颇为坎坷。吴佳当初就不喜欢学会计，是父母认为女孩子适合这个专业，且会计也是一门有技术含量的专业，好找工作，因此力主吴佳就读会计专业。可是如今，会计专业的毕业生到处都是，企业大多需要有工作经验的，或者就是学历高一点的，要不就是证书多一点的，可是吴佳没有一点优势。好不容易找个小公司，不仅2000左右的月薪不够自己的各种开销，而且经常加班，白天搭半夜地待在办公室忙碌。两个月后，吴佳毅然辞职重新投入求职大军。吴佳也不清楚自己究竟适合做什么，只是希望能找一份不太辛苦且工资可观一点的工作。她做过超市导购、服装销售、房产营销顾问、保险推销、商场收营员等岗位，现在毕业一年多了，还艰难地行走在不断的辞职再找工作的路上。没有目标的航行，注定没有成功的彼岸。

案例二　创造机会，成功就业

小杨是山东人，专科学的是新媒体专业。小杨学习认真，头脑灵活，在校期间学习成绩优秀，但是求职时和本科生、研究生相比，似乎缺少竞争优势。当小杨抱着自己的简历和各种获奖证书敲开了某网络平台负责人的办公室大门时，还没听完小杨的自我介绍，该负责人就不耐烦地直接挥手拒绝:"不好意思,我们这里不差人,今年不进新员工。"小杨有些尴尬,但还是礼貌地鞠躬表示感谢并退出办公室。当小杨退回到门口时,突然折回,笑着对负责人说:"您这里不缺新员工,那您一定缺这个。"小杨从背包里摸出一块印有"人员已满 谢绝应聘"的字牌放到负责人桌上,再次鞠躬退出办公室。望着小杨离去的背影,负责人突然喊道:"请留步!或者,你可以试试来做媒体推广?"当然,最后小杨不仅留在了该公司,并且在媒体推广部门做得风生水起,两年后就做到了部门主管的位置。

案例三　给梦想插上翅膀

重庆市潼南县农村长大的屈景春1997年进入重庆某职业技术学院计算机控制专业学习,求学期间,屈景春一直对由计算机支撑的安防系统很感兴趣,并长期在与安防系统相关的科技公司实习。

2000年毕业时,恰好金融机构的安防系统从普通的模拟摄像监控系统向数字化产品升级。屈景春从中看到了潜在的市场需求,于是专程去北京学习安防技术,了解企业运作和管理模式。回到重庆后,屈景春返回家乡潼南,从农村信用社贷款5000元,又向亲友借了2000元。拿着这沉甸甸的7000元,屈景春在重庆IT公司扎堆的高新区石桥铺租了一间20多平米的房子开始创业。工作人员加上他总共两人,另外,他的两名同学作为兼职,时不时过来帮忙。

当时,很多从事安防生意的公司都将软件开发业务外包,而屈景春具有自主研发能力,除了提供摄像头、监控器、计算机、路由器等硬件外,还为客户量身打造计算机管理软件——这便于安防系统的后期维护和软件升级。相比之下,客户更倾向于选择这类"软硬兼备"的合作伙伴。

2001年,屈景春签下江北区石马河货运市场的安防系统订单,负责设计安装安防和监控系统,以及有针对性地开发计算机管理软件。4个人经过近一个月的忙活,设备全部安装调试完毕。这笔70多万元的项目,让他净赚了近30万元。利用这挣得的第一桶金,屈景春成立了行安电子科技公司,为2002年业务量井喷打下了基础。

2002年,行安电子科技公司在业内迅速脱颖而出,先后拿下了"长安之星"八万辆焊接生产线监控系统、香港和记黄埔珊瑚水岸小区以及白市驿海兰云天别墅群的安保系统等项目。

看着公司接手的项目一个接一个增长,屈景春想的是要是自己能够生产从其他公司采购来的设备该多好。2005年,他专门从事银行安防产品、防盗报警系统、防弹玻璃生产的另一家公司正式成立。

2010年12月,中国校友会网和《21世纪人才报》发布"2010中国大学生创业富豪榜",其中名列第9名的就是行安电子科技公司的屈景春,个人财富高达1.3亿。

随着传统的安保供应商市场压力越来越大。屈景春偶然认识了掌握核心技术的吴军,力邀吴军和他的技术团队到重庆创业。2012年,在市场摸爬滚打多年的屈景春和掌握了核心前沿技术的吴军联手创办了重庆凯泽科技有限公司,在安防领域披荆斩棘,一路向前!

解读

吴佳不能正确地评估自己的能力,摆不正自己的位置,不想付出,只想有高回报,刚进入单位一不顺心就要跳槽,结果跳来跳去也找不到适合自己的位置。

小杨是一个懂得抓住机会的学生,没有机会就创造机会把自己的亮点亮出来,找到适合自己的位置。

屈景春能成立自己的科技公司并成为中国大学生创业富豪,不是"天上掉馅饼",机会总是为有准备的人敞开大门。

大学生在校时要为职业生涯打好知识基础,就业后要不断充实自己,按照自己的职业生涯规划,为实现自己的目标而不懈努力。

心理知识吧

一、大学生应树立正确的就业观

通常认为人生职业分为三个层次:第一层次是就业,目的是维持生存;第二层次是职业,从事比较稳定的工作,满足基本的物质需求;第三层次是事业,意味着不仅有丰富的物质生活,更有精神上的满足感。这三个层次逐层推进、逐步实现,一般情况下不能一步到位。

《中国青年报》曾做过一项调查,大学生对"先就业,后择业,再创业"的认同率高达80.9%。先就业,即先认识社会,适应社会,打好经济基础,尽早独立,不做啃老族;后择业,是指在适应社会的基础上,根据自身积累的经验、能力,合理选择更适合自己的职业,做到能力与职业匹配;再创业,就是在就业、择业之后,当已经具备了相当的社会经验、经济基础和人脉资源时,按照社会需要和自身目标去打拼一片天地,开创一番事业!

基于此,大学生在面临毕业时应首先树立正确的就业观。大学生的就业观实质上是大学生世界观、人生观和价值观的综合反映。

1. 做好长远规划,忌"一蹴而就"

在现实中,有的大学生一开始认为自己找到了满意的工作,可是干了不久就后悔了,认为自己的选择是错误的,就立马重新寻找工作。大学生在毕业选择工作时,不能太理想化,要有这样的心理准备:一个人可能要经过好几次的选择,才能找到自己真正喜欢并匹配的工作。因此,不必对第一份工作太挑剔,我们关注的是长远规划。

2. 从基层做起,忌"好高骛远"

许多同学认为参加工作就要干一番大事业,而不愿做平凡的工作。实际上,不从平凡岗位干起,很难在今后工作中有所作为。许多国家领导人都是从基层一步步干起来的,正所谓,"不积跬步,无以至千里;不积小流,无以成江海"。

3. 树立竞争观念，忌"求稳求顺"

想找一份稳定的工作是可以理解的，但当问到什么是稳定的工作时，不少大学生并不清楚，有时还表现出矛盾的心理：既要市场经济下的高工资，又要计划经济时的稳定性。这种"鱼与熊掌兼得"的就业诉求很难实现。大部分人认为大的国有企业相对稳定，但事实上国有企业改革正在加速进行，其人事管理已逐步与国际接轨，像过去那种每天"一支烟、一杯茶、一张报"的清闲已不再有，这也不是年轻人希望的工作状态。很多人认为公务员也相对稳定，但是考公务员的竞争也是异常激烈，大部分大学生的知识结构和能力结构并不占优势。

二、求职策略和面试技巧

有的同学在求职路上一帆风顺，而有的同学总是找不到自己的职业归宿。这跟同学们在知识储备、技能掌握等方面的差异有关，也跟求职技巧有关。在实力相当的情况下，如果具有一定的求职策略和面试技巧，则更容易找到自己的职业栖所。

1. 求职策略

所谓求职策略，就是指做好求职前的充分准备，且能根据求职过程中的具体情况作出灵活机动的调整。

（1）求职前的思想准备

1）科学全面地评价自我，设置恰当的期望值。

2）广泛收集招聘信息，主动应聘增加成功几率。

3）详尽了解用人单位资料，权衡个人优劣与用人单位需求匹配问题。

（2）求职前的心理准备　诚实守信、自信、自制、变通、适应、果断机智等品质，对于能否求职成功都至关重要。

（3）求职前的物质准备　"工欲善其事，必先利其器"。必要的物质准备有助于求职成功。物质准备除了有仪容仪表需要的行头，更重要的是求职必备的证件和资料。毕业证、获奖证、资格证和身份证既要原件也须准备复印件，而求职信、个人履历更需精心准备。个人履历包括个人简历、推荐信、证书、成绩单等资料，若精心设计，巧妙编排，装订成册，再配以精美的封面，做成一份装帧精美、内容充实的求职档案，令人耳目一新，自然会给用人单位留下良好而深刻的印象。

1）求职信。求职信是一种自荐信，代表了求职者的形象和驾驭文字的水平，其主要目的是为了争取一个面试的机会。

一份能给用人单位留下良好印象的求职信必须具备以下特点：① 求职信外观形式美，字迹清晰，整齐规范。如果书法优美，则尽可能手写展示你的特长；如果不具备擅长书法的优势，可请人代抄或打印，确保求职信的整体美。② 求职信格式要正确规范、整齐流畅。③ 求职信语言要准确简洁、优美流畅、礼貌得体、自信诚恳，慎用幽默诙谐的语言，但要让对方读起来轻松愉快，缩短与自己的距离。④ 求职信内容要完整，自我介绍、求职理由、明确愿望等内容是求职信中必不可少的。不要面面俱到，注意详略得当，尽量回避自己的弱点。

2）个人简历。个人简历的写作标准是整洁、简明、准确、真诚。简历一般应打印，以保证简历的整洁；简明的文字一般尽量在 1200 字以内，让招聘者几分钟就能看完，并留下深刻印象；简历中的术语、愿望都要表达得当，力求准确；内容应实事求是，态度要不亢不卑，让人感觉真诚。

3）推荐信。推荐信是学校或某个专家、教授、权威人士或者招聘者的亲朋好友为求职者写的介绍信，目的是希望招聘者接受求职者。推荐信是很有用的求职材料，但须注意，除非推荐者对招聘者有很强的影响力，否则宁可不附，因为招聘者通常对普通的推荐信不感兴趣。

2. 面试技巧

面试是招聘者通过面谈、观察的方式对求职者进行考核，以应聘者是否具备从事某种工作的能力，决定是否录用应聘者。面试是大学毕业生能否顺利就业的一个关键环节，应高度重视。

（1）面试前的准备

1）了解用人单位的情况。大多数招聘者都会提出与本单位有关的问题，事先了解用人单位的情况，会缩小双方的距离，增进招聘者对求职者的好感。

2）面试演习。预测招聘者可能会提出的问题，独自练习或请老师、同学一起模拟问答。招聘者常问的问题有四个方面：① 介绍自己；② 选择该单位的理由；③ 对时事政策的了解和看法；④ 如被录用将以什么样的态度投入工作。

3）准备合适的穿着打扮。一个人的外表形象会给人留下深刻的第一印象，求职者应注意仪容仪表，尽可能地给应聘者留下良好印象，将有助于面试成功。大学毕业生在面试时应着装得体、仪表端庄，切忌追求时髦、浓妆艳抹、花枝招展，更不要衣着不整、蓬头垢面、不修边幅。同时，穿着打扮还须与用人单位性质、招聘者个人的兴趣爱好和个性特征相称，因此求职者最好在面试前了解相关情况。若对此一无所知，建议最好还是穿着保守一些。

4）保持良好的精神状态。参加面试前适当放松，注意休息，调节好心态，以饱满的精神状态参加面试。

（2）面试中的注意事项

1）注意基本礼节。求职者在见到招聘者时应主动招呼问好致意，称呼得体，举止大方，彬彬有礼。称呼应聘者不可直呼其名，最好用"××处长""××经理"等，也可依照他人对招聘者的称呼来称呼。在招聘者未请求职者入座前别急于落座，请求职者入座之时应道"谢谢"。求职者在落座后要保持良好的体态，不得跷起二郎腿，不得身体左右晃动，不得抠鼻子、挖耳朵等，以免招聘者反感。

2）注意观察和倾听，巧妙地回答问题。招聘者提问时，求职者须放松心情，仔细倾听，认真思考后回答问题，切忌语速过急过快。求职者回答问题时眼睛要注视对方额头部位，语气要自信、诚恳，语言要有感情，条理要清晰。遇到难以回答的问题，机智、幽默的语言可营造轻松愉快的气氛，有助于化险为夷。确实不知、不懂、不会时，坦诚承认不足，虚心请教，反而会获得招聘者的信任和好感。

(3) 面试后的注意事项

1）表达感谢。据调查，十个求职者往往有九个不会回复感谢信，而感谢信通常会加深招聘者对你的印象并增加求职成功的可能性。一般在面试后两三天内，应试者最好给招聘者打个电话或写信表示感谢。感谢电话要简单，最好不超过3分钟。感谢信要简洁，最好不超过一页纸。

2）耐心等待，查询结果。一般来说，在招聘者许诺的通知时间未到之前，不要过早打听面试结果。若过了许诺的通知时间，可写信或打电话询问面试结果。

3）总结经验教训。并非求职者都能成功，如果失败，绝不要气馁，关键是总结教训，找到失败的原因，针对不足再做准备，谋求"东山再起"。

三、大学生要敢创业还要善创业

创业是一个发现和捕捉机会，并由此开发出新产品、服务或实现其潜在价值的过程。大学生创业是大学生通过自主创办生产服务项目、企业或从事个体经营实现市场就业的重要形式。大学生创业在实现自身就业的同时，吸纳带动更多就业，有利于发挥创业的就业倍增效应，在大学生就业形势依然严峻的现实面前，对缓解就业压力具有重要的现实意义。

1. 大学生敢于创业的外部环境

大学生创业虽然热情高，但实际上真正付诸行动的却很少，且鲜有成功。究其原因，是由于大学生创业在资金、场地、项目等方面都缺乏必要的支持。党的十八大明确提出，要加大创新创业人才培养支持力度。为支持大学生创业，国家和各级政府出台了许多优惠政策，涉及融资、开业、税收、创业培训、创业指导等诸多方面。对打算创业的大学生来说，了解这些政策，才能走好创业的第一步。

2. 大学生善于创业的素质培养

(1) 加强训练大学生优良的创业心理素质　创业成功的基础是具备良好的创业心理品质，大学生要在日常的学习生活中有意识培养自己这方面的素质：

1）敢于冒险，勇于竞争，挫折面前百折不挠。

2）善于思考，理智判断，机遇面前果断出击。

3）善于交流，长于合作，以情感人以理服人。

4）吐故纳新，坚持学习，不拘一格，善用人才。

(2) 有效培养高职学生创业综合能力　创业综合能力包括专业能力、方法能力和社会能力三类能力。

1）专业能力是创业的前提。专业能力是指与经营方向密切相关的主要岗位或岗位群所要求的能力，包括专业知识和职业技能。大学生在创办自己的企业时，应该从自己熟悉的行业中选择项目。当然，也可借助他人特别是员工的知识技能来办好自己的企业，但在创办自己的第一个企业时，如果能从自己熟知的领域入手，就能避免出现"外行领导内行"的尴尬，大大提高创业成功率。

2）方法能力是创业的基础。方法能力是指创业者在创业过程中所需要的工作方法，包括三方面的能力：① 信息收集和筛选能力；② 掌握制订工作计划、独立决策和实施的能力；③ 具备准确的自我评价能力和接受他人评价的承受力，并能够从成败经历中有效地吸取经验教训。一个成功的企业创业者，肯定是一位会用人的企业家，他不但能对员工进行选择、使用和优化组合，而且能运用群体目标建立群体规范和价值观，形成群体的内聚力。

3）社会能力是创业的核心。社会能力主要是指一个人的团队协作能力、人际交往和善于沟通的能力。在工作中能够协同他人共同完成工作，对他人公正宽容，具有准确裁定事物的判断力等，这是岗位胜任和在工作中开拓进取的重要条件。社会能力是创业过程中所需要的行为能力，与情商的内涵有许多共同之处，是创业成功的主要保证，是创业的核心能力。

前两种能力对于接受以职业资格为导向的大学生来说，属于必须具有的能力，而第三种能力在部分学校没有得到足够的重视，应成为创业教育的内容。

创业是一项艰苦的工程，大学生在创业之前必须做好各项准备工作。准备越充分，成功的可能性就越大。

快乐向前冲

 求职全通道（简历比拼、面试通关）

1）简历比拼。找工作之前，我们要为自己准备具有特色的简历，出色的简历是求职成功的一半，会让我们赢得宝贵的面试机会。每位同学展示各自的简历，各小组评出优秀简历一份，参加下一轮面试通关。

2）面试通关。小组为单位模拟面试现场，简历优秀者为应试者，其余同学为面试官。面试官提问并根据应试者的回答讨论，完成表11-4。

表11-4 面试评分表

外在条件 （总分50分，每项最高10分）	得 分	内在条件 （总分50分，每项最高10分）	得 分
外貌		专业知识	
着装		沟通能力	
肢体语言		思维能力	
语音语调		应变能力	
态度		组织能力	

总分：外在条件得分 + 内在条件得分

面试参考问题：

1. 你为什么选择我们公司？
2. 我们为什么要聘用你？
3. 谈谈你的一次失败经历。

4. 什么是你最大的成就？
5. 如果你被录用，将怎样开展工作？
6. 你是应届毕业生，缺乏经验，如何胜任这项工作？
7. 如果与你竞争同一岗位的对手是你最好的朋友，你如何处理？
8. 如果工作中你与领导意见不一致，你会如何开展工作？
9. 从现在算起，未来五年你想自己成为什么样子？
10. 你还有什么问题吗？

心理一点通

你若要喜爱你自己的价值，你就得给世界创造价值。

——歌德

在这个世界上取得成功的人，都会努力去寻找他们想要的机会，如果找不到，他们就会自己创造机会。

——萧伯纳

其实地上本没有路，走的人多了，也变成了路。

——鲁迅

越读越开心

细心使我求职成功

学校组织的招聘会上，有一家生物工程公司招聘动物营养方面的技术员。我前去应聘。

应聘的人很多，排起了长长的队伍。主考官有两位，年长的看起来和蔼可亲，年轻的也始终带着微笑，不厌其烦地解答每一位应聘者的提问。在嘈杂的会场，我看着前面的队伍很长，索性目不斜视地盯着该公司挂在墙上的展板，公司概况、产品介绍，甚至连下面说明的小字都一字不落地读了一遍。

每位应聘者的时间也就两三分钟，长队缩减得很快。我看到主考官面前的桌上摆了三包饼干。主考官翻看完简历，几句交谈后，应聘者就品尝并品评一下饼干，连那些平日大大咧咧的男生也都小心翼翼地捏起一片放到嘴里，神情严肃地咀嚼，然后很郑重地给主考官一些意见。

我感到很纳闷，这个公司的产品全都是特殊的动物食品，人来品尝是不合适且没有意义的。

轮到我了，主考官问了几个常规问题后，就指了指桌上的饼干。我摇摇头说："对不起，贵公司生产的全部都是动物食品。我想这饼干是给动物吃的，不是给人吃的，再说就是我爱吃，动物也未必爱吃，这点贵公司的展板已写得很清楚。"年轻的主考官皱了一下眉头，又很快恢复了平静，仍是满脸的微笑，告诉我回去等消息，面试仍继续进行。

宿舍的同学纷纷指责我："几年没见你小子跟谁较过劲，偏偏找工作时……"一个小时后,那家生物工程公司打电话来找我:"恭喜你,你被我们公司录取了。准备一下,明天上午到毕业生就业指导中心会议室签协议。"我高兴得跳了起来。

原来,那饼干是用来考察应聘者作为一名技术员是否细心,以及对信息的接受程度,但认真读完展板的人却很少,而敢于拒绝品尝那饼干的更是寥寥无几。

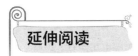

延伸阅读

1.《你的降落伞是什么颜色》,鲍利斯著

导读:这是一本关于你、你的未来和你的梦想的书,被列为全球"25本影响人们生活的著作"。在追逐梦想的过程中,降落伞就是你的技能、兴趣和愿望。追求梦想的过程就像侦探寻找线索一样,线索收集得越多,人生目标和梦想就会越清晰。在该书中,影响了全世界数百万人的"职场导师"鲍利斯将用他的"魔法棒"引领你发现自己的兴趣与技能,选择喜欢的大学专业,制定理想的职业目标,最重要的是,找到属于你的人生梦想和未来。

2.《我的梦想我的路》,李廷海著

导读:这本书从"生命中最重要的决定"开篇,引出当前的中学生、大学生及职场白领在选择职业时的迷茫与无奈,然后作者从一次圆梦之旅的经历与感悟开始,把人生比喻成一次长途旅行,教大家如何探寻自己人生梦想的目的地,如何选择自己的职业方向,如何提升自己,如何选择适合自己发展的公司或人生平台,如何选择好的上司或老板,如何管理职业生涯以实现自己的人生梦想。该书力求实际、实用、实效,为当代大学生或中国青年提供个人职业规划与职业生涯管理的实用方法和技巧,引导更多的人追求人生中最有价值的事,帮助更多的人实现人生的梦想。

3.电影《当幸福来敲门》,加布里尔·穆奇诺执导

导视:该影片讲述了一位濒临破产、老婆离家的落魄业务员克里斯,如何刻苦耐劳地善尽单亲责任,奋发向上成为股市交易员,最后成为知名的金融投资家的励志故事。该影片获得了2007年奥斯卡金像奖最佳男主角的提名。

参考文献

[1] 彭聃龄. 普通心理学 [M]. 北京：北京师范大学出版社，2012.
[2] 杨治良. 实验心理学 [M]. 杭州：浙江教育出版社，1998.
[3] 钱铭怡. 心理咨询与心理治疗 [M]. 北京：北京大学出版社，2012.
[4] 格里格．津巴多. 心理学与生活 [M]. 王垒，王甦，等译. 16版. 北京：人民邮电出版社，2013.
[5] 马建青. 我国大学生心理健康10年研究得失探析 [J]. 中国心理卫生杂志，1998，12（1）：57-59.
[6] 姚本先，陆璐. 我国大学生心理健康教育研究的现状与展望 [J]. 心理科学，2007，30（2）：485-488.
[7] 孟万金. 论积极心理健康教育 [J]. 教育研究，2005（5）：41-45.
[8] 王玲. 心理卫生 [M]. 广州：暨南大学出版社，1999.
[9] 李玲，陈军. 大学生心理健康（高职版）[M]. 北京：北京理工大学出版社，2006.
[10] 罗桂全，黄金来. 大学生心理健康教育 [M]. 北京：高等教育出版社，2011.
[11] 周蓓，周红玲. 大学生心理健康案例教程 [M]. 北京：人民邮电出版社，2009.
[12] 新世纪高职高专教材编审委员会. 大学生心理素质训练 [M]. 大连：大连理工大学出版社，2008.
[13] 孙东东. 追求阳光心态 [M]. 上海：华东师范大学出版社，2006.
[14] 罗伯特·费尔德曼. 心理学与我们 [M]. 黄希庭，等译. 北京：人民邮电出版社，2008.
[15] 金俊基. 从心启程 [M]. 季成，译. 长沙：湖南人民出版社，2010.
[16] 马家辉. 快乐的人愈快乐：发展与自我认知中的心理学 [M]. 北京：世界图书出版公司，2006.
[17] 徐光兴. 打造一流之才 [M]. 长沙：湖南人民出版社，2005.
[18] 王传旭，姚本先. 大学生心理健康教育概论 [M]. 合肥：安徽大学出版社，2007.
[19] 黑幼龙. 让自己发光 [M]. 台北：天下远见出版股份有限公司，2003.
[20] 今野由梨. 女性的选择 [M]. 赵婉菊，译. 桂林：漓江出版社，2012.
[21] 樊富珉，王建中. 当代大学生心理健康教程 [M]. 武汉：武汉大学出版社，2006.
[22] 罗晓珍，邹贤良. 高职大学生心理辅导教程 [M]. 武汉：崇文书局，2008.
[23] 姚本先. 心理学 [M]. 2版. 北京：高等教育出版社，2009.
[24] 叶素贞，曾振华. 情绪管理与心理健康 [M]. 北京：北京大学出版社，2007.
[25] 斯科特·派克. 心理地图 [M]. 张定绮，译. 呼和浩特：远方出版社，1997.
[26] 玛格丽特·韦伦贝格. 十招战胜焦虑 [M]. 许丽丽，译. 北京：商务印书馆，2013.
[27] 约翰·夏普. 情绪自控术 [M]. 张丽敏，译. 长春：时代文艺出版社，2012.
[28] 杨晓燕，张海涛. 当代大学生心理健康教育 [M]. 北京：中国原子能出版传媒有限公司，2011.
[29] 胡凯. 大学生心理健康教育教程 [M]. 长沙：湖南人民出版社，2009.
[30] 李吉珊，黄锦玲，等. 高职生心理健康教育活动教程 [M]. 长沙：国防科技大学出版社，2013.
[31] 黄学军，韦磐石，等. 大学心理健康教育 [M]. 天津：南开大学出版社，2012.
[32] 郑日昌. 大学生心理卫生 [M]. 济南：山东教育出版社，1996.
[33] 《生命的价值和意义》编写组. 生命的价值和意义 [M]. 北京：世界图书出版公司，2009.
[34] 赵瑞芳，陈树. 大学生心理健康—和谐港湾 [M]. 北京：北京航空航天大学出版社，2012.
[35] 王剑，王和平. 大学生心理健康教育 [M]. 长春：吉林大学出版社，2011.
[36] 程玮. 大学生心理教育与发展 [M]. 北京：科学出版社，2008.
[37] 孔燕. 大学生心理健康教育案例 [M]. 合肥：安徽人民出版社，2003.

[38] 蔡培培. 大学生心理健康教育 [M]. 成都：电子科技大学出版社，2011.

[39] 苏京，叶丽霞. 大学生心理健康教育 [M]. 天津：天津科学技术出版社，2009.

[40] 戴尔·卡耐基. 人性的弱点 [M]. 武汉：长江文艺出版社，2009.

[41] 邢群麟. 世界上最经典的1500道心理测试 [M]. 2版. 北京：中国言实出版社，2008.

[42] 郭瑞增. 经典心理测试 [M]. 天津：天津科学技术出版社，2008.

[43] 姚本先. 大学生心理健康教育 [M]. 合肥：安徽大学出版社，2011.

[44] 张将星. 大学生心理健康教育 [M]. 广州：暨南大学出版社，2013.

[45] 戴维·迈尔斯. 心理学 [M]. 9版. 黄希庭，等译. 北京：人民邮电出版社，2013.

[46] 张大均. 教育心理学 [M]. 2版. 北京：人民教育出版社，2011.

[47] 燕良式，唐海波. 大学生心理健康教程 [M]. 长沙：中南大学出版社，2007.

[48] 陈王行. 大学生心理健康教育——心理课堂 [M]. 北京：化学工业出版社，2007.

[49] 顾明远. 终身学习与人的全面发展 [J]. 北京师范大学学报：社科版，2008（6）.

[50] 白羽. 改变心力——团体心理训练与潜能激发 [M]. 杭州：浙江文艺出版社，2006.

[51] 肖冬梅. 大学生心理健康与训练 [M]. 北京：中国人民大学出版社，2009.

[52] 历枫，李青春. 大学生心理健康 [M]. 北京：北京航空航天大学出版社，2010.

[53] 中共重庆市委教育工委，重庆市教育委员会. 让心灵追上人生的脚步——大学生心理成长引导 [M]. 重庆：西南大学出版社，2009.

[54] 埃克哈特·托利. 当下的力量 [M]. 曹植，译. 北京：中信出版社，2009.

[55] 埃克哈特·托利. 新世界：灵性的觉醒 [M]. 张德芬，译. 海口：南方出版社，2008.

[56] M Back, J Stopfer, S Vazire, et al. Facebook Profiles Reflect Actual Personality, Not Self-Idealization [J]. Psychological Science, 2010, 21 (3)：372.

[57] L A 珀文. 人格科学 [M]. 周榕，等译. 上海：华东师范大学出版社，2001.

[58] T Ryan, S Xenos. Who Uses Facebook? An investigation into the Relationship between the Big Five, Shyness, Narcissism, Loneliness and Facebook Usage [J]. Computers in Human Behavior, 2011, 27 (5)：1658-1664.

[59] P Rentfrow, S Gosling. The Do Re Mi's of Everyday Life：The Structure and Peronality Correlates of Music Preferences [J]. Journal of Personality and Social Psychology, 2003, 84 (6)：1236-1256.

[60] Long Yi Lin. The Relationship of Consumer Personality Trait, Brand Personality and Brand Loyalty：An Empirical Study of Toys and Video Games Buyers [J]. Journal of Product & Brand Management, 2010, 19 (1).